2019年度教育部人文社会科学研究青年基金项目《职业院校绿色技能培养的国际比较研究》
（项目编号：19YC880102）部分成果
2017年度重庆市社会科学规划重点应用项目《重庆现代职业教育发展问题研究》
（项目批准号：2017ZDYY36）研究成果

区域现代职业教育发展问题研究
——以重庆市为例

谢良才　著

天津社会科学院出版社

图书在版编目(CIP)数据

区域现代职业教育发展问题研究：以重庆市为例 /
谢良才著. ——天津：天津社会科学院出版社, 2020.8
ISBN 978-7-5563-0652-7

Ⅰ.①区… Ⅱ.①谢… Ⅲ.①职业教育-研究-重庆
Ⅳ.①G719.2

中国版本图书馆 CIP 数据核字(2020)第 159733 号

区域现代职业教育发展问题研究：以重庆市为例
QUYU XIANDAI ZHIYE JIAOYU FAZHAN WENTI YANJIU：
YI CHONGQING SHI WEILI

出版发行：天津社会科学院出版社
地　　址：天津市南开区迎水道 7 号
邮　　编：300191
电话/传真：(022)23360165(总编室)
　　　　　　(022)23075303(发行科)
网　　址：www.tass-tj.org.cn
印　　刷：天津午阳印刷股份有限公司

开　　本：787×1092 毫米　　1/16
印　　张：13
字　　数：296 千字
版　　次：2020 年 8 月第 1 版　2020 年 8 月第 1 次印刷
定　　价：68.00 元

前　　言

　　2017年,本书作者承担了重庆市社会科学规划重点应用项目"重庆现代职业教育发展问题研究"。该研究旨在厘清重庆现代职业教育发展面临的主要问题,从而为重庆市制定有针对性的职业教育政策措施、促进重庆现代职业教育发展提供决策参考。2019年该项目结项。鉴于其一些研究成果和发现对职业教育同仁有一定的参考价值,故汇集相关资料成此书。

　　本书展示了区域职业教育现代发展问题研究的框架、路线、方法等,对从事类似区域性职业教育项目研究者有一定的借鉴价值。该项目在研究过程中综合运用了问卷、现场和网络访谈、比较等多种方法,得出的数据虽仅反映本研究样本情况,但具真实性,对有关学者做比较分析研究中有实际价值。当然,研究存在的诸多有关不足之处也值得相关研究的重视和合理应对。

　　对相关理论问题的思考体现在发表的项目文章中,被附于书后,以便于职业教育学术研究者参看。例如,将现代理念融入职业教育问题的研究,提出现代职业教育应注重培养绿色技能、推动生态文明教育的理念;对职业教育可持续发展问题的研究进行了理论提升,提出现代职业教育需要增强可持续发展能力,应从领域(院校管理、宏观统筹、生态建设、时代价值体现)和过程(观念转变、质量提升、政策制定、背景维持)两个维度上努力。

　　本书由谢良才整体设计和统稿,各章节执笔人分别是:谢良才(第一章、第二章、第三章第二至三节,第四章第一节,第五章、第六章,合计15.6万字),黄毅(第三章第一节、第四节,合计4.4万字),袁潇(第四章第二节,合计1万字)。

目　　录

第一章　重庆市现代职业教育发展问题研究总报告

　　重庆市高职教育的专业建设与行业需求匹配度较高。重庆高职院校的专业课教师大多参与了社会技术服务,发挥了高职教育直接为社会服务的功能,且大多数高职专业课教师了解本专业的社会人才需求。但重庆市中职教育实际人才培养目标定位偏低,中职毕业生在工作岗位上的可替代性高。

　　重庆市现代职业教育体系建设在纵向贯通上还有很大空间,大量有潜力或有意愿继续深造的高职学生正在失去继续深造机会。在横向衔接、发展面向人人的教育方面,重庆市高职教育有很大的资源潜力,开展非学历教育,尤其是技能培训。面对终身学习社会的到来,各专业潜在教学对象包括行业企业员工(提供学历教育或技能培训)、其他各级各类院校学生(提供技能课程)以及就业困难等社会群体(提供技能培训)。此外,重庆市现代职业教育体系在职业启蒙教育、学分累积与转换制度等方面的基础都很薄弱。

　　人工智能、物联网、大数据等现代技术在重庆市职业教育中的应用尚处于初级阶段,更多的是作为人才培养目标和教学内容而存在,而不是作为教育教学技术和手段用于职业教育的教学和管理创新。应通过加大对职业教育的信息化资源投入,加大对职业教育教师和管理者的培训,做好职业院校兼职教师队伍建设、教师企业实践等工作,尽可能快地将现代技术应用到重庆现代职业教育目标升级和教学变革之中。

　　重庆市职业教育的绿色发展尚处起步阶段,生态文明教育以及环保类职业教育都有待深入开展。重庆环保职业教育在满足区域环保产业技能人才需求方面还有较大缺口,非环保专业的学生环境相关知识技能掌握不系统,教师的绿色技能教学能力有待加强培训。

　　重庆市职业教育师资培训存在明显不足,缺乏系统的需求调研和质量监控。对专任教师数量的调整等工作缺乏具体指引。繁重的工作量使得中职教师缺少时间用于培训和教研,影响了中职教学质量提升和教师专业发展。从目前看,重庆市中职专任教师数量不足的问题在未来一段时间内形势依然不容乐观。

第一节   绪言

一、研究目标

本学术专著的研究目标是探究重庆市现代职业教育发展面临的主要问题，为重庆市制定有针对性的职业教育政策措施、推动现代职业教育更好更快地发展。

1.探究重庆市职业教育在满足本地社会发展现代需求方面存在的问题

主要从重庆市职业教育均衡发展、内涵式发展、现代职业教育体系建设等发展主题上存在的难以满足重庆市经济社会发展现代需求的角度来发现存在的问题问题。

2.探究重庆市职业教育在体现云计算、物联网、大数据、人工智能等人类社会现代技术发展特色方面存在的问题

重庆市各级各类职业教育的现代化实践中有些融入了云计算、物联网、大数据、人工智能等这些现代要素，有些则依然延续传统，缺乏现代化发展特色。在这方面，需要研究重庆市职业教育的现代化程度，包括在不同现代领域存在的问题以及在不同层次和类别的职业教育现代化发展特色方面分别存在的问题。

3.探寻对策，尽可能多地探究解决这些问题的办法或相关线索

在发现问题的过程中，通过分析相关资料、访谈有关人士，了解这些问题形成的原因以及可能的应对策略或进一步分析、研究破解问题的线索。

二、研究内容

1.重庆市不同层次、不同类别职业教育在满足本地社会发展需求方面存在的问题

从整体上考察重庆市中等和高等职业教育的发展，分析重庆市中等和高等职业教育在满足重庆市经济社会发展需求方面存在的问题。

考察职业教育各个专业大类满足重庆市相应技能人才需求的情况。既要考虑到不同专业对自身满足相应技能人才需求程度的独特判定方式，也要充分了解不同专业大类的专业人员和教育专家的判断。

2.重庆市现代职业教育体系建设中存在的问题

建设完善的现代职业教育体系是现代职业教育发展应有之义，应探究重庆现代职业教

育体系建设存在的突出问题,为推动重庆市现代职业教育体系建设建言献策。

3.云计算、物联网、大数据、人工智能等现代技术的应用在重庆市职业教育发展中所产生的问题

首先,了解云计算、物联网、大数据、人工智能等现代技术的典型应用方式;其次,了解现代技术在教育中的典型应用;再次,分析现代技术在职业教育中的应用情况,从而了解重庆市职业教育的现代技术应用相较普通教育及整个社会的应用的相对情况及存在的问题。

4.将现代理念融入重庆市职业教育过程中存在的问题

社会对职业教育价值的认识具有时代性,职业教育发展只有反映新时代社会发展理念所反映的价值取向才能被社会广泛认可,从而获得更多的发展资源,展现更大的发展活力。绿色发展是新工业革命背景下人类社会发展的时代主题。绿色发展理念也是我国新发展理念的重要组成部分,各行各业都在践行绿色发展理念,探索绿色发展模式。本学术专著将以绿色发展理念为例探究重庆市将现代理念融入职业教育发展方面存在的问题,为重庆市现代职业教育践行绿色发展理念、贡献生态文明社会建设建言献策。

三、研究设计

在研究设计上,首先将研究主题分解成具体研究问题,再通过问卷调研了解现状并解决一部分问题,然后对剩余问题、关键问题通过实地调研访谈、国际与区域比较等方法破解,最后形成研究结论,撰写研究报告。整体研究路线如图1.1所示。

在调研渝中、九龙坡、江津、永川等地的中等职业教育过程中发现,重庆市中等职业学校的实际人才培养目标定位偏低端。中等职业教育本应培养初中级技术技能人才。但调研发现当前大量中职学校的人才培养目标普遍定位过低,缺乏层次感,难以培养出中级技能人才。初级技能人才又很容易被市场淘汰,行业企业的低端岗位也容易在智能化时代被人工智能等技术替代。显然,如果仅把培养目标定位在为企业提供人力上,这种职业教育也具有很大的可替代性,因为企业招募劳动力进行短期培训也能达到基本要求。

通过查阅文献搜集前人研究成果发现,北京师范大学职业与成人教育研究所赵志群教授等人于2014年对重庆市25所中等职业学校二年级的在校学生进行了大规模职业能力测评。结果如图1.2所示。从图中不难发现,绝大部分中等职业学校的学生能力是名义性能力和功能性能力,达到过程性能力的比例非常低。说明本市的中等职业学校职业能力培养仅达到专业基础技能水平,这些学生就业后在工作岗位上的可替代性极高。调研发现,中等职业学校的领导和老师实际仍把培养目标定位在传授学生专业基础技能使学生毕业时能就业即可,而所教技能更多是基本的专业操作技能,离过程性能力、设计能力等综合性职业能力相距很远。

鉴于这种现实状况,进一步研究重庆市中等职业教育是否符合本地技能人才需求意义

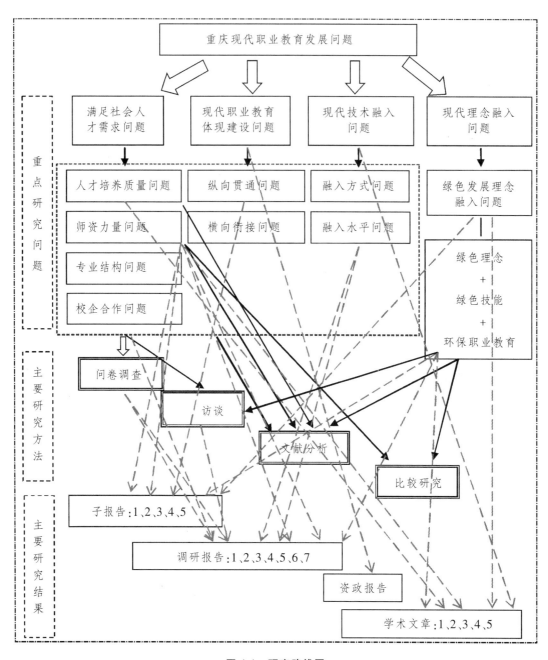

图 1.1 　研究路线图

已不大。由于掌握初级技能的人力资源在不同行业不同专业间的可替代性很强,某一个中等职业专业的薄弱对相关行业的影响非常有限,因此,现阶段我们暂无必要对中职教育不同专业大类是否满足行业需求进行调查研究。鉴于办学条件和师资力量仍是中职学校办学质量的关键要素,所以,本书对重庆中职教育发展问题的研究重点是重庆市中职教育整体的发展规模,以及师资条件和办学条件的现代化问题。

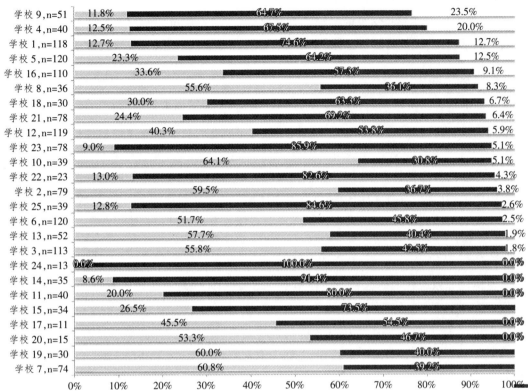

重庆市中职学校学生职业能力测评结果的校际比较(汽车维修专业)

注:名义能力——并不真正掌握的专业能力,是职业岗位上的风险人群;功能性能力——掌握基本专业技能,能直观地展示出的工作结果;过程性能力——在工作过程中能考虑到操作的经济性、产品使用价值提升以及企业生产经营过程或工作过程的协同和优化。

图源自:何兴国,赵志群,沈军.中等职业学生职业能力现状及影响因素分析——基于重庆市25所学校的实证研究[J].现代教育管理,2016(1):97-101.

图 1.2　2014 年重庆中职学校学生职业能力测评结果图

四、研究方法

本研究具有整体性、系统性的特点,需要综合运用多种研究方法。采用的研究方法主要有:

1.调查研究法

为更准确地了解重庆市现代职业教育的发展状态与存在的问题,在研究过程中注重通过问卷调查、访谈、座谈等方式,系统获得有关现状的数据,保证研究的真实性和客观性。例如,根据多个研究内容的共同需要,对高职专业课教师做严谨的批量问卷调查;对资源与环境保护职业学院师生的非接触在线访谈,排除人际关系对研究结果的影响。参加第一届全国大数据与人工智能科学大会,了解在权威人士眼中,大数据和人工智能技术在教育尤其是职业教育中的应用现状、前景和存在的问题。对永川区、江津区的职业学校做现场观察、实地交流,并与十多所中等职业学校的领导和教师座谈,了解重庆市职业教育师资培训、现代技术的教育教学应用、培养质量与目标、专业建设等方面存在的问题,并听取改进建议。

2.比较研究法

在研究过程中广泛运用比较研究法,包括不同层级、不同类别职业教育技能人才培养与需求的比较,现代技术的社会应用与它们在重庆市职业教育中的应用进行比较,以及对定量研究与定性研究结果进行比较等。有区域比较,比如对职教师资培养培训工作的区域比较——赴湖南省职教师资培训基地调研,就两地职教师资培训工作的问题和经验做了比较,也有中德国际比较——分析德国绿色发展之成功与其职业教育的互动关系,梳理其职业教育绿色化发展的经验,为重庆市乃至中国职业教育绿色发展提供相关建议。

3.文献研究法

整体性和系统性的研究特点使得本研究需要收集、整理重庆市职业教育及经济社会发展等多方面材料,从不同的层面和角度为研究提供基础。例如,在重庆环保职业教育发展问题的研究上,广泛查阅了重庆环保产业发展状况、人才需求及重庆环保职业教育发展状况资料。又如,通过对我国不同地区生师比的大数据分析,了解重庆市职业教育教师规模现状和突出问题。

4.案例研究法

在开展研究工作中注重结合典型案例进行深入分析。例如,在政策制度研究中以教师企业实践制度为案例,在职业教育专业建设满足经济社会需求度的研究中以环保职业教育为案例,在职教师资培养培训研究中以中职绿色职教师资培训为案例。

第二节　重庆市现代职业教育发展现状

2018年,重庆市高职高专院校40所,在校生29.3万人,教职工1.8万人;中等职业学校182所(有招生资格的138所),在校生39.8万人,教职工2.3万人,其中专任教师1.9万人,涵盖职业教育的所有专业大类。

一、重庆市高职教育的专业与行业需求匹配度现状

在问卷调研过程中,选取重庆市15所优质高职建设院校及其他院校的若干骨干专业中既了解行业情况又了解专业教学情况的、中高级职称的专业课教师作为调查对象,了解重庆

市高职教育在现代教育技术应用、满足经济社会现代发展需求以及现代职业教育体系建设等方面的情况。回收问卷 162 份,有效回收率 83.9%。

问卷调查发现,大多数高职专业课教师认为,重庆市高等职业教育各专业大类与本地区行业需求的匹配度较高。如图 1.3 所示,选择"高""较高"者合计达 57.4%,认为匹配度偏低者合计不足 10.0%。

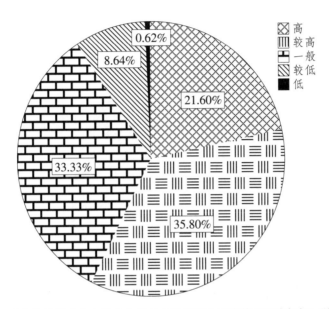

图 1.3　"您认为重庆市本专业大类与本地区行业需求的匹配度如何?"统计图

同时,重庆市高等职业教育各个专业大类满足本地行业需求的程度截然不同。以问卷填写人所在专业大类分组,运用方差分析对不同专业大类之间的回答结果进行比较,结果见表 1.1 所列。可以发现,上述"匹配度"回答结果的组间差异显著大于组内差异,即各专业大类在满足本地行业发展需求上相互之间差异显著。进行两两比较发现,主要是均值表现较高的专业大类"66 新闻传播大类""55 水利大类""59 食品药品与粮食大类""63 财经商贸大类"与均值表现较低的专业大类"62 医学卫生大类""53 能源动力与材料大类""57 生物与化工大类""56 装备制造大类"之间存在两两显著差异。这种差异提示我们重庆市高等职业各专业大类满足行业需求方面可能存在差异,但也不排除是问卷调研抽样差异造成了误差,为此,有必

表 1.1　不同专业大类之间"匹配度"差异的单因素方差分析结果

	平方和	df	均方	F	显著性
组间	28.967	18	1.609	2.100	0.009
组内	109.601	143	0.766		
总数	138.568	161			

要进行后续研究。

优质高等职业院校的专业课教师大多参与了社会技术服务，发挥了高等职业教育直接为社会服务的功能。在问卷调查中，对于专业教师的社会技术服务工作量现状，填"多""很多"者合计 29.01%，"填"一般者约为 45.68%，如图 1.4 所示。可以认为，优质高等职业院校的专业课教师大多参与了社会技术服务，发挥了高等职业教育直接为社会服务的功能。同时，按专业大类分组后做单因素方差分析发现，不同高等职业教育专业大类专业课教师的社会技术服务工作量之间不存在显著差异。

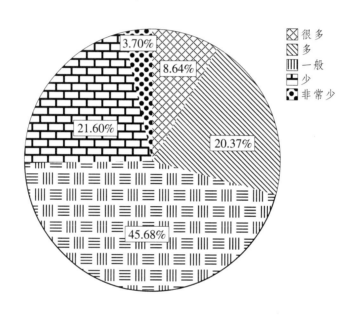

图 1.4   "您认为贵专业教师的社会技术服务工作量现状"统计图

大多数优质高等职业院校专业课教师了解本专业的社会人才需求。对于"您对本专业的社会人才需求现状的整体了解程度"，填写"完全不了解""不大了解"者合计少于 10%，如图 1.5 所示。这说明，大多数优质高等职业院校专业课教师对所在专业的社会人才需求非常了解。这与上述多数教师参与了社会技术服务的调研结果是相互印证的。做相关分析可知两者在 0.01 水平上显著相关，见表 1.2 所列。同时，按专业大类分组后做单因素方差分析发现，不同专业大类的专业课教师"对本专业的社会人才需求现状的整体了解程度"存在显著差异。进行两两比较分析发现，主要是均值最高的"资源与环境大类"与均值较低的七个大类差异显著，以及均值最低的"财经商贸大类"与均值较高的七个大类两两之间存在显著差异。究其原因，不排除是问卷调研抽样差异造成的误差，也可能确实存在差异。

二、重庆市现代职业教育体系建设现状

现代职业教育是横向衔接、纵向贯通、面向人人的教育类型和教育体系。在现代职业教

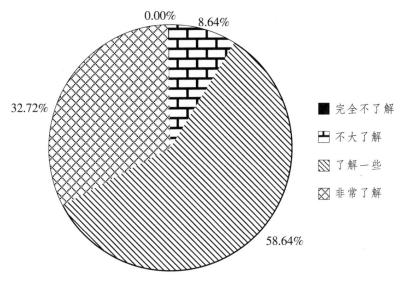

图 1.5　"您对本专业的社会人才需求现状的整体了解程度"统计图

表 1.2　高职教师参与技术服务与对社会人才需求了解程度相关性检验结果

		您认为贵专业教师的社会技术服务工作量现状	您对贵专业的社会人才需求现状的整体了解程度
您认为贵专业教师的社会技术服务工作量现状	Pearson 相关性	1	0.257**
	显著性(双侧)		0.001
	N	162	162
您对贵专业的社会人才需求现状的整体了解程度	Pearson 相关性	0.257**	1
	显著性(双侧)	0.001	
	N	162	162

注:** 即在 0.01 水平(双侧)上显著相关。

育体系下,既要保障适龄学历教育学生升学深造的权利,也要保障社会各年龄段公民接受职业教育的权利。各层次职业教育都不应把学生升学之路限制太窄,也不能忽视非学历职业教育的开展,应充分利用职业教育资源开展社会培训以及为其他教育轨道上的学生提供职业技术技能课程。

纵向贯通通道狭窄,难以满足实际需要。在问卷调研过程中发现,其中 58.64% 的教师了解的情况是本专业学生的升学深造比例不足 10%(整体加权估算值约为 11.7%),如图 1.6 所示。但调查同时发现,有超过 75.9% 的教师认为有 11% 以上的学生应继续深造,如图 1.7 所示。通过加权计算可估算出高职教师认为约 20% 左右的学生应继续深造或适合继续深造。这说明,大部分高职教师认为学生理想升学率应高于当前的升学情况。有一批有潜力或有意愿继续深造的重庆市高职学生最终失去了深造机会,当前重庆市现代职业教育体系建设在纵

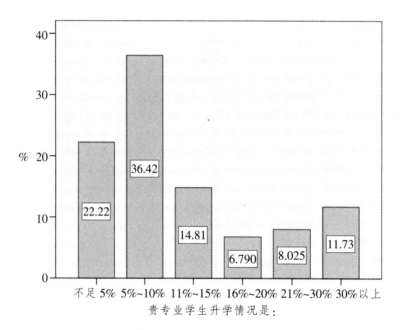

图 1.6　高职学生升学情况调查结果统计图

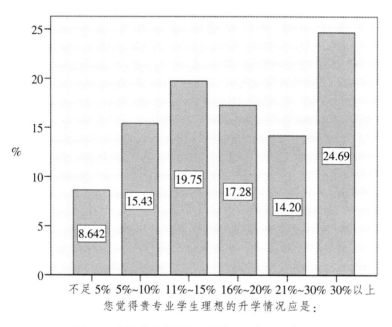

图 1.7　高职学生应继续深造情况调查结果统计图

向贯通方向上还有进步空间。

　　大部分高职教师认为学生升学率应高于当前水平。对"升学情况"和"理想的升学情况"调查结果做相关分析,发现二者有非常显著的正相关关系,结果见表 1.3 所列。这一结果进一步说明,大部分高职教师认为学生理想的升学率高于当前的实际升学率水平。

表 1.3　"升学情况"和"理想的升学情况"相关性统计结果

		贵专业学生升学情况是	您认为贵专业学生理想升学情况是
贵专业学生升学情况是	Pearson 相关性	1	0.670**
	显著性（双侧）		0.000
	N	162	162
您觉得贵专业学生理想的升学情况应是	Pearson 相关性	0.670**	1
	显著性（双侧）	0.000	
	N	162	162

**. 在 0.01 水平（双侧）上显著相关。

表 1.4　2008—2017 年重庆中职在校生和中职学校数量

指标	年份									
	2008	2009	2010	2011	2012	2013	2014	2015	2016	2017
在校生数量（万人）	54.5	54.5	51.5	50.0	49.2	51.3	47.9	41.7	40.2	39.8
中职学校数量（所）	300	271	248	236	227	221	219	214	182	182

数据来源：历年《重庆统计年鉴》。

中职教育规模明显缩小。从表 1.4 可以看出，2008—2017 年重庆市中职学校数和中职教育在校生数均大幅减少，说明采取中职教育规模显著缩减。

在横向衔接、发展面向人人的教育方面，重庆市高职院校还有很大的资源潜力开展非学历教育。在问卷调查中，各有 50% 以上的专业课教师认为，面对终身学习社会的到来，本专业潜在教学对象包括"行业企业员工，提供学历教育""行业企业员工，提供技能培训""其他各级各类院校学生，提供技能课程""社会就业困难群体，提供技能培训""网络教育学习者"，如图 1.8 所示。这一结果说明，当前的高职教师普遍认为，重庆市高职院校对于开展非学历教育还有很大的潜力，尤其是技能培训。选择"其他各级各类院校学生，提供技能课程"这一选项说明，当前重庆市高等职业教育有潜力扩大与其他普通高等教育的横向衔接力度。

为推动现代职业教育体系建设，重庆市高等职业院校还有潜力为社会提供的教育有市场化培训、社区义务培训、更高层级学历职业教育的学分课程以及成人学历教育。问卷调查结果如图 1.9 所示。

三、现代技术在重庆市职业教育中的应用现状

现代教育技术在高等职业院校教学中的应用还未普及。问卷调研发现，有 40.7% 的专业课教师认为本专业课程实现线上延伸的比例不足 10%，回答 10%~19% 的有 23.5%，见表 1.5 所

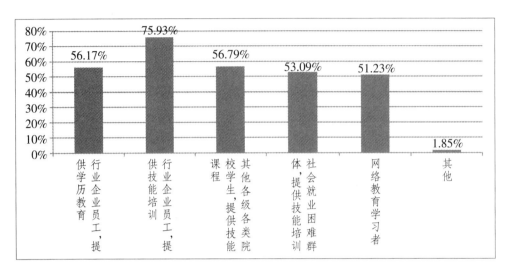

图1.8 重庆市高职教育发展现代职业教育体系的潜在教育对象

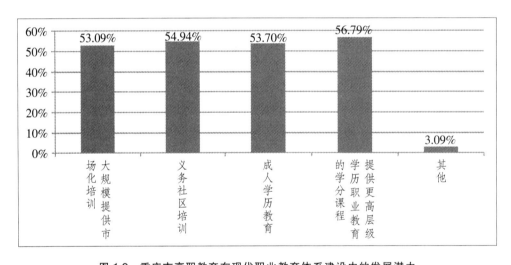

图1.9 重庆市高职教育在现代职业教育体系建设中的发展潜力

表1.5 "贵专业课程约有____%实现了线上延伸?"统计表

选项	频率	百分比	累积百分比
不足5%	40	24.7	24.7
5%~9%	26	16.0	40.7
10%~19%	38	23.5	64.2
20%~29%	19	11.7	75.9
30%~39%	10	6.2	82.1
40%以上	29	17.9	100.0
合计	125	100.0	

列。这说明现代教育技术在高等职业院校课程教学中的应用还不够深入和普及。

微课在高等职业院校的应用相对频繁。对于专业课程线上延伸的方式，见表1.6所列，选择微课的教师明显最多，占80.9%，说明微课在高职院校的应用相对更频繁(结合上表1.5结果算得重庆市高职微课比例的加权估计值是14.8%)。选择MOOC(大型开放式网络课程)的教师占42.0%，说明重庆市高职院校已经有一定比例的课程实现了对外开放(结合上表5结果算得加权估计值约为7.7%)。

表 1.6　"贵专业课程线上延伸的方式有哪些"统计表

选项	频率	百分比
MOOC(大型开放式网络课程)	68	42.0
SPOC(小规模限制性在线课程)	15	9.3
微课	131	80.9
其他	25	15.4
未见有线上延伸	8	4.9
合计	162	100.0

现代信息技术在重庆市高等职业院校教学管理中的应用还尚未普及。高等职业院校对学生学习过程的监控手段主要是纸质材料记载(75.31%)、教务系统记录(66.67%)和线上课程记录(66.05%)，如图1.10所示。高职教师难以很便利地了解学生的在校学习情况。如图1.11所示，52.47%的教师认为了解学生学习情况"不便利，学生学习记录反映在不同的系统中不便利用"，还有23.46%的教师认为"无法查阅，学校对学生的学习过程缺乏记录"。这说明现代信息技术在重庆市各高职院校的应用还尚未得到普及，既未实现智能化时代高职院校的大数据采集和智能化管理，也未实现智能化技术和设备对职业教育教学的辅助作用。综合来看，重庆市职业教育的信息化水平仍亟待提升。

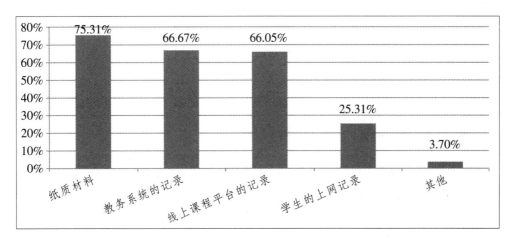

图 1.10　高职院校监控学生学习过程的常用技术手段统计图

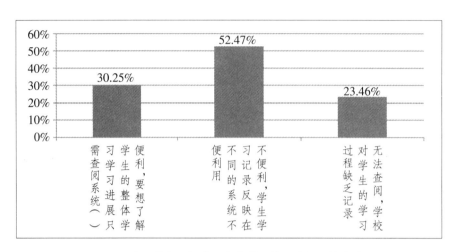

图 1.11　高职教师了解学生在校学习情况的便利性统计图

对于"贵专业主导建设了哪些教学资源库",约 50% 的教师填写了"无"。显示出大多数教师缺乏应用现代信息技术将教育教学进行线上延伸的热情。这一发现提示我们,应在职教教师的培养培训中加强培养教师的现代教育技术应用能力和意识。

此外,本书作者通过对职业院校相关院系现场调研发现,大数据、智能化、物联网、云计算等现代工业技术在职业院校更多的是作为专业教育教学目标和内容而存在,而不是作为教育技术和教育教学手段应用到职业教育的管理和教学之中。例如,一些院校成立了大数据学院、物联网学院,目的是为相关行业培养技术技能人才,而不是对本校的管理和教学进行现代技术改造。

大数据和人工智能技术在职业教育中的直接应用不受专业技术人士的关注,对职业教育的直接影响还很小。通过参加"第一届全国大数据与人工智能科学大会"①,本书作者了解到作为现代工业基础和代表的大数据与人工智能技术,目前在各行业领域的应用仍处于探索阶段。很多相关应用既不成熟,也没有大范围的展开。本行业科研人员认为这类应用普遍存在瑕疵和改进空间,技术成熟和大范围推广应用还有待时日。会议期间,这些现代技术在教育尤其是职业教育中的应用几乎未被提及。这说明大数据和人工智能技术在职业教育中的直接应用不被专业技术人士所关注,对职业教育的直接影响还很小。

四、重庆市职业教育绿色发展现状

职业教育绿色化发展是指职业院校办学过程中节约、循环、高效地利用教育资源,实现绿色管理。一些职业院校存在资源管理不善和使用效率低下现象,造成资源的浪费。教

---

①详情参见附件"调研报告 3:大数据与人工智能在职业教育中应用的会议调研"。

育部统计表明，我国部分高等职业院校的教学设备和实验室的利用率较低（约60%以下），全国高等职业院校教学仪器设备有20%以上处于闲置状态，一些昂贵的装备利用率还不到15%。此外，一些学校人力资源利用不合理，因专业转型等原因造成教职员工结构不合理，非教学人员冗杂。但职业教育的绿色发展远不止于此。职业教育绿色发展要求人才培养的教育教学目标和内容绿色化，培育环保产业发展以及各行各业绿色发展急需的绿色技术技能人才，满足经济社会绿色发展的人才需求。综合多方面资料以及现场观察、访谈了解到，近年来，在绿色发展的大背景下，重庆市的职业院校较以往更加重视绿色主题宣传教育和实践活动，如有的高等职业院校开展了以绿色发展为主题的辩论赛、设立了"节能低碳绿色发展"宣传周、组织绿色发展"金点子"征集等，有的中等职业学校开展了绿色发展科普讲座、绿色发展有奖征文比赛、绿色发展论坛等系列活动也取得了积极的效果，但活动的参与度还不够高，受众面也不够广。各校高度重视环境育人功能，校园环境普遍较优美，校园文化建设也注重体现绿色、生态、环保等理念。在教学中也融入了绿色发展的理念，但在绿色主题教育中，与职业教育教学的融合还缺乏系统性。

重庆市现代职业教育的绿色发展尚处于起步阶段。职业教育的绿色发展包括职业教育教学方式的绿色化以及教学内容的绿色化。总体而言，重庆市职业教育的绿色发展虽然有起色，但还存在一些问题，例如缺乏绿色发展的顶层规划设计，职业院校教师自身的绿色教育理念与能力没有专门培养培训，职业院校的绿色发展普遍缺少长远规划以及宣传教育工作不够深入、全面、系统，多数停留在主题活动上。绿色发展理念在职业院校的实践还缺乏深度，未能充分结合职业教育特点。

绿色技能培养未受重视，专业性的环保职业技能教育规模还比较弱小。绿色职业教育是联合国教科文组织2016—2021年致力于在全球开展的三大职业教育战略之一。但这一国际职业教育行动对国内职业院校的影响不大。有些国家制定了相关法规，如澳大利亚通过制定《绿色技能协议》推动本国职业院校加强培养绿色技能。但我国近年来出台的职业教育政策文件除涉农专业外，缺乏对绿色职业教育的扶持。重庆市职业院校重视绿色主题的宣传教育和实践活动，但在专业绿色技能人才培养以及生态文明教育等方面还存在不足。此外，专业性的环保职业教育在满足区域环保产业技能人才需求方面还有较大缺口，非环保专业的学生对环境相关知识技能掌握不系统，教师的绿色技能教学能力有待加强培训。总之，重庆市现代职业教育在绿色发展方面还有很长的路要走。

五、重庆市职业教育师资培养培训现状

根据历年《重庆统计年鉴》的数据，2008—2017重庆市职业院校教职工数和专任教师数统计见表1.7所列。重庆市现代职业教育事业的发展需要不断补充优质职教师资并通过培训提升在职教师的专业化水平。当前，我国职业教育师资培养主要有三种途径，一是院校专门途径，我国通过高校的职业技术师范教育培养既掌握专业知识和技能又掌握职业教育学知识与技能的"双师型"职教教师。但其缺陷是普遍缺乏行业实践，对行业企业的了

表 1.7　2008—2017 重庆市职业院校教职工数和专任教师数统计表

単位：万人

年份	2008	2009	2010	2011	2012	2013	2014	2015	2016	2017
中等职业学校教职工数	2.44	2.26	2.43	2.39	2.35	2.38	2.42	2.33	2.31	2.32
中等职业学校专任教师数	1.77	1.67	1.81	1.86	1.89	1.96	2.00	1.94	1.91	1.92
专科院校教职工数	1.11	1.19	1.30	1.44	1.52	1.58	1.62	1.71	1.78	1.84
专科院校专任教师数	0.72	0.78	0.87	0.96	1.05	1.11	1.17	1.23	1.30	1.37

数据来源：历年《重庆统计年鉴》。

解往往需要通过入职职业院校后的在职培训进行。二是院校普通途径，即高校非职业技术师范专业的其他各类专业的毕业生直接就业于职业院校，再通过在职学习和培训提升职业教育学知识和技能。三是企业途径，即有行业企业经验者补充学习专业知识和职业教育学知识与技能，然后进入职业院校任教。在实际工作中，第一种途径培养的师资较多地进入中等职业学校(有估计约占毕业生总数的 20%)，其他则进入培训机构或其他行业单位就业，进入高等职业院校者甚少。第二种途径是高等职业院校聘用教师的主流渠道。第三种渠道普遍用作职业教育兼职教师的来源，但随着《国家职业教育改革实施方案》等文件的出台，对新教师行业经验和专业实践能力要求大幅提高、对学历要求降低，料将吸收更多第三种途径人才进入职教教师队伍。

由于每一种师资培养的途径均有其不足之处。随着现代职业教育的发展对教师专业化水平要求越来越高，我国非常重视职教师资的培训工作。不同省份的职教师资培训自主性很大，具体实施办法差异很大。重庆市近年来不断探索完善职教师资培训工作，几乎每年都有新的工作机制变化。2018 年的大致流程是：重庆市教育等部门制定培训计划，教委牵头职教师资培训的招投标工作，确定年度培训项目和培训基地，再由培训基地组织开展招生、教学安排等具体培训实施工作，最后由培训基地和教委共同考核评估。由于政府教育部门人力有限，想要更具体深入地参与培训过程、把好培训质量关，但往往力不从心。

第三节　重庆市现代职业教育发展面临的问题

通过研究发现重庆市现代职业教育发展主要面临以下几方面问题。

一、职业教育校企合作、产教融合不够紧密

校企合作、产教融合仍是重庆市现代职业教育发展的突出问题。对于问卷的开放性问题"重庆市现代职业教育发展存在的突出问题"，在 162 份问卷中除 23 份(14.20%)填写"无"或"没有"外，共指出 142 条有效问题，分类统计见表 1.8 所列。从所反映的问题看，合计有

表 1.8　"重庆市现代职业教育发展存在的突出问题"回答情况统计表

问题	频次	比例
校企合作流于形式,产教融合明显不足	49	34.51%
理论与实践脱节,实践不够	25	17.61%
职业教育体系不完善(升学路径不通、生源单一、生源不足、社会技能培训问题等)	18	12.68%
管理问题——专业设置和课程设置落后或者与市场需求不符	9	6.34%
师资薄弱(有实践经验师资缺乏、教师专业素质有待提高等)	9	6.34%
其他管理问题(管理队伍观念落后、管理能力弱、专业设置跟风、招生乱象、政策落实不到位、办学条件差、形式主义等)	9	6.34%
社会观念问题——社会对职业教育有偏见	7	4.93%
学生厌学情绪严重,学习积极性不高	7	4.93%
管理问题——教学质量与内涵建设,重各类比赛成绩	6	4.23%
就业问题——就业压力大、就业率失真等	3	2.11%
合计	142	100%

58.45%的专业课教师明确指出校企合作、产教融合仍是重庆市现代职业教育发展的突出问题(包括理论与实践脱节、专业和课程设置与市场需求不符等表现形式)。此外,重庆市现代职业教育体系不完善、职教师资薄弱、职业院校管理问题都被认为是重庆市现代职业教育发展面临的问题,影响了重庆市现代职业教育发展的后劲和质量。

行业企业对教学的参与停留在实习实训层面,未深入到理论教学层面。在问卷调查中,对于行业企业对高等职业学校教育教学的参与方式情况,如图 1.12 所示,选"实训教学""提供很多实践岗位"者都超过 60%,选"理论课程更新"者不足 35%。这一结果说明行业企业对

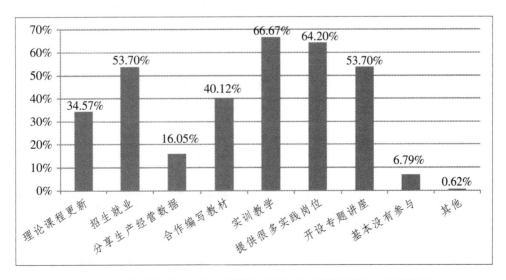

图 1.12　行业企业对重庆市高等职业院校教育教学的参与方式统计图

高职实训教学参与多,对理论课教学等的深度参与较少,产教融合不够紧密。

企业将现代化设备、技术或工艺引入学校较为被动。问卷调查发现,企业主动提供现代化设备、技术或工艺的较少(21.60%),更多的是协议要求(51.85%)和学校购买(50.00%),如图 1.13 所示。这也说明,重庆市高等职业教育在校企合作的过程中,企业的积极性不高,重庆市职业教育"双主体"育人格局尚未形成,企业的职业教育办学主体地位仍有待加强。否则,重庆市经济社会现代发展的需求就很难反映到职业院校中,影响职业教育对重庆市经济社会现代发展做出更大贡献。

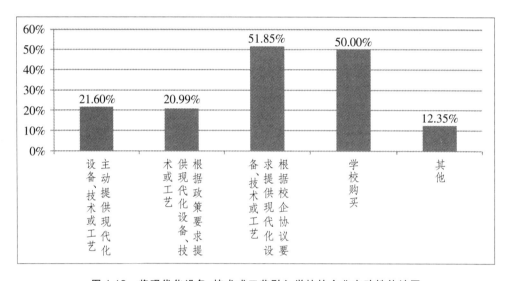

图 1.13   将现代化设备、技术或工艺引入学校的企业主动性估计图

二、现代职业教育体系建设远未成功

通过问卷调研发现,当前重庆市现代职业教育体系发展远未成功,还有较大发展完善空间。一是在纵向贯通上有很大空间,有潜力或有意愿继续深造的高职学生(约 20%)比实际升学深造者(10%左右)要多,一批职教毕业生失去了深造机会。同时,分析重庆教育统计数据发现,中等职业教育规模在缩小,如图 1.14 所示,普职比逐年走高,如图 1.15 所示,高职阶段教育不均衡。这种趋势如果继续下去,将难以达到我国《高中阶段教育普及攻坚计划(2017—2020 年)》提出的"普通高中与中等职业教育结构更加合理,招生规模大体相当"目标,会影响从初中教育到中等职业教育再到高等职业教育的通道贯通。二是在横向衔接方面,重庆市高等职业教育是有很大的资源潜力可以开展非学历教育,尤其是技能培训。面对终身学习社会的到来,为促进重庆市现代职业教育体系发展,重庆市高等职业教育潜在教学对象包括行业企业员工(为他们提供学历教育或技能培训)、其他各级各类院校学生(为他们提供技能课程)以及就业困难等社会群体(为他们提供技能培训)。

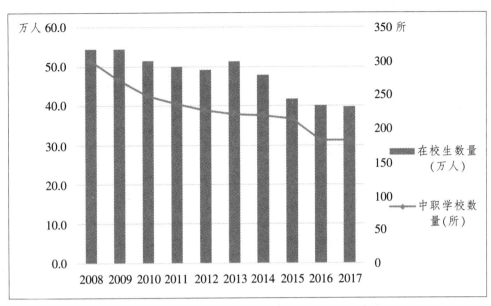

注：在 2017 年的 182 所中等职业学校中有招生资格的学校 138 所（2019 年减为 127 所）。

图 1.14　2008 年重庆市中等职业教育学校数及在校生数缩减趋势图

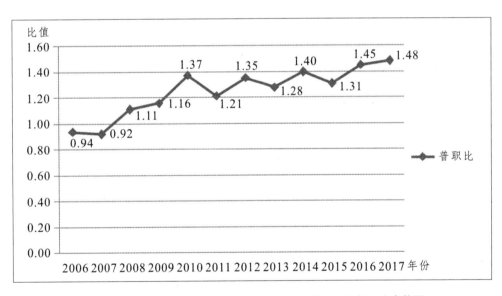

图 1.15　近十余年重庆市普通高中与中等职业学校招生数之比走势图

三、现代技术的职业教育应用水平较低

重庆市职业教育信息化水平仍然偏低。教育信息化就是要使教育手段科技化、教学方式现代化。离开教育信息化，就谈不上教育现代化。职业教育信息化的目标，一是促进职业院校

管理的现代化,包括完善从学生入学到在校管理再到就业的学生管理体系。二是促进职业教育教学质量提升,一方面,通过教育信息化促进资源共享,使重庆市职业教育利用好东部优质职业教育资源;另一方面,通过运用现代技术提升信息化水平促进职业教育的混合教学、泛在学习,促进新工业革命背景下职业教育个性化、定制化人才培养模式创新,大幅提升重庆市职业教育办学水平和人才培养质量。通过调研发现,重庆市职业教育信息化水平仍然偏低,亟须提升。从问卷调研结果看,重庆市高等职业院校主要通过教务系统、线上课程、学生上网记录获取纸质和电子化学生学习过程信息。但这些信息的数据化、整合化程度不高,使得教师在教育教学中为了解学生学习历史和学习基础需要分别查阅不同来源的纸质和电子系统记录。本书作者在现场调研的访谈中也确认了这一问题的存在。这种情况迟迟得不到改善,对高等职业院校的教育教学带来负面影响,例如教师不愿意从多种渠道了解学生的学习基础,难以关注和反思自己的课程是否与本专业其他课程很好地衔接。这种情况也反映出现代信息技术、智能化技术和设备设施在重庆市高等职业院校的应用不够先进。

现场调研和访谈发现,重庆中等职业学校的信息化水平比高等职业院校的情况更加落后。大多中等职业学校的信息化止于多媒体教室,对教学资源库的利用效率低,更谈不上主动建设教学资源库。中等职业智慧校园示范建设尚未完成,效果更是有待检验,要达到理想目标还有很长的路要走。为发挥好现代教育技术对职业院校教学的促进作用,并更便利地利用东部优质职业教育资源,重庆市职业教育的信息化水平亟待提升。

现代化技术对职业教育的整体影响不大,对职业教育教学改革的作用微弱。在问卷调查中,对于"企业的现代化的设备、技术或工艺引入学校教学的情况",如图1.16所示,填"较多引入""部分引入"合计近60%,说明行业企业现代化技术对高等职业教育有一定影响。而选择"少量引入""未见引入"合计42.60%超过了"较多引入"16.05%,说明专业教师们认为现代

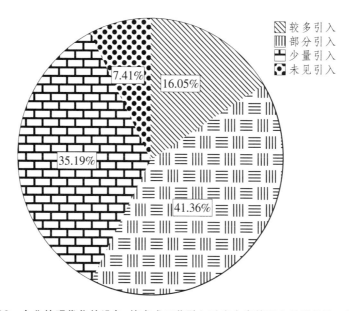

图1.16 企业的现代化的设备、技术或工艺引入重庆市高等职业教学的情况统计图

化技术对职业教育的影响还不够大。而高等职业院校对企业的现代化设备、技术或工艺引入的方式则较为多元,如图 1.17 所示,主要有共建实训室、为教师提供相关软件、安排员工做兼职教师直接任教等。整体来看,现代化技术的引入更多的偏向教育目标和教学内容层面,而不是变革高等职业教育教学方式。

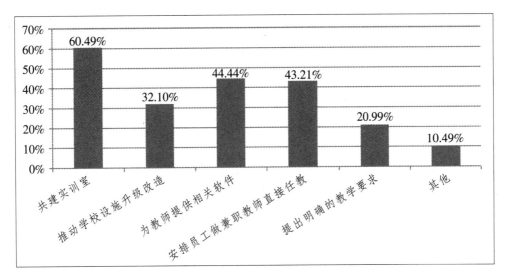

图 1.17　企业的现代化设备、技术或工艺引入学校方式统计图

会议调研发现[①],大数据和人工智能技术在职业教育中的直接应用不受专业技术人士的关注,对职业教育的直接影响还很小。但随着当前以大数据与人工智能为代表的现代教育技术在行业企业如火如荼地探索应用,不难预计未来实际执行这些应用的中高级技能人才需求会越来越多。

四、职业教育贯彻绿色发展理念不够深入

当今,绿色发展理念已对我国经济社会发展产生了深远影响,在经济领域表现为绿色经济发展强劲。而绿色发展理念对职业教育的影响还不够深入,首先表现为在职教专业建设上,重庆市环保职业教育很弱小;同时,绿色技能教育还未被重庆市各个职教专业广泛重视,有待突出强化。

为响应重庆市经济社会绿色发展对技术技能人才的需求,就要鼓励职业教育关注产业绿色发展的技能需求并大力开展绿色技能教育以及培育绿色发展理念。首要的是大力发展环保类职业教育。重庆市职业教育应为本地乃至西部地区环保事业发展充实技术技能人才,

---

[①]详情参见下文"大数据与人工智能在职业教育中应用的会议调研"。

提升环保队伍整体素质。重庆市环保服务领域对环保人才的需求很旺盛(环保服务主要包括环境咨询、环境设计、环保设施运营管理服务等),但是环境保护职业教育的办学规模还远不能满足行业发展的需要。近几年,重庆市环保服务领域发展迅速,特别是环保设施运营管理服务,对人才需求巨大。2016年,重庆市发布《重庆市环保产业集群发展规划》,提出到2020年全市环保产业年销售收入1300亿元,建成国家重要的环保产业基地,成为全市千亿级的先导产业①。《2017年重庆市环境保护产业发展报告》统计的重庆市挂牌新三板15家环保公司2017年度总营收较上年平均增幅119.40%;同时重庆市9家主板/创业板环保公司2017年总营收较2016年平均增幅34%,总净利润55.68亿,平均增幅62%②。另据相关统计2017年全市环保投资462.6亿元,较2016年(355.6亿元)增长30.09%。2018年,由重庆市环境保护局等多家协会联合主办的"中国(重庆)节能环保产业博览会"展出的"黑科技"层出不穷,吸引了16247名专业观众,以及来自意大利等国家的参观团体25个,展会成交高达17.25亿元。2019年一季度,重庆市生态保护和环境治理行业投资快速增长,增速达29.7%。但强劲的发展速度缺乏掌握新兴环保技能的技术技能人才支持。

重庆市环保职业教育供不应求现状是全国环保产业快速发展人才紧缺状况的一个缩影。按照国家对城镇污染处理设施建设的要求,仅环境污染治理技术及治理设施运营所需的环保人才就达20余万人。在环境保护工作发展的新时期,我国西部地区、长江上游经济带环境形势复杂,污染防治任务重,需要更多能扎根基层和环保一线的高素质技能型人才。2016年末重庆市环保产业从业人员为88 795人,仅占全市就业人数比重的0.5%③,与环保产业产值占比(2015年末为3.2%)相比明显偏低。《重庆市环境保护人才队伍建设中长期规划(2010—2020年)》规划要求到2020年全市环保人才总量达到21.45万人,年均增长率为6.3%;高、中、初专业技术人才比例达到3:5:2,目前来看实现起来有不小的难度。重庆市环保职业教育发展问题总体而言是不平衡、不协调,难以适应环境保护形势发展的需要。在高等职业层面,除重庆资源与环境保护职业学院(创办于2015年,2016年才开始招生,在校生6000余人)外,只有重庆工程职业技术学院有一个环境工程技术专业、重庆安全技术职业学院有一个新能源汽车技术专业,其他学校甚少设有与环保相关的专业。在中等职业层面,对近两年的《重庆市中等职业学校招生指南》进行分析,在2017年度招生的138所中等职业学校里仅有一所学校开设了一个环境治理技术专业,招生50人;在2018年度招生的135所中等职业学校里仅有两所学校设有环境治理技术专业,共招生90人。可以看出,重庆市本地职业院校对环保领域人才培养的直接贡献度非常小,与需求相比极不相称。重庆市本地职业院

①中国市场调研.2017-2023年中国重庆环保市场深度调查分析及发展趋势研究报告[EB/OL].(2017-07-21).[2018-05-27]. https://wenku.baidu.com/view/8a1cc5dbab00b52acfc789eb172ded630b1c98a1.html.

②重庆市环保产业协会.重庆24家环保类上市公司2017年业绩出炉[EB/OL].(2018-05-04).[2018-05-26]. https://www.17suzao.com/news/detail-3377.html.

③聂廷勇.重庆市环境保护产业发展报告(2016)[EB/OL].(2016-11-01).[2018-05-24]. http://www.cenews.cn/sylm/hjyw/201611/t20161101_810716.html.

校亟需积极开发与环保产业相关的专业,主动进行课程改革。

除人才培养数量问题外,培养质量也是堪忧的。各类环保企业、环保岗位的环保人才需求日益多样化,但需求最多的还是技术技能人才,大型环保企业也急需高级技术技能人才来提高环保产品与服务的附加值。但调研发现,环保职业教育的教学质量缺乏保障,表现在实践教学明显不足,远未达到教育部所要求的"三年制中等职业、高等职业实践性教学学时原则上占总学时数50%以上"。此外,校企合作工作也有待加强,未形成实质性的产教融合,难以保障环保技术技能人才的培养质量。

此外,"大环保职业教育"概念未形成,未形成所有职业教育专业均重视绿色技能培养的局面。在环保类专业之外,在项目研究过程中未发现其他专业特别注重和强调结合相关行业绿色专业标准和绿色产品、绿色生产实际,加强培养绿色技能,各专业缺乏为本行业绿色发展服务的强烈意识。

五、中等职业教育师资力量薄弱

重庆市中等职业学校专任教师数量近年来持续不足。近年来,重庆市中等职业教育生师比一直未达到全国平均水平(2017年全国生师比为19.03:1,重庆市为20.71:1,仍未达到全国平均水平),也未达到国家要求的合格标准(20:1),说明重庆市中等职业专任教师规模依然无法满足当前中等职业教育的发展需要[1]。

重庆市中等职业学校专任教师充足度与我国东部地区相比尚有较大差距。对重庆市中等职业学校在校生与专任教师比例(生师比)在全国不同地区的相对位置进行统计分析发现,2008—2016年间,重庆市中等职业生师比低于四川、贵州,高于陕西、新疆,在西部处于中等水平,好于西部生师比平均水平。与中部省份相比,9年里重庆市中职生师比长期高于中部平均水平,说明重庆市中等职业学校专任教师充足度长期低于中部平均水平。与东部相比,东部中等职业生师比9年间平均为22.38,而重庆市是26.04,说明重庆市中等职业学校专任教师的配置较东部明显不足。

职教师资培训的需求适切性有待提升。重庆市职教师资培训当前的较突出问题是培训需求普遍难以明确,容易导致培训内容缺乏针对性。对重庆市职教师资培训做需求调研时发现,重庆市职教师资培训缺乏需求适切性直接原因在于:一是在制定培训计划之前缺乏培训需求调研,既没有发放电子问卷、要求职业院校申报需求,也缺少通过座谈了解需求。二是培训基地在培训项目开班前与学员普遍缺乏深度沟通,缺少就协商报名、学习内容、学习成果等具体问题的沟通,未能在开班前充分明确需求。三是培训的过程监控与结果验收不够系统。应通过全程监控,督促培训组织和学员的学习落到实处,使培训的开展过程能切实满足职业院校的教育教学需要[2]。中等职业旅游专业教师培训的问卷调研结果显示,培训内容缺

---

[1]详见后文《重庆中等职业学校师资规模发展问题研究》。

[2]详见附件《调研报告5:重庆市现代职业教育师资培训工作问题调研》。

乏针对性、培训方法忽视教师的个人经验、培训考核被忽略、企业在培训中的缺失、部分教师的培训时长不合理、参加培训的主动性不高等问题。这些问题很大程度上也是职教师资培训难以满足职教教师真实需求的体现①。

第四节　重庆市现代职业教育发展问题成因分析

一、职业教育校企合作、产教融合难以深入的原因

这一问题是发展职业教育过程中国际性的难题。问题的症结在于企业办教育涉及很多成本支出，让企业作为职业教育办学主体深入开展职业教育，企业的办学投入得到的收益往往无法弥补支出，从而影响举行深入参与职业教育的积极性。

我国各地也一直在探索促进企业深入参与职业教育的措施。一种观点认为，曾经一度火热的行业企业办学效果非常好。这些企(场/厂)办学校类似于医科大学附属医院，非常有利于教育与产业的深度结合。企办职校的毕业生留在企业工作的比例很高，进一步刺激了企业举办职业教育的积极性。但随着大批职业院校划归教育部管理，企业管理权丧失，这种模式的规模大大减小。即使很多职业院校有"订单班"试点，毕业生留在相关企业就业的比例一直不高，导致企业更愿意在市场上"挖人"，而不是通过投入职业教育来主动培养人。

近年来，我国中央政府及各级地方政府出台了一系列文件，推出多种措施试图推进职业教育校企合作、产教融合工作。尤其是 2019 年出台《国家职业教育改革实施方案》，明确推出"金融+财政+土地+信用"的组合式激励，并明确了企业作为职业教育办学主体的政策。这些政策是否能有效促进企业界对职业教育的参与，有待实践的检验。

二、现代职业教育体系未形成的原因

重庆市现代职业教育体系尚未形成的主要原因是建设起步晚。我国《现代职业教育体系建设规划(2014—2020 年)》2014 年才出台，之前一直处于理论探索和局部实践状态，重庆市也不可能早早就大规模建成。

在很长一段时间，我国职业教育是"断头"教育，表现在中等职业学校毕业生升高等职业院校有比例限制，高等职业院校毕业生升本科和专业型研究生通道不畅。同时，传统的职业教育模仿普通教育的办学模式，更多的开展学历教育，长期未意识到自身作为终身教育资源开展面向人人教育的责任，忽视开展社会技能培训，也没有针对普通教育学生开设职教课程。同时，由于职业教育发展落后，资源薄弱，迟迟未能做好学分制改革，灵活的职业教育模

①详见后文《重庆中等职业教师培训问题调研——以中等职业旅游服务类教师培训为例》。

式没有形成,也限制了职业教育在纵向和横向上的体系形成。

三、职业教育的现代技术应用水平低的原因

一是职业教育的现代技术应用的产业化程度不高。一方面,作为现代工业发展基础的大数据、人工智能等现代技术目前在各行业领域的应用仍处于探索阶段。很多相关技术手段还不成熟,普遍存在瑕疵和改进空间,没有大范围的应用。相关技术领域科研人员认为这类应用技术成熟和大范围推广应用还有待时日。另一方面,没有形成众多科研人员纷纷投入各职教专业现代技术升级过程的良好生态。现代技术科研人员更关注如何给企业的经营管理带来便利和更多赢利(从而他们自身获得更多报酬),而不够重视职业教育。其原因是职业教育的现代技术应用见效慢,应用的“赢利点”相对其他行业也不明显,难以吸引相关资金投入和科研人员参与。其结果就是现代技术职业教育应用的产业化程度不高,应用规模小,效果不明显。

二是职业教育的现代技术应用的运行成本高,重庆市职业教育缺乏大规模快速引入现代化技术的实力。一方面,相对于普通教育而言,职业教育的办学成本较高,实验实训设备的购置、优质专业课程的开发、“双师型”师资队伍建设等都意味着高成本。但由于职业教育基础薄弱,需要发展的方面较多,职业院校普遍缺乏资金实力对教育管理与教学设施和技术进行及时的更新换代,影响了现代化技术的及时引入。另一方面,职业教育是多样化的教育,专业门类繁多,且随着市场发展而变化,要求相关技术应用要进行频繁的适应性更新升级,重庆市职业院校凭当前的办学实力还难以做到。

四、重庆市职业教育绿色发展难以深化的原因

职业教育绿色发展普遍停留在绿色校园建设、绿色主题宣传活动的层面,还难以结合技术技能教育而继续深入,这不仅是重庆市职业教育存在的问题,也是全国职业教育的普遍现象。

在国际上,绿色职业教育理念逐渐成熟并走入实践。但在我国,绿色职业教育实践进展却十分缓慢。究其原因,一是职业教育各方对绿色职业教育的认识不到位,普遍对其内涵及外延理解不清晰;二是绿色职业教育是随着近年来绿色经济发展逐步被重视的,不受重视的传统使其缺乏发展基础;三是相关研究成果匮乏,难以对其实践形成较强的推动力[①]。

我国近年来出台的职业教育政策文件除涉农专业外,缺乏对绿色职业教育的扶持。例如,《国务院关于大力推进职业教育改革与发展的决定》(国发〔2002〕16号)在“采取切实措施,加快农村和西部地区职业教育发展”一节中提出,“推行‘绿色证书’教育”。又如,《教育部等七部门关于进一步加强职业教育工作的若干意见》(教职成〔2004〕12号)在“大力加强农村职业教育,为解决‘三农’问题提供服务”一节中提出“继续组织实施‘绿色证书培训工程’”。

---

① 详见附件《学术文章4:我国实施绿色职业教育的阻力与策略》。

但在更多职业教育专业提出专业性的"绿色"要求则几乎没有。有文件（《高等职业教育创新发展行动计划(2015—2018 年)》）将"绿色"列入"职业精神"之中,进而归入"思想政治教育"之列,明显在理念上没有将"绿色"与技能紧密结合起来,没有意识到"绿色技能"在当前的突出重要性。绿色发展理念在行业企业的有关政策中正得到越来越多的重视,尤其是《中国制造(2025)》特别突出强调要推行绿色制造。但"绿色"在职业教育政策制定中的被忽视却与之形成了鲜明反差。考虑到职业教育为行业企业培养技术技能人才的重任,这种现状反映了我国职业教育政策制定者对绿色职业教育重要性缺乏深度认识,未能与世界绿色职业教育发展趋势同步,影响了职业教育界将绿色发展理念深度融入现代职业教育的积极性。

在职业教育实施系统,职业教育管理者、职业院校教职工甚至职业教育研究者普遍对绿色职业教育、绿色技能培养缺乏了解和深入认识,既不了解其内涵也不清楚其外延。忽视对职教学生进行绿色发展理念和绿色技能教育,这种职业教育就是非绿色的。企业的实际技术技能需求是职业教育人才培养的风向标。由于长期以来对经济利益的追求、对绿色改造的逃避,企业对绿色技术技能需求不迫切,职业教育自然也不重视绿色技能培养。但当前,我国职业教育必须尽快转变忽视绿色技能传授的传统状态,要发展绿色职业教育,使学生具备绿色发展理念,能够认识到所学技术技能对经济和社会的价值及负面影响,并学会在职业实践和生活中有意识地避免这种负面影响。

原因还包括绿色职业教育研究的匮乏,理论化、系统化相关研究成果的缺失。我国对绿色职业教育研究整体尚处于起步阶段,更多的是对国际经验的引介和研究。国内学者开展的相关项目仅有 2008 年黄春麟等主持的"面向可持续发展的教育方法创新——中国职教课程改革"以及 2014 年刘育锋主持 APEC(亚洲太平洋经济合作组织)职业教育项目"职业教育系统开发绿色技能"。从国际绿色职业教育研究视野看,十分缺少来自中国的案例。绿色发展理念与职业教育深度结合缺乏理论支撑。

五、重庆市职教师资建设问题的成因

历史积淀不够,办学基础薄弱。由于职业教育在我国起步较晚,一直在探索中前行,职教师资培养培训经验积累不足,师资建设规模和质量都缺乏发展基础。

职业教育办学经费不均衡。近年来,我国不断加大对职业教育的投入,对师资建设也越来越重视,但回顾历史,在改革开放以来的很长一段时间职业教育受重视的程度不高,投入也捉襟见肘。为节约办学成本,很多职业院校采用了压缩教职员工规模的措施,造成初期职业院校生师比普遍较高,不符合举办高质量职业教育实际要求。

重庆市对一些职教师资相关国家政策缺少制定配套落实政策。如缺失《职业学校教师企业实践规定》的本市实施细则,对《中等职业学校设置标准》等也没有制定本地落实方案,对中等职业学校招生数量和专任教师数量等缺乏长远规划。加强职教教师企业实践不仅是培养"双师型"教师的手段,也是促进产教融合、校企合作的重要抓手。教育部等七部门 2016 年颁布了《职业学校教师企业实践规定》,要求省级教育行政部门负责制订本省(自治区、直辖市)教师企业实践工作总体规划和管理办法。目前,各地纷纷制定本地区的落实细则,如《福建省职业院校教师企业实践管理办法(试行)》《推进上海市中等职业学校教师企业实践试点方案》《江苏省高等职业院校教师青年教师企业实践培训实施办法》等。重庆市部分职业院校制定了专业教师企业实践的有关细则,如《重庆电子工程职业学院专业教师到行业(企业)对口实习或顶岗实践管理办法》《重庆青年职业技术学院教师到行业企业实践锻炼管理办法(试行)》《重庆三峡医药高等专科学校教师实践锻炼管理办法》《重庆市合川职业教育中心暑假教师到企业实践制度》,但在市级层面尚没有制定落实《职业学校老师企业实践规定》的本地规定或实施细则①。

职教师资培训的组织管理较烦冗,不够系统。其一,重庆市培训缺乏统一管理。近年来,重庆市职教师资培训存在政出多门的现象。培训的计划制定、项目审批、招生、考核等工作由多个部门管理。以招生为例,每个项目的立项单位各自面向中等职业学校发文招生,中等职业学校收到大量项目文件,不知道哪些培训项目是政府办的、哪些是企业办的,以及哪些培训项目是权威的、哪些是杂牌的,出现了一些真实的市培项目招生文件不受重视的现象,导致培训项目招生困难。其二,近几年的培训计划时效较短,不利于培训基地的工作开展。如果培训计划仅是一年期的,培训基地的项目申报成功后其培训只能是在下一年度一次性有效,如果第二年没有被立项,各项培训资源的储备将随之浪费。重庆市过去的培训计划就是一年期的,第二年重新定计划,各培训基地重新申报培训项目方案。基地今年立项的项目方案第二年能否立项存在很大的不确定性,大大影响了基地持续提升培训质量的积极性。比较而言,湖南省 2018 年即已制定好 2019—2021 年的培训计划。项目中标的培训基地可在未来三年连续开展培训。这样,各个培训基地即可着重思考未来如果不断优化培训资源、积累培训经验、提升培训质量。因此,其培训计划的长时效性值得重庆市在职教师资培训计划制定时借鉴。其三,培训报名工作缺乏需求调研程序。当前有培训基地自主招收学员的办法会导致以"招满"为准备,而失去对最需要培训者的关注。教育行政部门应发出通知要求各区县根据本地区中等职业学校的发展需要推荐学员,同时要求培训基地联系各地被推荐的学员完成报名程序。这种多个层面的沟通过程才有利于使得最需要培训的中等职业教师获得培训名额,并使培训基地在与学员的提前沟通中了解学员具体的培训需求,以便改进培训方案的具体内容。其四,培训的过程管理薄弱。对出勤、每日工作记录、阶段性培训作业、培训成果缺乏及时的记录和抽查。借鉴中东部地区的做法,应加强网络记录和云端抽查,监控培训的全过程,确保培训按计划实施并取得相应成果。

---

①详见后文《重庆职业教育教师企业实践问题研究》。

第五节　促进重庆市现代职业教育发展的对策建议

一、继续深入开展职业教育产教融合工作

纵观职业教育发展史,校企合作问题始终是制约现代职业教育发展质量、水平及发展潜力的"瓶颈"问题。本书作者在调查中发现,当前重庆市职业教育的校企合作水平仍不理想,近六成问卷填写人主动反映校企合作问题是重庆现代职业教育发展面临的突出问题。本书作者在实地调研和访谈中感受最多的也是校企合作问题。要使重庆市现代职业教育高质量发展,必须继续大力推进校企合作、产教融合方面的工作。

积极的一面是,我国高度重视企业作为职业教育办学主体的作用,近年来推出了一系列促进校企合作、产教融合的政策措施,尤其是近期的《国家职业教育改革实施方案》。重庆市人民政府也于2019年7月初印发了《重庆市深化职业教育改革实施方案》,下一步应积极贯彻这些政策措施,大力发展产教融合型企业,给予"金融+财政+土地+信用"的组合式激励,按规定落实相关税收政策。要让更多应用现代技术的企业接受职业院校学生实习实践,推动现代学徒制的规模和质量。要建设更多更好的职业院校教师企业实践基地。要引导教师到现代化企业实践,邀请物联网、人工智能等现代技术领域企业派更多技术能手到职业院校兼职任教,以便将最新的技术和理念带回学校,培养未来的技术技能人才。要激励现代技术研发和应用企业关注职业教育,将对职业教育设施升级、管理与教学智能化等作为业务范围。并应在实施一段时间后设立专门课题项目,评估这些措施对推动职业教育校企合作、产教融合的效果。

二、加大力度开展现代职业教育体系建设

从问卷调研结果看,为推进现代职业教育体系建设,重庆市职业教育还应开展更多市场化培训、社区义务培训、学分课程以及成人学历教育。

将非学历职业教育与学历职业教育并重,着力增强职业院校培训功能。现代职业教育是面向人人的教育,是终身教育的重要资源,理应大力开展面向社会的技术技能培训。当前重庆市职业教育以学历职业教育为主要工作,是对现代职业教育功能的窄化。重庆市教育管理部门应多措并举,通过出台鼓励性、考核性、约束性政策引导重庆市职业教育加强开展非学历职业教育。最终要达到非学历职业教育与学历职业教育并重,为在校学生和社会各行各业人士成长成才提供门路。为此,一要破除职业院校开展社会培训的体制障碍,制定鼓励职业院校开展社会培训的绩效评价和奖励机制。二要通过互联网等途径加强对外宣传,让尽可能多的社会人士了解职业院校能够提供的教育服务,并能够便捷地注册学习。三要及时了解社会大众对职业资格、职业技能的需求,并提升相关职业教育服务的水平。

抓好职业教育"入口"工作,提升纵向贯通水平。第一,做好高中阶段教育分流工作。在初中阶段教育中做好职业教育的引导宣传工作,鼓励那些对普通教育路径不感兴趣或学习

不成功、想要尽早进入社会工作的中学生选择升入中等职业学校学习。第二,做好对普职比的管控。近年来重庆市中等职业教育规模一直有缩小的趋势。中等职业教育规模过小不但影响高等职业教育招生,也影响初中毕业生的升学选择权。同时,重庆市城市化进程中城市生产生活需要大量中初级技术技能人才,也需要中等职业教育保持规模稳定和技能人才稳定供给。2017 年重庆市普通高中招生与中等职业学校招生数之比为 1.48:1,偏离了《国务院关于加快发展现代职业教育的决定》(国发〔2014〕19 号)提出的"今后一个时期总体保持中等职业学校和普通高中招生规模大体相当"的要求,当前急需采取措施确保中等职业教育招生和办学规模稳定。第三,加快推动职业教育学分银行工作。鼓励职业院校对外广泛开设学分课程,鼓励普通教育学生、高等教育学生及社会大众通过学习职业教育课程积累职业教育学分。这一工作不仅有利于个体通过积累学分以更加灵活的方式完成学历职业教育,也有利于更快捷地取得技能等级证书,更有潜力作为制度黏合剂成为沟通学历职业教育和技能等级证书制度的桥梁。第四,尽早启动职业启蒙教育。要在普通教育中加大职业教育宣传力度,鼓励职业教育院校面向普通中小学开设职业启蒙课程、学分课程,使青少年认识到从事技术技能人才也是为贡献祖国、获得人生幸福的光明大道。

保持中等职业教育规模稳定。2001 年以来重庆市户籍人口出生数呈上升趋势(如图 1.18所示),且随着我国生育政策的进一步放开,使得重庆市 2016 年后的中等职业学校招生有保持稳中有升的生源趋势。同时,发展现代职业教育要求充分利用现有职业教育资源开展非学历社会培训。这就要求重庆市应保持中等职业教育规模稳定,不可继续缩减中等职业教育规模,以应对未来中等职业学校生源的可能增长及大规模社会技术技能培训需求[①]。要发展高

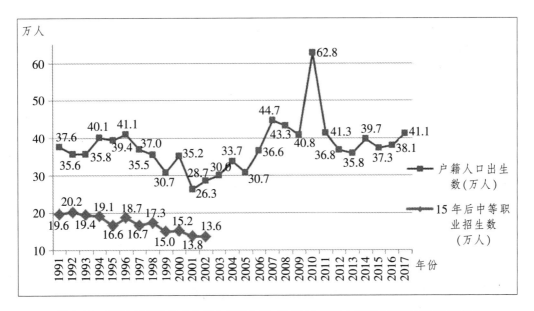

图 1.18　1991 以来重庆市户籍人口出生数,及 2015 年后中等职业教育招生数统计图

①详细论证参见附件《关于重庆市中等职业教育规模发展规划的咨询建议》。

表 1.9　1991—2002 年重庆市户籍人口出生数及 2015 年后重庆市中等职业教育招生数相关性显著性检验结果

		户籍人口出生数(万人)	2015 年后的中等职业招生数
户籍人口出生数(万人)	Pearson 相关性	1	0.744**
	显著性(双侧)		0.005
	N	12	12
2015 年后的中等职业招生数	Pearson 相关性	0.744**	1
	显著性(双侧)	0.005	
	N	12	12

**. 在 0.01 水平(双侧)上显著相关。

注：由于重庆市户籍人口出生数与 2015 年后重庆中等职业教育招生数显著相关，由户籍人口出生数变化可大体预计 2015 年后重庆中等职业教育生源变动趋势。由于 2001 年后重庆市户籍人口出生数呈增长趋势,可知 2015 年后,即 2016 年后的重庆市中等职业学校招生有保持稳中有升的客观基础,在制定中等职业教育规模规划时应予以重视。

质量的中等职业学校,满足基础较好生源成长为高技能人才或继续深造的需要,也需要对其他办学质量不突出的中等职业学校持续投入，帮助大量学习基础薄弱的初中毕业生成长为高素质公民和中初级技术技能人才,这样既解决了城市就业问题,又为城市运转储备了充足的技术技能人才。

三、统筹提升职业教育的现代技术应用水平

重庆市职业教育信息化、智能化程度仍偏低,应统筹实施多种措施提升现代技术在职业教育管理与教学中的应用水平,促进职业教育现代化。这些措施包括加大对职业教育的现代化资源投入、鼓励开展职业教育现代技术应用科研、加大对职业教育教师和管理者的现代技术应用培训等。

发挥职业教育智慧校园建设试点校的示范作用。近年来,重庆市重视对职业教育办学投入,包括加大对职业教育的现代化资源投入。2016 年,重庆市教委启动智慧校园试点,其中高等职业高专院校试点单位 8 所,中等职业学校 5 所[①]。应及时总结智慧校园建设中等职业和高等职业试点校的建设经验,检验建设效果,并遴选成熟经验大力向其他职业院校推介。

加大职业教育现代化技术应用科研力度。现代化技术与职业教育的结合,不同职教专业有不同的结合需求,需要相关专业教师和相关领域科研人员的共同努力,打造现代技术应用于职业教育的生态链。如果只是一方的参与,就难以形成职业教育技术发展、信息化升级的良好生态,就难以取得全面的、持久的成功。为避免政府的扶持资金迟迟达不到提升职业教

---

① 重庆市第一批智慧校园建设示范学校入选名单公示　[EB/OL].(2018−12−18).http://degree.cqedu.cn/Item/33013.aspx

育信息化水平的结果,一方面,应出台激励措施引导、吸引大数据等现代技术研发人员关注职业教育改革发展的技术需求,研发相关应用和设施提升职业院校的大数据、智能化、云计算、"互联网+"水平。比如在每个职业院校设立教育教学大数据中心,重庆市再建一个统一的职业教育大数据中心,系统搜集和处理招生、教学、实训基地建设、产教融合、企业用人需求采集等工作。另一方面,要支持合作举办职业教育与培训的企业加大投入现代化技术设施的力度,使该项事业的资源来源多元化,减轻政府单一资金投入的压力。只有职业教育信息化取得了成功,重庆市职业教育才能借助新工业革命力量,进行个性化、定制化人才培养模式创新,实现个性化针对性地服务产业,以及更好利用国内外优质职业教育资源。

对职业院校教职工及学生加强现代技术运用技能培训。现代技术在职业教育中的应用为以实践为导向的职业教育变革提供了新的机会,也为更广泛人群接受职业教育和培训提供了机会。应加强对职业院校教职员工和学生培训数字媒体运用技能,一方面,能提升相关职业院校数字设备、现代化技术的应用效能,另一方面,可借以增强学校、企业、政府、社会各类机构间的联系,提升职业教育的合作办学水平。

四、推动职业教育绿色化发展

在绿色发展背景下,职业教育绿色化发展不仅要强调建设绿色校园、开展绿色第二课堂活动、提升教育资源利用效率,践行绿色管理,还要强调培养各行业绿色发展急需的绿色技能人才,提升学生的绿色生产和绿色生活能力,助力生态文明社会建设。

加强环保职业教育。要根据我国绿色低碳循环发展的经济体系建设的需要、根据新的绿色职业发展的技术技能人才需求做好职业教育专业建设。在当前,职业教育专业建设尤其要注重建设环保类职业教育专业。要针对重庆市环保产业技术技能人才缺口,有针对性地加强开设环保类职业教育专业、以及绿色物流、绿色建筑等有关专业的绿色专业方向,广泛培养经济社会绿色发展所需绿色技能人才。

推动职业教育课程绿色化。要借助职业教育课程开发机制、评估机制加强在所有职业教育课程中融入绿色法规、绿色行业标准、绿色行为规范和绿色理念教育,使各个职业教育专业学生都为本行业的绿色发展做好准备,并具备绿色生活、绿色消费的意识和能力。要学习和借鉴绿色职业教育先进经验,将绿色发展理念以及绿色知识、技术、技能教育全面贯穿到职业教育校企双主体育人实践中。要使职业教育实践紧密反映绿色生产生活的最新需要,使学生内化可持续生产和可持续消费观念,毕业后成为能够开展绿色生产实践、会过绿色生活的职业人。

对职业教育教师和院校领导加强开展绿色职业教育主题培训。要通过师资培训使职教教师了解绿色职业教育在本专业教学中具体包括哪些内容、如何更好地传授绿色技能、如何考查学生对绿色技能的掌握程度、如何使学生将绿色发展理念贯彻到行业生产和社会生活实践中。也要提升职业院校管理者的绿色职业教育理念,使他们善于开展绿色育人活动、营造绿色育人氛围、开设绿色专业或专业方向、建设绿色职业教育资源。

在观念上强调现代职业教育在生态文明建设中的重要作用。在绿色发展的国家大战略背景下,职业教育理应顺应时势,有所作为,并且职业教育也确实有为之做出相应贡献的潜力。在国际上,绿色职业教育是近年来职业教育界一个研究和实践热点,包括德国在内的多个发达国家,甚至非洲、拉美一些经济发展落后地区都越来越重视职业教育在生态建设中的作用。在绿色发展的国内外大趋势下,我国职业教育在向内涵式发展转型过程中亟须注重绿色技能培养问题,要从观念上就重视发挥职业教育在生态文明社会建设中的应有作用。多途径实现职业教育助力生态文明建设的作用。职业教育既要通过培养绿色技能人才支持经济社会的绿色发展,也要利用好自身专业、人才、资源优势直接服务国家生态文明建设。当前尤其要加强培养绿色技能人才,通过可持续发展意识与能力培育、专业技术技能教育、绿色科学研究项目引领,提升学生的绿色技术技能素质,满足经济社会绿色发展的人才需求。为此,也需要深入推进职业教育产教融合工作,使职业院校教学活动充分反映工作世界真实的绿色技能需求。

五、完善职教师资培养培训工作

鼓励中等职业学校补充师资力量,努力将重庆市中等职业生师比降至全国平均水平。重庆市中等职业教育生师比近年来始终未达到全国平均水平,且未达到《中等职业学校设置标准》的要求。这显示出重庆市中等职业教育师资力量尚未达到较理想水平。因此,有必要继续改善中等职业教育师资力量配置,将重庆市中等职业教育生师比降至《中等职业学校设置标准》规定,并力争达到全国平均水平。应鼓励和引导中等职业学校补充师资,在充足的师资基础上,开展学分制、小班化甚至定制化职业教育教学模式改革,推动重庆市中等职业教育提质升级。

完善职教师资培养培训制度。职教师资培养培训制度,是对职业教育师资培养培训具有制约、规范、引导作用的标准、制度以及相关法律法规或政策性文件,包含四个层次,如图1.19 所示。其中,职教教师资格制度、职教教师专业标准、职教师资培养培训专门制度的制定既是全国性工作,又需要重庆市制定配套政策或实施方案。例如,教育部等七部门 2016 年颁布了《职业学校教师企业实践规定》,要求省级教育行政部门负责制订本省(自治区、直辖市)教师企业实践工作总体规划和管理办法。重庆市应结合本地实际制定落实《职业学校教师企业实践规定》的本地规定或实施细则,在职教教师企业培训的具体要求、激励政策、考核政策,以及示范性教师企业实践基地建设等方面为职教教师企业实践提供法规依据。

在院校层面细化职教师资专业发展和培训要求。职业教育的质量最终要靠教师高质量的教学来保障。因此,必须不断提升职业院校教师的教育教学能力,以推动重庆市职业教育质量的现代化。职业教育政策的最终落实往往需要职业院校来执行。目前的情况是,政府出台有一系列职业院校教师专业标准、职教教师资格证书制度、职业院校教师企业实践制度等方面的政策法规,但在院校层面的落实不理想。这些政策法规大都是质性的指引,落实起来需要职业院校制定配套细则,制定出具有可操作性的具体要求。当前很多职业院校缺乏制定这类配套细则,导致教师专业发展缺乏约束,在职培训动力不足。为此,有必要加大监督引导

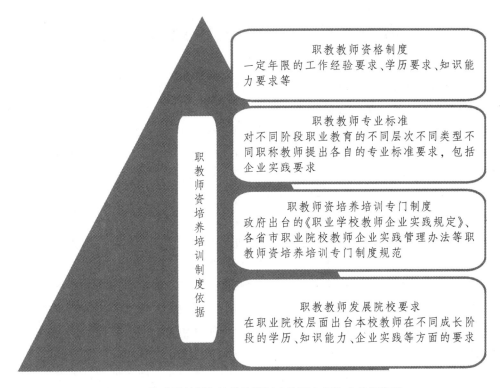

图 1.19　构成职教师资培养培训制度的四个层次文件示意图

力度,定期检查重庆市各职业院校对有关政策法规的落实情况,并引导各个职业院校自主制定适合自己的教师发展办法,保障重庆市职业院校教师队伍专业化发展。

　　通过明确培训需求、加强过程监控等办法提升重庆市职教师资培训质量。重庆市有必要借鉴中东部省市职教师资培训的先进经验,将网络平台等"互联网+教育技术"引入职教师资培训工作中来,做到专人维护、专门管理,借助这种平台开展培训需求调研、培训学员报名、培训过程监控、培训结果考核工作。在使管理工作智能化、高效率的同时,使培训(包括教师企业实践)更加满足重庆市现代职教师资的培训需求,将工作效率和质量提升一个台阶。

　　提升职教师资培训基地的工作积极性。重庆市 2018 年印发的《重庆市中小学幼儿园教师培训计划专项资金管理办法》虽然明确提出"专款专用、注重实效",但各培训基地依托单位在执行过程中大多将对本校培训班主任、培训教师的劳动报酬纳入本校的绩效总量。这导致培训基地所依托学校的教职员工在参与职教师资培训班的组织和教学后,得到的报酬被认为拿到了过多的绩效而被排斥和非议。于是有的学校不付给本校组织培训教职工劳动报酬,这种情况影响了培训基地教职员工参办培训班的积极性。尽管培训经费是政府拨款,尽管基地的教职员工在基地依托单位都有工作和待遇,但根据按劳分配的原则,他们完成了工作取得相应报酬应是有必要的。对此,建议加强政策引导,参照湖南省和我国东部一些省市的做法,在有关文件中明确提出市培经费不纳入事业单位绩效工资总量,要求各培训基地允许参与培训的教职工获得绩效工资之外的报酬,从而提升各培训基地的工作积极性。

第六节　有待继续研究的问题

重庆市现代职业教育发展尚有很多问题有待深入研究和解决。现结合本研究的基础和不足,提出如下有待进一步研究的问题:

重庆市职业教育满足本市主导产业、现代新兴产业发展的技能人才需求情况研究。本书作者关注到了重庆市经济社会绿色发展问题,重点研究了重庆市环保类职业教育满足其绿色经济发展和生态建设情况。但本书作者认为下一步有必要就重庆市几个重点产业的技术技能人才需求情况及相应职业教育分别做专题研究,以推动重庆市主导产业和现代新兴产业发展,提升职业教育现代价值。

重庆市农村中等职业教育解决三农问题的机制有待深入研究。本书作者调研农村职业学校时发现,有些农村职校认为开办涉农专业不利于招生,因此逐步停办了涉农专业,似乎证实了农村职业学校不能开办涉农专业。这是很消极的现象。我国农村职业教育本应在解决"三农问题"中发挥引领作用。农村职业学校应积极参与本地农业现代化改造,在新农村建设和现代农业发展中发挥技术和思想引领作用,同时通过相关实践培养具备农业创新能力的现代农业人才。不应因"农民不想让自己的孩子涉农"就不开设涉农专业,关键要使学校的社会服务能力提升,让本地的农民看到现代农业的希望,看到涉农职业教育对于农村子女成长成才的重要作用。重庆市具体应采取何种措施扭转当前的局面,使农村职业教育在解决"三农问题"中发挥应有作用值得专门深入研究。

重庆市中等职业教育的培养目标问题。当前,重庆市中等职业教育毕业生的技能水平不理想,在工作岗位上的可替代性强,反映出中等职业教育的质量仍欠佳。这不利于重庆市中等职业教育良好形象的树立和成功地向内涵式发展转型。有必要专门研究重庆市中等职业教育的培养目标问题,是延续"中初级技术技能人才"的提法,还是改为"中级技术技能人才"或其他表述;修改培养目标后对中等职业教育在教育管理、教学模式改革、教育吸引力等方面会有何种影响;对重庆市中高等职业衔接乃至现代职业教育体系建设、现代产业发展有何影响等。本书作者认为,提高中等职业教育培养目标要求,或可激励更多高水平中等职业学校出现,既为经济社会发展供给更多优秀技能人才,又为更高层级教育提供优质生源,既起到中等职业教育发展的示范作用,又能提升中等职业教育形象和增强生源吸引力。

服务经济社会需求表现良好的专业的经验挖掘问题。本书作者在问卷调研中发现,重庆市高等职业教育各个专业大类满足本地行业需求的程度存在差异。结合问卷填写人所在专业大类数据,进行方差分析来比较不同专业大类之间的回答结果差异,结果发现,如果按专业大类分组,各组间差异显著。具体进行两两比较发现,主要是均值较高的专业大类"新闻传播大类""水利大类""食品药品与粮食大类""财经商贸大类"与均值较低专业大类之间存在较多显著差异。这一结果不能排除是问卷调研抽样差异造成的误差,但也可能是实际确实存在差异。为此,有必要进行后续研究,对差异进行再次分析,了解校企合作工作做得较好的专业的做法,提取其借鉴和推广价值。

第二章　重庆市现代职业教育发展问题调研

本研究开展了问卷星网络问卷调研,调研对象为重庆市高水平高等职业院校中对行业实践相对比较了解的专业课教师。通过问卷了解重庆市高等职业教育在满足经济社会现代发展需求、现代职业教育体系建设、现代技术应用等方面的现代化发展基本情况和突出问题。同时,通过多次现场访谈,对上述情况进行更加深入的掌握。

第一节　重庆市现代职业教育发展问题调研

根据本研究的研究设计和研究目的,为了解重庆市高等职业院校现代技术应用情况及高等职业院校人才培养满足现代行业企业需求情况等问题,实施了本次问卷调查。

一、问卷调查过程

(一)调研对象选择

本研究在起始阶段的调研中发现,高等职业院校的情况较为复杂,有必要进行专门的学术性问卷调研,以便更全面地了解重庆市高等职业院校的现代化发展情况。相比较而言,中等职业学校普遍规模较小,实地调研和访谈发现各校现代化水平普遍不高,情况相对高等职业院校简单得多,采用现场观察和深度访谈即可了解。因此,只对高等职业院校做了问卷调研。

调研对象为高水平高等职业院校对行业实践比较了解的专业课教师。考虑到专业课教师对各个专业的专业教学质量提升的决定性作用,并鉴于专业课教师被要求参加专业培训和企业实践,更了解本专业的现代化水平,尤其是信息化、产教融合、满足经济社会发展需求情况,因此调研选择高职专业课教师作为调研对象。调研问卷的发放既注重教龄长者,因为他们更了解本专业的发展趋势;又注重教龄短者,因为新教师可能更了解专业技术发展的最新情况。因此未对教龄做出严格限制。同时,鉴于性别差异不是本研究的关注点,因此未考虑填答者的性别因素。

鉴于高水平高等职业院校以及重点专业更能反映重庆市高等职业院校现代化发展的前沿水平,因此本次问卷调研选择了 2018 年 1 月公布的重庆市优质高等职业院校建设名单中的 15 所高等职业院校作为主要样本学校,尤其是重庆电子工程职业学院、重庆工业职业技术学院、重庆城市管理职业学院等多次在高等职业院校排名中靠前的高等职业院校,具体到专业则优先选择省市级重点专业作为样本专业。基本前提假设是,这些高水平院校及重点专业的现代化过程中出现的问题在其他院校也存在,重庆市其他院校或专业现代职业教育发展存在的问题会比这些高水平职业院校及重点专业现代化发展面临的问题更加严重。

调研对象的抽样方式为分层抽样和滚雪球抽样。首先广泛搜集各样本高等职业院校及专业的教师及其联系方式。然后,在调研过程中根据联系情况选择更多符合条件的专业课教师发放问卷。具体发放调研问卷时,为保证填答质量,以负责人逐个联系确认为主,以合作者介绍和间接发放研究问卷为辅。

(二)调研内容及问卷设计

根据研究设计和研究目的,设计了重庆职业院校现代技术的应用情况及人才培养满足现代行业企业需求情况等方面的问卷题目 21 个(见本书附录 1)。

问卷为半开放性问卷,组成部分包括:

1.填答人个人信息(专业、教龄、职称);

2.本专业应用现代教育技术现状(6 个题目);

3.本专业满足经济社会现代发展需求方面的现状(7 个题目);

4.本专业在现代职业教育体系建设方面的现状(4 个题目);

5.开放性问题(重庆现代职业教育发展存在的突出问题)。

问卷包含一定量测谎题目设置,以保障回收到的问卷质量,防止回收到不认真填答的问卷。例如,如果第 4 题回答(课程)"未见有线上延伸",则第 3 题(专业课程线上延伸的比例)应选 A(不足 5%),选择其他选项不合逻辑,是不认真的表现,应定为无效问卷;如果在 13 题中选择了"未见引入"(企业的现代化的设备、技术或工艺),则 14 题就应选择"其他"。否则选择了其他引入方式选项就不合逻辑,显示答题者填答不认真。又如,如果 11 题选择了"完全不了解"(贵专业的社会人才需求现状),则在第 9 题(重庆市本专业大类与本地区行业需求的匹配度)不应选择"高""低"这类极端选项。否则,填答问卷即被视为无效问卷。

(三)调研实施过程

2018 年 6 月之前,进行文献搜集整理和理论研究;2018 年 7 月~10 月,问卷设计、调研和完善阶段;2018 年 11 月—2019 年 6 月为问卷调研阶段。

在较长的调研过程中,调研对象的信息采集是逐步进行的。其原因是样本较大,难以一次性获取,同时基于研究者工作安排的需要,难以在短时间内进行全面信息采集。具体操作步骤是,调研院校以主城区高等职业院校为主,结合重点专业情况主城区外的高等职业院校在永川区选择了 3 所,万州区 2 所、涪陵、合川两区各选择了 1 所。调研院校和专业确定后,对专业课教师信息的采集以工作关系中的积累、院校网站中信息、搜索引擎查找为主。

取得联系后,争得对方认可再予发放,确保问卷填答的自愿自主性。调研全程坚持追求质量、不求数量的原则。

　　问卷回收后及时查阅问卷,判断答卷质量。在发放问卷的沟通过程中,能大致感受到答卷老师的态度。回收问卷后,如果填答时间短或填答开放性题目文字敷衍即可判断为填答不认真。因此,研究者及时删除这类问卷。同时查阅问卷填答的 IP 地址,将 IP 相同且填答内容相同者视为重复答题,予以删除一份。这些做法虽然效率偏低,能够更好地保证回收问卷的质量,保障学术研究的严谨性。

　　最终回收到有效问卷 162 份。约 70% 为调研人直接联系方法。其他联系人发放的问卷,要求仅发放 2—3 份即可,以免联系人在压力下不认真对待。由于问卷配合红包发放,每份问卷基本都发出了红包形式的答卷费,起到了一定的积极性激发作用。从整体回收情况看,调研人直接联系的有效回收率最高,其他联系人发放的次之;问卷星自然发放的问卷有一定填答量,但基本不合要求,在此不予考虑。本研究全程正式发放问卷 193 份,回收到有效问卷 162 份,有效回收率 83.9%。研究团队基于 162 份有效答卷进行了问卷分析。

二、调研结果

　　主要用统计软件 SPSS(统计产品与服务解决方案)对问卷填写结果数据进行统计分析,部分分析和作图工作采用了 Excel 完成。分析结果如下。

(一)填写人个人信息(教龄、职称、专业)

　　从问卷填写人的教龄来看,小于 5 年、5—10 年、10—15 年以及 15 年以上者均在 35 人以上,分布较为平均如图 2.1 所示,说明本问卷调研受到填写人教龄偏差的影响不大。

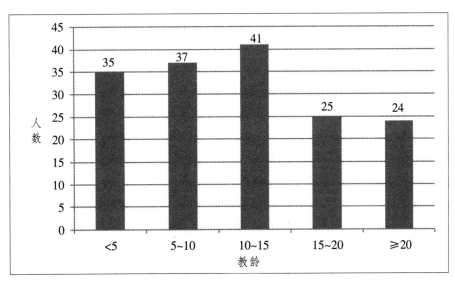

图2.1　问卷填写人的教龄分布统计图

在职称分布方面,在明确填写了职称的问卷中,正高职称者占 8.0%,副高占 44.0%,中级职称占 38.0%,初级职称占 14.49%。可以看出,中级及以上职称者占 90% 以上。这与项目组在发放问卷时注重既有丰富教学经验又了解行业实践者,尤其是专业负责人(带头人)有关。这一群体更加了解本专业的实际情况,也更可能深度参与校企合作,从而对行业企业情况,尤其是人才需求情况、参与职业教育情况了解较多。

在问卷填写人所在专业方面,填写人的专业分布非常广泛,从专业的大类分布角度看,财经商贸大类 37 人,装备制造大类 19 人,电子信息大类 15 人,比例稍大,和重庆市产业结构和产业发展重点是大体匹配的。但考虑到研究要涵盖所有专业大类,发放问卷时注意保证规模较小专业类的样本量,回收后各大类样本量尽可能在 3 个以上。

(二)重庆市高职专业应用现代教育技术现状(第3~8题)

见表 2.1 所列,有 40.7% 的专业课教师认为专业课程实现线上延伸的比例不足 10%。回答 10%~19% 的有 23.5%。说明现代教育技术在高等职业院校课程教育中的应用还不够深入和普及。

表 2.1　"贵专业课程约有 ____%实现了线上延伸?"统计表

选项	频率	百分比	累积百分比
不足 5%	40	24.7	24.7
5%~9%	26	16.0	40.7
10%~19%	38	23.5	64.2
20%~29%	19	11.7	75.9
30%~39%	10	6.2	82.1
40%以上	29	17.9	100.0
合计	125	100.0	

在专业课程线上延伸的方式一题上,填答结果见表 2.2 所列,选择微课的教师占 80.9%,远高于其他选项,说明微课对高等职业院校教师的影响显著(结合上题结果算得重庆市高职微课比例的加权估计值是 14.8%)。选择 MOOC(大型开放式网络课程)的教师占 42%,说明重庆市高职课程已有一定比例实现了对外开放(结合上题结果算得加权估计值是 7.7%)。

如图 2.2 所示,高等职业院校对学生学习过程的监控手段主要是纸质材料记载(75.31%)、教务系统记录(66.67%)和线上课程记录(66.05%)。而对于"贵专业教师用于了解学生在校学习整体进展的常用技术手段是?""贵专业教师能否很便利地了解学生的在校学习史"的回答(详图 2.3、图 2.4),综合来看,选择"查阅相关部门存储的纸质文档"(62.35%)"不便利,学生学习记录反映在不同的系统中不便利用"(52.47%)的比例较高,认为便利的仅 30.25%,说明现代信息技术在重庆市高等职业院校的应用较为落后,既未实现智能化时代高等职业院校的智能化管理,也未实现智能化技术和设备对职业教育教学的辅助作用。综合来看,重庆职

表 2.2　"贵专业课程线上延伸的方式有哪些"统计表

选项	频率	百分比
MOOC	68	42.0
SPOC	15	9.3
微课	131	80.9
其他	25	15.4
未见有线上延伸	8	4.9
合计	162	100.0

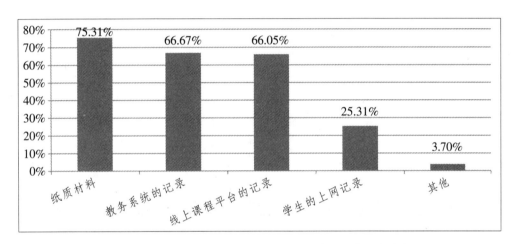

图 2.2　高等职业院校监控学生学习过程的常用技术手段统计图

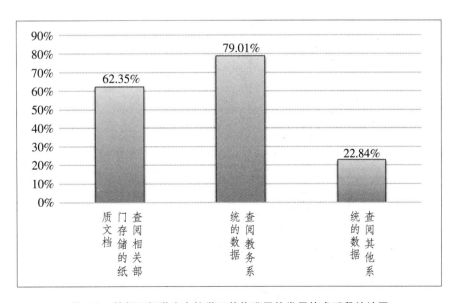

图 2.3　教师了解学生在校学习整体进展的常用技术手段统计图

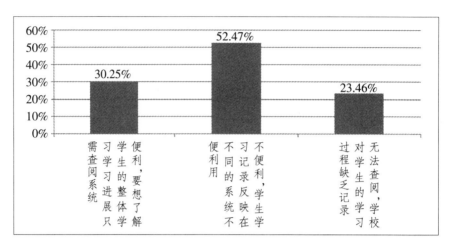

图2.4   高职教师了解学生在校学习情况的便利性统计图

业教育的信息化水平仍亟待提升。

对于"贵专业主导建设了哪些教学资源库",约50%的教师填写了"无",其他大多填了"智慧职教""微课"等公共在线平台,显示出大多数高职专业缺乏主动应用现代信息技术,将教育教学进行线上延伸的热情和实践。这一发现提示我们,应在职教教师的培养培训中加强培养教师的现代教育技术应用能力和意识。

(三)重庆市高职专业满足经济社会现代发展需求方面的现状(第9~15题)

专业课教师们整体认为,重庆市职业教育各专业大类与本地行业需求的匹配度较高(如图2.5所示,选择"高""较高"者合计达57.4%)。认为匹配度偏低者合计仅9.26%,不足10%。

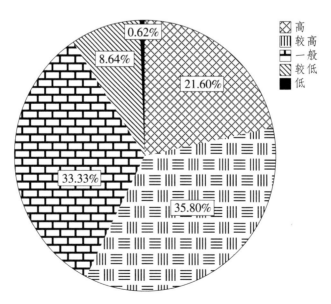

图2.5   "您认为重庆市本专业大类与本地区行业需求的匹配度如何?"统计图

同时,重庆市高等职业教育各个专业大类满足本地行业需求的程度存在差异。结合问卷填写人所在专业大类数据,进行方差分析来比较不同专业大类之间的回答结果差异,结果见表2.3所列。可以发现,如果按专业大类分组,各组间差异显著,即对上述"匹配度"回答结果的组间差异显著大于组内差异。具体进行两两比较发现,主要的均值较高的专业大类"新闻传播大类""水利大类""食品药品与粮食大类""财经商贸大类"与均值较低专业大类"医学卫生大类""能源动力与材料大类""生物与化工大类""装备制造大类"两两之间存在显著差异。相关各组均值及样本量见表2.4所列。究其原因,可能是问卷调研抽样差异造成的误差,也可能是实际确实存在差异。为此,有必要进行后续研究,对差异进行再次确认分析,了解校企合作做得较好的专业的做法及其借鉴价值。

表2.3　不同专业大类之间"匹配度"差异的单因素方差分析结果

	平方和	df	均方	F	显著性
组间	28.967	18	1.609	2.100	0.009
组内	109.601	143	0.766		
总数	138.568	161			

表2.4　满足本地行业需求的程度差异较大的两组专业大类情况

均值较高组				均值较低组			
编号　组别	均值	样本量	标准差	编号　组别	均值	样本量	标准差
66 新闻传播大类	3.67	3	0.577	62 医学卫生大类	1.4	5	0.548
55 水利大类	3.25	4	0.5	53 能源动力与材料大类	1.6	5	0.548
59 食品药品与粮食大类	2.8	5	0.837	57 生物与化工大类	1.6	5	0.548
63 财经商贸大类	2.58	36	0.732	56 装备制造大类	2	19	0.943

填答问卷的高职专业课教师大多参与了社会技术服务,发挥了高等职业教育直接为社会服务的功能。在问卷调查中,对于专业教师的社会技术服务工作量现状,填"多""很多"者合计29.01%,"填"一般者约为45.68%,如图2.6所示。可以认为,优质高等职业院校的专业课教师大多参与了社会技术服务,发挥了高等职业教育直接为社会服务的功能。同时,按专业大类分组后做单因素方差分析发现,不同高职专业大类专业课教师的社会技术服务工作量之间不存在显著差异(统计结果见表2.5所列)。

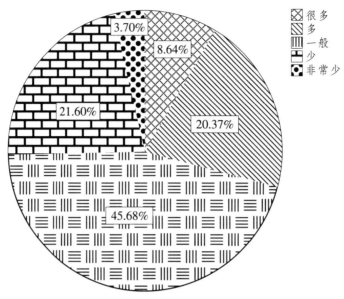

图例：
很多
多
一般
少
非常少

图 2.6　"您认为贵专业教师的社会技术服务工作量现状是（　）"统计图

表 2.5　不同专业大类专业课教师的社会技术服务工作量差异的方差分析结果

单因素方差分析

	您认为贵专业教师的社会技术服务工作量现状是：				
	平方和	df	均方	F	显著性
组间	24.216	18	1.345	1.570	0.076
组内	122.574	143	0.857		
总数	146.790	161			

　　大多数优质高职专业课教师了解本专业的社会人才需求。对于"您对本专业的社会人才需求现状的整体了解程度"，填写"完全不了解""不大了解"者合计 8.64%，小于 10%，如图 2.7 所示。大多数优质高职专业课教师自信了解本专业的社会人才需求。这与上述多数教师参与了社会技术服务的调研结果是相互印证的。做相关分析可知二者在 0.01 水平上显著相关，见表 2.6 所列。同时，按专业大类分组后做单因素方差分析发现，不同专业大类专业课教师"对本专业的社会人才需求现状的整体了解程度"存在显著差异（统计结果见表 2.7 所列）。具体进行两两比较分析发现，主要是均值最高的专业大类"资源与环境大类"与均值较低的七类差异显著，以及均值最低的专业大类"财经商贸大类"与均值较高的七个大类两两之间存在显著差异。相关各组均值及样本量见表 2.8 所列。究其原因，可能是问卷调研抽样差异造成的误差，也可能是实际确实存在差异。

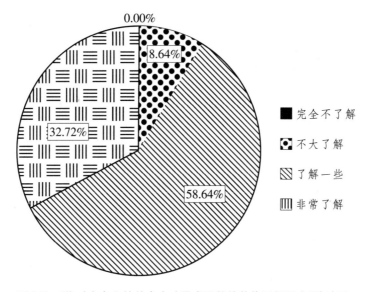

图 2.7　"您对本专业的社会人才需求现状的整体了解程度"统计图

表 2.6　高职教师参与技术服务与对社会人才需求了解程度相关性检验结果

		您认为贵专业教师的社会技术服务工作量现状	您对贵专业的社会人才需求现状的整体了解程度
您认为贵专业教师的社会技术服务工作量现状	Pearson 相关性	1	0.257**
	显著性（双侧）		0.001
	N	162	162
您对贵专业的社会人才需求现状的整体了解程度	Pearson 相关性	0.257**	1
	显著性（双侧）	0.001	
	N	162	162

**. 在 0.01 水平（双侧）上显著相关。

表 2.7　不同专业大类专业课教师对相关行业社会人才需求现状的整体了解程度差异的方差分析结果

单因素方差分析

	平方和	df	均方	F	显著性
组间	10.975	18	0.610	1.870	0.023
组内	46.636	143	0.326		
总数	57.611	161			

表 2.8　专业课教师社会人才需求现状程度差异较大的专业大类情况

	专业大类	均值	N	标准差
均值显著较低	财经商贸大类	2.97	36	0.609
均值显著较高	资源与环境大类	3.80	5	0.447

对于行业企业对高等职业院校教育教学的参与方式情况，问卷调查反映的结果是对实训教学参与多，对理论课参与较少。如图 2.8 所示，选"实训教学""提供很多实践岗位"者都在 65%，选"理论课程更新"者不足 35%。

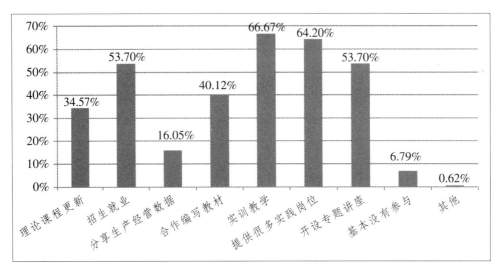

图 2.8　行业企业对重庆市高等职业院校教育教学的参与方式统计图

对于"企业的现代化的设备、技术或工艺引入学校教学的情况"，填答结果如图 2.9 所示。"较多引入""部分引入"合计近 60%，说明行业企业现代化技术进展对高等职业教育有一定影响。而"少量引入""未见引入"合计 42.60% 超过了"较多引入"16.05%，说明老师们认为现代化技术对高等职业教育的影响还不够大。

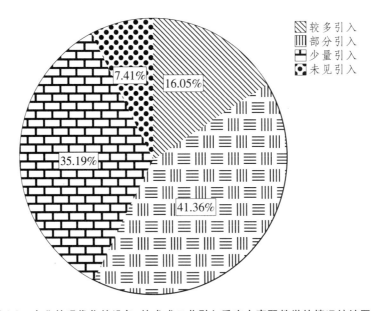

图 2.9　企业的现代化的设备、技术或工艺引入重庆市高职教学的情况统计图

高等职业院校对企业的现代化设备、技术或工艺引入的方式则较多元,如图 2.10 所示,主要有共建实训室、为教师提供相关软件、安排员工做兼职教师直接任教等。整体来看,现代化技术的引入更多的偏向教育目标和教学内容层面,而不是改变高等职业教育教学方式。

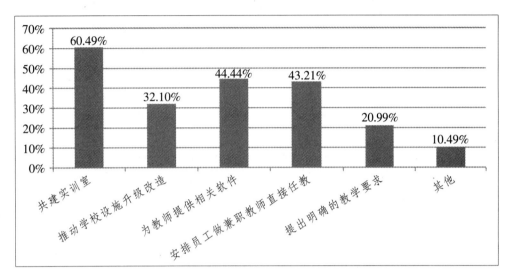

图 2.10 企业的现代化设备、技术或工艺引入学校方式统计图

同时,这种引入较为被动,企业无条件地主动提供的较少(21.60%),更多的是协议要求(51.85%)和学校购买(50.00%),如图 2.11 所示。这也说明,重庆市高等职业教育校企合作的过程中,企业的积极性仍不高,企业的职业教育办学主体地位仍有待加强。否则,重庆市经济社会现代发展的需求就很难反映到职业院校中,影响职业教育对重庆经济社会现代发展做出更大贡献。

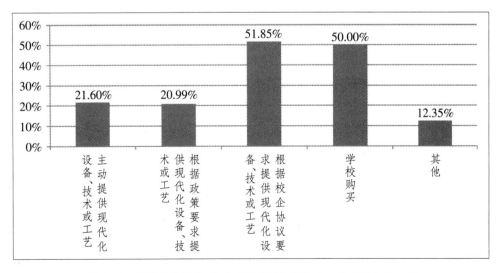

图 2.11 将现代化设备、技术或工艺引入学校的企业主动性估计图

(四)重庆高职专业在现代职业教育体系建设方面的现状(第16~19题)

现代职业教育是横向衔接、纵向贯通、面向人人的教育类型和教育体系。在现代职业教育体系下,既要保障适龄学历教育学生升学深造的权利,也要保障社会各年龄段公民接受职业教育的权利。反之,重庆市的职业教育不能把学生升学之路限制太窄,也不能忽视非学历职业教育的开展,应充分利用职业教育资源开展社会培训以及为其他教育轨道上的学生提供职业技术技能课程。

本次调查发现,合计58.64%的教师了解的情况是本专业学生的升学深造比例不足10%(加权估算值约为11.7%),如图2.12所示。但调查同时发现,有超过75.9%的教师认为有11%以上的学生应继续深造,如图2.13所示。加权计算得出高职教师认为约20%左右的学生应继续深造或适合继续深造。这一对比说明,有一批有潜力或意愿继续深造的高职学生最终失去了深造机会。说明当前重庆职业教育体系建设在纵向贯通方向上还有进步空间。

对"升学情况"和"理想的升学情况"两题结果做相关分析,结果见表2.9所列,显示二者有非常显著的正相关关系。这一结果进一步提示我们,大部分高职教师认为的学生理想升学率高于当前的升学情况。

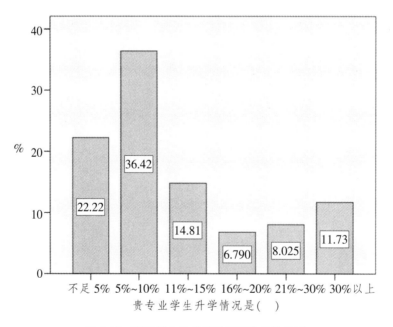

图2.12　高职学生升学情况调查结果统计图

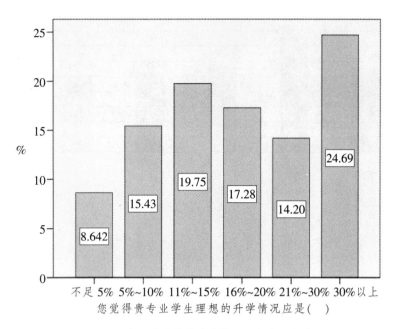

图 2.13 高职学生应然升学情况调查结果统计图

表 2.9 "升学情况"和"理想的升学情况"相关性统计结果

		贵专业学生升学情况是	您认为贵专业学生理想升学情况应是
贵专业学生升学情况是	Pearson 相关性	1	0.670**
	显著性(双侧)		0.000
	N	162	162
您觉得贵专业学生理想的升学情况应是	Pearson 相关性	0.670**	1
	显著性(双侧)	0.000	
	N	162	162

**. 在 .01 水平(双侧)上显著相关。

　　而对于问题"面对终身学习社会的到来,贵专业潜在教学对象有哪些?",各有 50% 以上的教师回答"行业企业员工,提供学历教育""行业企业员工,提供技能培训""其他各级各类院校学生,提供技能课程""社会就业困难群体,提供技能培训""网络教育学习者",如图 2.14 所示。这一结果说明,当前的高职教师普遍认为,重庆市高等职业院校还有很大的资源潜力开展非学历教育,尤其是技能培训。选择"其他各级各类院校学生,提供技能课程"这一选项说明,当前的重庆市高等职业教育有潜力扩大与其他普通高等教育的横向衔接力度。

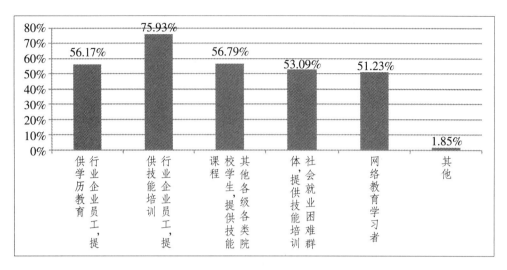

图 2.14　重庆市高等职业教育发展现代职业教育体系的潜在教育对象统计图

上述调研结果说明，重庆市现代职业教育体系发展还不够完善，发展力度还有待加强，发展的空间和潜力还不小。

对于在现代职业教育体系建设中的发展潜力，超过一半的教师认为高等职业院校还能为社会提供的教育有市场化培训、社区义务培训、更高学历职业教育的学分课程以及成人学历教育，如图 2.15 所示。

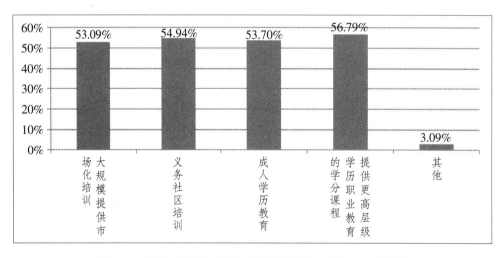

图 2.15　重庆市高职现代职业教育体系建设的潜力方向统计图

(五)重庆市现代职业教育发展存在的突出问题汇总统计

对于"重庆市现代职业教育发展存在的突出问题"(第 20 题)，162 份问卷中除 23 人(占

14.20%)填写"无"或"没有"外,共指出 142 条有效问题,分类统计见表 2.10 所列。

表 2.10　"重庆现代职业教育发展存在的突出问题"回答情况统计表

问题	频次	比例
校企合作流于形式,产教融合明显不足	49	34.51%
理论与实践脱节,实践不够	25	17.61%
职业教育体系不完善(升学路径不通、生源单一、生源不足、社会技能培训问题等)	18	12.68%
管理问题——专业设置和课程设置落后或者与市场需求不符	9	6.34%
师资薄弱(有实践经验师资缺乏、教师专业素质有待提高等)	9	6.34%
其他管理问题(管理队伍观念落后、管理能力弱、专业设置跟风、招生乱象、政策落实不到位、办学条件差、形式主义等)	9	6.34%
社会观念问题——社会对职业教育有偏见	7	4.93%
学生厌学情绪严重,学习积极性不高	7	4.93%
管理问题——教学质量与内涵建设,重各类比赛成绩	6	4.23%
就业问题——就业压力大、就业率失真等	3	2.11%
合计	142	100%

从填写人反映的问题看,校企合作、产教融合仍是重庆市现代职业教育发展的突出问题,理论与实践脱节、专业和课程设置与市场需求不符都可看作其表现形式,这些问题合计有近六成(58.45%)专业课教师明确指出。

此外,重庆市现代职业教育体系不完善、职教师资薄弱、职业院校管理问题都被认为是重庆市现代职业教育发展存在的问题,影响了重庆市现代职业教育发展的后劲和质量。

三、调研结论

(一)重庆职业教育的信息化、智能化水平仍亟待提升

从问卷调研结果可以看出,重庆市高等职业院校通过教务系统、线上课程、学生上网记录获取的纸质和电子学生学习过程信息。但这些信息的数据化、整合化程度不高,使得教师在教育教学中为了解学生学习历史和学习基础需要分别查阅不同来源的纸质和电子系统记录。在现场访谈中也确认了这一问题的存在。这种情况迟迟得不到改观,不仅对高等职业院校的教育教学带来负面影响,比如教师为图方便不愿意从多种渠道了解学生的学习基础,难以关注和反思自己的课程是否与本专业其他课程很好地衔接。这种情况也反映出现代信息技术、智能化技术和设备设施在重庆高等职业院校的应用不够先进。

高等职业院校对企业的现代化设备、技术或工艺引入更多的偏向教育目标和教学内容

层面,而不是作为学校设施智能化技术来改变高等职业教育教学。即引入方式更多是共建实训室、为教师提供相关软件、安排员工做兼职教师直接任教等。同时,这种引入较为被动,说明重庆市高等职业教育校企合作的过程中,企业的积极性仍不高,企业的职业教育办学主体地位仍有待加强,制约着重庆市现代职业教育发展的潜力。

现场调研和访谈发现,重庆市中等职业学校的信息化水平比高等职业院校的情况更加落后。为发挥好现代教育技术对职业院校教学的促进作用,并更便利地利用东部优质职业教育资源,重庆市职业教育的信息化水平亟待提升。

(二)重庆市高等职业教育与本地行业人才需求的匹配度较高,但发展后劲不足

大多数高职专业课教师认为,重庆市职业教育与本地行业需求的匹配度较高。按专业大类分组,进行方差分析发现,各组间差异不显著,即不存在某些高职专业大类相对于另一些大类更加满足本地行业发展人才需求的情况。因此,可得出结论,目前重庆市高等职业教育各大类专业均能较好地满足本地行业人才需求。

同时,调研也发现,重庆市高等职业院校的专业课教师大多参与了社会技术服务,发挥了高等职业教育直接为社会服务的功能,且不同专业大类专业课教师的社会技术服务工作量之间不存在显著差异。大多数高职专业课教师了解本专业的社会人才需求,不同专业大类专业课教师对本专业的社会人才需求现状的整体了解程度不存在显著差异。

此外,有超过一半的专业课教师指出,重庆市职业教育校企合作、产教融合问题仍突出。这一问题是制约重庆市现代职业教育发展质量、水平及发展实力的"瓶颈"问题。要使重庆市职业教育与本地行业人才需求保持较高匹配度,必须继续大力推进校企合作、产教融合工作。

(三)重庆市现代职业教育体系发展还不够完善

问卷调研发现,当前重庆市现代职业教育体系发展还不够完善:

重庆市现代职业教育体系建设在纵向贯通方向上还有很大空间,一批有潜力或有意愿继续深造的高职学生正在失去深造机会。

在横向衔接、发展面向人人的教育方面,重庆市高等职业教育有很大的资源潜力开展非学历教育,尤其是技能培训。面对终身学习社会的到来,本专业潜在教学对象包括行业企业员工(提供学历教育或技能培训)、其他各级各类院校学生(提供技能课程)以及就业困难等社会群体(提供技能培训)。

整体看,重庆市高等职业教育为推进现代职业教育体系建设,还应开展更多市场化培训、社区义务培训、学分课程以及成人学历教育。

第二节 "重庆市现代职业教育发展问题"高职专业课教师座谈

一、调研过程

调研时间:2018 年 9 月 4 日上午 11:00~11:40,用时约 40 分钟。

调研地点:重庆第二师范学院。

调研对象:参加 2017 年"职业院校教师素质提高计划"国家级培训的重庆市优秀青年教师 17 人。教师的专业类别:高职公共管理与服务类。

调研方式与流程:座谈+问卷。其一,座谈:就重庆市高职公共管理与服务类专业人才培养是否能够满足社会需求、在教学中是否应用了现代化教育教学技术、现代职业教育体系建设情况与在座的教师进行了座谈,通过与优秀青年教师直接交谈,直接了解重庆市高职公共管理与服务类专业的现实问题。其二,问卷:采用开放式问卷。由于座谈时间有限,为全面了解所有在座教师掌握的信息,采用问卷辅助调研。发放问卷 14 份,回收到 7 份。

二、调研结果

(一)本专业满足社会需求情况

专业课教师普遍反映不了解。这说明职业院校教师对本校本专业提供的教育产品的市场需求情况缺乏了解。这种情况严重影响教师对自身教育教学的定位,进而影响教育教学的质量。这是当前十分严重的问题。

(二)专业教育技术情况

1.现代教育技术在教学中的应用情况

在思想上,各校管理层领导普遍重视,通过会议和文件多有宣传推动。

在实践上,一些学校在个别专业课程上实现了现代教育技术的应用。但总体上处于探索阶段,距离大范围的普及、满足学生全方位学习的需要还有很长的路要走。

在交谈中优秀青年教师反映各高等职业院校在大力推动 MOOC(大型开放式网络课程)教学,有的课程有 1/3 的学时实现了在线教学,学生的学习成果也被教务处认可,学生能取得相应的学分。

2.现代教育技术在教务管理中的应用情况

对学生教学起点的了解是教师开展教学设计的重要内容，很大程度上影响着教学的成效。为便于教师了解学生的学习情况，学校应该建设和改进相关系统，加强对学生学习进展的记录和监控。调查发现，对于学生学习进展的日常监控，目前仍然采用传统的教务处的学生选课记录、成绩记录、考勤等方式，缺乏创新。这些方式能够部分地记录学生的学习情况，但存在明显弊端：

一是不便于教师查阅使用，需要教师联系教务处等很多学校部门，翻阅大量卷宗或提取多个数据库的数据，大大增加了教师的备课工作量。在实践中教师普遍不做这些工作，应为"很忙，没那么多时间做这些，也不见得做了这些工作有什么用。"因此，增强学生进展监控数据的可用性迫在眉睫。只有便于使用，教师才会乐于接近这些数据，才能更频繁地使用这些数据，进而才能感受到把握学生的学习起点对于教学实践成功的重要价值。

二是记录缺乏系统性。一是对一些重要的学生学习进展缺乏记录，比如各自课余的实践个性化实践、各自的资格证书培训和考评情况、非教学计划要求课程的学习情况等。这些都是教师了解学生学习情况时应该掌握的重要数据。二是多个记录途径各成体系，缺乏相互衔接，导致不便于查阅和使用。

3.在升学方面

主要形式是专升本，但比例很低，约10%（每班10人左右）。问题是：只有一入学就下决心升本并持续努力的同学才有可能升本成功。建议专升本应考虑到学生在高职阶段的专业技能学习成果，适当降低基础文化课成绩的比重。（现在比重太高）。

4.在其他教育形式方面

优秀青年教师知道本校也开展一定量的社会培训，但本人基本没有参加，培训的量和占教学工作的比重并不清楚。

对后续研究的启示：问卷的设计应更具体，选项应明确下来，不要过于开放。

附1:受访者简要信息

专业类	公共管理与服务类		专业类	公共管理与服务类	
姓名	职称	所在院校	姓名	职称	所在院校
陈*	中级	重庆传媒职院	郭*	初级	重庆财经职院
程*	高级	重庆水电职院	黄*	中级	重庆房产职院
杜*	中级	重庆建工职院	李*	中级	重庆安全技术职业学院

专业类	公共管理与服务类		专业类	公共管理与服务类	
姓名	职称	所在院校	姓名	职称	所在院校
钱*	初级	重庆电讯职院	杨*	初级	重庆幼儿师范高等专科学校
全*	无	重庆航天职院	杨*	中级	重庆文艺职院
秦*	无	重庆信息技术职业学院	杨*	初级	重庆机电职院
石*	初级	重庆医药高专	赵*	中级	重庆城市管理职业学院
谭*	中级	重庆三峡医专	左*	中级	重庆建工职院
文*	中级	重庆城市职院			

附2：调研问卷

重庆现代职业教育发展专业课教师问卷

一、本专业满足当前社会需求情况

1.您对本专业的社会人才需求状况了解程度是（　　　）

　A.完全不了解　　　B.不大了解　　　C.了解一些　　　D.非常了解

2.您的专业课同事们对本专业的社会人才需求状况的整体了解程度是（　　　）

　A.完全不了解　　　B.不大了解　　　C.了解一些　　　D.非常了解

3.贵专业学生升学状况如何，您觉得理想情况应该是什么样？（　　　）

二、教育教学过程的现代化

1.为方便学生在课外不限时间、地点的课程学习，贵专业有多少比例的课程实现了线上延伸（互联网+课程）？

2.贵专业课程实现线上延伸的方式有哪些？

3.学校监控学生学习过程的技术手段有哪些？

4.监控数据是如何储存的？

5.教师是否能够很便利地了解学生过去的学习情况,比如通过查阅相关数据库

6.(1)贵专业有哪些教学资源数据库?(　　　)
　(2)这些资源库在校内外的开放共享程度如何?
　A.很高一都完全开放　B.部分开放　C.面向部分师生开放　D.基本不开放难以共享

7.最近一年里,企业参与贵专业教育教学的主要方式有哪些?

8.(1)企业的智能化设备、技术、工艺引入学校教学的情况如何(　)
　A.较多引入　　B.引入了(设备/技术/工艺流程)　　C.未见引入
　(2)企业的智能化设备、技术、工艺是如何引入学校的,企业起到了何种作用?

9.面对终身学习社会的到来,贵专业还能够招收哪些类型的学习者?

第三章　重庆市现代职业教育教师发展问题研究

　　提升教学质量的关键在教师。职业教育教师队伍的现代化建设水平可以从量和质两个方面来考察。根据公开的数据,我们主要研究了重庆市中等职业学校教师的质、量问题。从量的角度看,重庆市中等职业教育生师比尚未达到全国中职教育的平均水平。从质的角度看,职教教师在企业实践、在职培训等方面还存在较多问题,影响着重庆市中职教师的教育教学水平提升。

第一节　　重庆市现代职业教育教师发展问题研究

　　生师比是反应教育质量的重要指标,准确掌握生师比的波动与预测生师比走向有利于制定重庆市教师招聘计划与人才培养规划。目前,重庆中职学校生师比处于失衡的状态。据统计,2017 年重庆市生师比为 20.71:1,仍高于国家规定的 20.00:1。通过研究生师比波动情况,将有利于将重庆市中职教育生师比水平控制在国家规定数值之内。另外,通过掌握各地区的生师比波动情况,能够较为清晰地了解到各地区中职学校教师与学生整体情况,不仅有利于重庆市中职教育管理部门明确地认识重庆市中职教育在全国处于何等水平,各区域教师储备情况,还便于中职教师的培训培养方案制定,建立一支高素质的中职教师队伍。

一、研究问题

　　职业教育的质量最终决定于职业教育的课程,职业教育课程的质量则最终取决于教师。重庆市在推动职业教育发展、建设现代职业教育过程中十分重视职业教育师资队伍的建设。2017 年 1 月 10 日,国务院发布了《国家教育事业发展“十三五”规划》,指出:“着力加强教师队伍建设。提升教师能力素质。”2017 年 4 月 26 日,重庆市教育委员会发布了《重庆市教育事业发展“十三五”规划》,指出:“加大职业教育师资培养基地和企业实践基地建设,大力培养‘双师双能型’教师。”

　　本部分研究的焦点问题是重庆中职教育师资的规模水平,期望通过发现尚存问题,为重庆市中职教师未来发展找到方向。

二、研究的计划与实施过程

(一)研究对象与研究思路

本章节的研究对象是重庆市中职教师的规模问题,旨在通过考察生师比的水平,了解重庆市中职教师规模的相对水平。研究基本思路是将重庆市中职教育的生师比与我国西部、中部、东部地区以及全国的中职教育生师比进行比较,研究的年份跨度是 2008—2016 年,重点对比在这 9 年里重庆中职教育生师比的相对水平尤其是近期的优劣势。

(二)研究方法

采用实证研究方法,主要是比较研究法。一方面,根据重庆中职学校生师比历年变化的完整数据,了解重庆市中职教育教师规模发展趋势和存在的问题。另一方面,基于全国生师比近年波动大数据,将重庆市中职生师比变动与全国相应数据、东中西部地区相应数据及中职教育发达省份相应数据对比,找出重庆市中职师资规模发展的相对位置,分析问题和差距。

教育研究中的生师比有三种,一是学生与专任教师的比,即在校学生与直接从事教学工作的教师之间的比;二是在校学生与行政、工勤及其他教师的比,即在校学生与学校内不从事直接教学工作的所有教师之间的比;三是在校学生与学校内所有教师之间的比。专任教师是教学计划的实施者,也是中职教师队伍中所占比重最大、最关乎教学的部分。在校学生与专任教师的比值是体现某一学校甚至某一地区整体教学质量的指标之一,本章节以之为主要分析对象,即此生师比具体指中职学校在校生与专任教师的比。

(三)研究过程

借助《中国统计年鉴》记录的 2008—2016 年重庆、全国以及东、中、西部地区其他 14 个省市(东部:天津、山东、江苏、上海、广东;中部:河南、安徽、河北、湖南、江西;西部:四川、贵州、陕西、新疆)的相关数据,并广泛查阅和系统分析以往同类研究资料,在了解重庆市中等职业教育生师比波动情况的基础上,再对比观察全国及其他地区中等职业教育生师比的波动情况。然后再分析重庆市中等职业教育生师比整体状况和存在的问题,并提出建议。

三、研究发现

(一)重庆市中职教育生师比近年来的发展态势

1.重庆市中职教育生师比逐年走低

近九年来,重庆市中职教育生师比水平逐年降低,中职教师规模问题持续改善。见表 3.1 所列,2008—2016 年,重庆市中职学校在校生数量持续减少,但专任教师数量保持稳定,因此生师比呈大幅下降,由 2008 年的 30.5 下降到 2016 年的 21.05,降幅达 31%。

表 3.1　2008—2016 年重庆市中职学校生师数量与生师比

指标	年份								
	2008	2009	2010	2011	2012	2013	2014	2015	2016
在校生数量(万人)	42.70	42.53	39.16	37.95	37.20	36.28	33.91	32.80	31.16
专任教师数量(万人)	1.40	1.30	1.39	1.39	1.42	1.49	1.52	1.51	1.48
生师比	30.50	32.72	28.17	27.30	26.20	24.35	22.31	21.72	21.05

数据来源:历年《中国统计年鉴》,未含技工学校数据,下同。

2.重庆市中职教育生师比仍未达到国家规定

2010 年 7 月 6 日,教育部发布修订后的《中职学校设置标准》,指出:"师生比达到 1:20";2010 年 11 月教育部下发《关于印发〈中等职业教育改革创新行动计划(2010—2012 年)〉的通知》,提出:"力争使全国专任教师平均生师比达到 20:1"。9 年间,重庆市中职学校在校生数量减少 11.54 万人,专任教师数量则保持稳定。在 2009—2014 年,重庆中职专任教师数量一直呈现单边小幅上涨趋势,虽然总涨幅不大,但生师比下降明显,或说明《中职学校设置标准》等政策的出台引起了重庆市中职教育事业的关注和落实,政策实施效果明显。

而在重庆市,9 年间,重庆市中职学校生师比平均值为 26.04,尽管重庆市中等职业学校生师比已经得到有效的控制,但是尚未达到国家规定的 20:1。

(二)重庆市生师比发展的比较分析

为了了解重庆中职学校专任教师规模发展水平,本研究用重庆生师比对比西部地区的四个省(自治区、直辖市)(四川、贵州、陕西、新疆)、中部地区的五个省(自治区、直辖市)(河南、安徽、河北、湖南、江西)和东部地区的五个省(自治区、直辖市)(天津、山东、江苏、上海、广东)的生师比。

1.重庆生师比整体低于西部生师比平均水平

如图 3.1 所示,重庆生师比走势线偏低于西部生师比平均水平,只在 2008 年和 2009 年,重庆生师比高于西部生师比平均水平。西部地区生师比波动起伏较大,综合来看,2008—2016 年,四川、贵州、陕西、新疆的生师比历年均值分别为 29.54、33.17、25.58、22.54,重庆生师比低于四川、贵州生师比,高于陕西、新疆生师比,在西部处于中等水平。

2.重庆生师比接近中部平均水平

如图 3.2 所示,2008—2015 年,重庆生师比都高于中部平均生师比,但在 2016 年,重庆

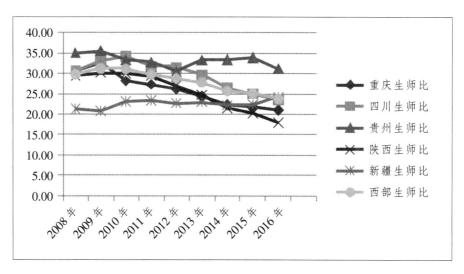

图 3.1　2008—2016 重庆与西部地区生师比波动对比图

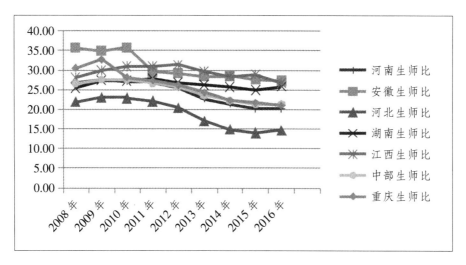

图 3.2　2008—2016 重庆与中部地区生师比波动对比图

生师比首次低于中部平均生师比。河南、湖南、江西的生师比波动起伏较为平缓。整体看来，九年里，重庆生师比低于安徽、湖南、江西生师比，高于河南、河北生师比，长期高于中部平均水平，说明重庆市中职专任教师充足度长期低于中部平均水平，直到2016年略高于中部平均水平。

3.重庆生师比远高于东部平均水平

如图3.3所示，2008—2016年，重庆生师比都高于东部平均生师比。天津、山东、江苏、上海、广东五个省市九年来的生师比平均值分别为15.14、19.97、20.01、18.35、29.52。通过对比，重庆生师比仅低于广东生师比，高于天津、山东、江苏和上海的生师比，重庆在生师比在东部处于较高水平，东部生师比九年间的平均值为22.38，说明与东部相比，重庆市中职专任教师的配置明显不足。

4.重庆生师比处于各省中等偏下水平

通过计算对比15个省(自治区、直辖市)的九年生师比平均值，发现重庆生师比处于第9位，这说明重庆生师比在这九年当中的仍处于较低水平。通过计算对比15个省(自治区、直辖市)的2016年生师比，发现重庆生师比处于第8位，见表3.2所列。可见，重庆生师比已经得到有效的调控，但距离职业教育发达地区生师比仍有较大差距。

5.重庆生师比与全国生师比差距越来越小

如图3.4所示，2008—2016年，重庆生师比都高于全国生师比。2008—2009年，重庆生师比与全国生师比的差距最大，随后这一差值越来越小。并且，重庆生师比波动轨迹同全国生师比波动轨迹基本吻合，均是前两年上涨，后七年下降。全国生师比九年间的平均值为23.65，

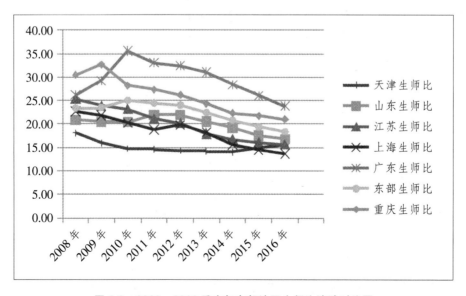

图3.3　2008—2016重庆与东部地区生师比波动对比图

表 3.2　各省(自治区、直辖市)生师比排序表

省市	生师比		名次		省市	生师比		名次	
	生师比 1	生师比 2	名次 1	名次 2		生师比 1	生师比 2	名次 1	名次 2
天津	15.14	15.55	1	3	新疆	22.54	24.24	6	11
上海	18.35	13.66	2	1	河南	24.21	20.19	7	7
河北	18.98	14.66	3	2	陕西	25.58	17.92	8	6
山东	19.97	16.80	4	5	重庆	26.04	21.05	9	8

省市	生师比		名次	
	生师比 1	生师比 2	名次 1	名次 2
江西	29.45	26.79	11	13
广东	29.52	23.79	12	10
四川	29.54	23.57	13	9
安徽	30.79	27.34	14	14

注:生师比 1 为九年生师比平均值,生师比 2 为 2016 年生师比值;名次 1 为九年生师比平均值名次,名次 2 为 2016 年生师比值名次。

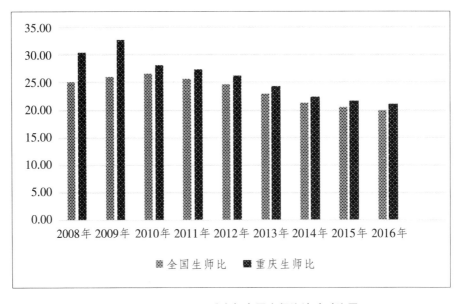

图 3.4　2008—2016 重庆与全国生师比波动对比图

重庆为 26.04,未达到国家平均水平。根据最新数据,2017 年全国中职在校生 1592.5 万人,专任教师 83.68 万人[①],全国中职生师比为 19.03:1,而重庆中职生师比为 20.71:1,仍未达到全国平均水平。

[①]郭亚丽.《中国中等职业教育质量年度报告(2018)》在京发布[OL].(2019-02-26). https://baijiahao.baidu.com/s?id=1626141421479293795&wfr=spider&for=pc.

(三)中职教育生师比波动及其区域差异原因分析

1.政策实施显效但落实仍不到位

总的来看,重庆市中职教育生师比走势以 2009—2010 年为转折点,之前走高,之后则转而降低,而在转折点之前的最近最相关事件就是 2010 年 7 月《中职学校设置标准》的出台,以及 2010 年 11 月教育部下发《关于印发〈中等职业教育改革创新行动计划(2010—2012年)〉的通知》(教职成〔2010〕13 号)(也提出"力争使全国专任教师平均生师比达到 20:1")。不难推断,《中职学校设置标准》等政策的出台引起了重庆的地区中职学校的关注和管理上的落实,一段时间后使得中职教育生师比走势转折,这应不是巧合,而是对政策实施效果显现的合理判断。

与此同时,重庆生师比仍未达到《中职学校设置标准》规定的 20:1,造成这一现象的根本原因在于政策落实不到位。2010 年《中职学校设置标准》提出后,全国生师比逐年下降,重庆的生师比也随之降低了很少,但是由于之前生师比过高,无法在短时间内快速降至国家规定水平。并且,通过查阅重庆市教育厅相关官网发现,这些教育厅网站没有关于生师比规定的相关文件,没有各地方教育主管部门的引导,《中职学校设置标准》无法很好地落实和执行。

此外,政策缺乏配套措施也会造成生师比"居高不下"。借用一般政策的分类方法,将教育政策分成总政策、基本政策和具体政策三部分;教育的总政策指宪法中有关教育的政策规范和教育方针;基本政策指的是《中国教育改革和发展纲要》和《中华人民共和国教育法》中的政策规范;具体政策指的是一些具体的法规中的政策规范[1]。根据这个分类方法,《中等职业学校设置标准》属于具体政策[2]。美国学者佛兰德 S 柯伯恩(Flanders S. Coburn)认为,教育经费政策、课程政策、学生政策、教师政策、教育管理政策是一个国家教育改革与发展的基本的教育政策。即教育改革与发展需要多方面要素的统筹。《中职学校设置标准》规定生师比应该达到 20:1 水平,但是通过调查发现,国家并未针对这一指标提出更详细的配套措施,如关于招生数量和专任教师数量的相关政策。缺乏政策的引导,重庆市各中职学校的招生数量没有确切的指标,完全由市场决定,无法对中职学校在校生的数量进行准确的估算,由此无法及时增加或减少中职学校专任教师的数量,生师比的不可控性自然就扩大了。通常情况下,中职学校为了节约成本,会尽量压缩教师队伍规模,生师比降不下来也是必然的。

2.专任教师数量持续不足

造成重庆生师比呈现"先上涨"趋势的关键原因是专任教师不足。从生师比波动的轨迹

---

[1]孙绵涛.关于国家教育政策体系的探讨[J].教育研究,2001(3):8-11.
[2]中国职业技术教育学会课题组."十二五"以来我国职业教育重大政策举措评估报告[J].职业技术教育,
2017(38):10-32.

来看,2008—2009 年的生师比有所上涨。这两年间,在校生数量分别为 42.70、42.53 万人,专任教师数量分别为 1.40、1.30 万人,在校生数量与专任教师数量均有减少,但专任教师规模缩减速度过快,这是造成此次生师比上涨的关键原因。2010—2016 年,中职教育招生数量继续减少,中职在校生规模持续缩减。对比学生数量的缩减,专任教师不减反增,专任教师数量小幅度稳步增加,2013 年的重庆专任教师数量为 1.53 万人,是九年来的最高峰。随后,考虑到在校学生规模的进一步缩减, 主管部门对专任教师的数量有所控制,2016 年的重庆市专任教师数量仅有 1.48 万人。不过,由于学生数量减少过多,这七年重庆市中职教育生师比整体呈现出下降的趋势。2011 年,教育部发布了《关于"十二五"期间加强中等职业学校教师队伍建设的意见》,明确指出"到 2015 年,专任教师生师比降到 20:1 以下。"2015 年,我国专任生师比为 20.47,直至 2016,这一指标数值为 19.84,任务首次完成。此外,调查的十五个地区内,天津、山东、江苏、上海、河北、陕西与 2016 年的生师比都在 20 以下,但重庆市还未达到这一水平,这说明重庆市的教师数量依然无法满足当前学生规模的需求。

3.中职生源持续减少

全国中等教育生源减少是客观事实,它是使得生师比近期下降趋势的决定性因素,重庆市也不例外。2007—2014 年,全国初等中学毕业生数量逐年减少;2007 年,全国共有初中毕业生 1863.7 万人,2014 年,这一数值就减少至 1413.5 万人,共减少 450.2 万人。对比全国高中生源的大幅度减少,重庆高中阶段生源数量的波动则平缓得多,见表 3.3 所列。十年间,2009 年的高中生源数量最多,为 37.58 万人。2011—2016 年,重庆高中阶段生源数量急转直下,直至 2016 年,生源数量降至十年来最低水平,为 31.09 万人。2005 年,全国职业教育工作会议召开,会议提出:"把职业教育作为经济社会发展的重要基础和教育工作的战略重点……" 2005 年开始,重庆市中等职业教育招生规模急剧扩大;2005 年重庆市中职共招生 11.44 万人,2006 年招生数量就达到了 15.65 万人,一年间就增加了 4.21 万人;普通高中在同期却仅仅增加了 0.12 万人。2005—2009 年是重庆市职业教育发展史上的一个黄金时期,在生源数量逐年增加的大背景下,2005 年,国务院发布了《国务院关于大力发展职业教育的决定》,明确提出"到 2010 年,中等职业教育招生规模达到 800 万人,与普通高中招生规模大体相当",教育部于 2005 年和 2007 年还分别出台了《教育部关于统筹管理高中阶段教育学校招生工作

表 3.3　2007—2016 年重庆高中阶段教育招生数量(单位:万人)及普职比

类别	年份									
	2007	2008	2009	2010	2011	2012	2013	2014	2015	2016
高中阶段总招生数量	34.52	36.79	37.58	36.01	37.32	36.17	34.32	32.58	31.76	31.09
普通高中招生数量	18.63	21.55	22.09	22.76	22.67	22.51	22.1	20.98	19.86	19.97
中职学校招生数量	15.89	15.24	15.49	13.25	14.65	13.66	12.22	11.60	11.90	11.12
普职比	1.17	1.41	1.43	1.72	1.55	1.65	1.81	1.81	1.67	1.80

数据来源:历年《中国统计年鉴》,未含技工学校,下同。

的通知》和《教育部关于建立健全高中阶段教育学校招生工作机构的通知》,这一系列政策颁布使得中等职业教育招生数量一直稳定在 15 万以上。但是,中等职业教育并未达到"与普通高中招生规模大体相当"的水平。虽然在这五年间,重庆中职学校招生数量有所增加,但普通高中招生数量也在增加,这一时期内的普职比不断扩大;2007 年,职业教育与普通高中招生规模大体相当,随后这一指标差距越来越大。2011 年开始,重庆市高中阶段生源数量就开始减少,受这一因素影响最大的莫过于中职学校招生了。2011 年,重庆市中职学校招生数量为 14.65 万人,2016 年就减少至 11.12 万人,减少 3.53 万人。普通高中在同时期内招生数量也有所减少,但其减少幅度缓和得多,普职比进一步扩大。随后,为了深入实施《国家中长期教育改革发展规划纲要(2010—2020 年)》,2014 年发布了《国务院关于加快发展现代职业教育的决定》,指出"今后一个时期总体保持中等职业学校和普通高中招生规模大体相当……总体教育结构更加合理。"但是这一政策的颁布并未明显奏效,2016 年重庆普职比为 1.80,普通高中招生数量几乎达到中职学校招生数量的两倍。

四、结论和建议

(一)研究结论

1.重庆市中职教育专任教师规模情况得到了较大改善

从生师比指标看,九年来,重庆市生师比大幅降低,说明每百名中职学生平均配置专任教师数有了大幅提升,中职专任教师规模状况得到了较大改善,为中职教育的质量提升打下了良好的基础。

此外,相对来看,重庆市中职教育生师比的发展好于西部地区,数据已显示,当前重庆市中职教育生师比低于西部平均水平并达到了中部水平。这也从横向上看出,重庆市中职教育教育队伍的近年来的发展速度要好中西部整体情况,已能够与中部看齐。

2.重庆市中职教育专任教师规模仍未达标

一方面,重庆市中职教育生师比尚未达到国家规定水平。另一方面,重庆市中职教育生师比也未达到东部地区以及全国的水平。这说明重庆市中职教育教师的充足度还未达标,距离理想情况还有较大差距,未来重庆市中职教育教师队伍建设仍是艰巨的任务。

(二)研究建议

从目前的中职生师比波动来看,我国大部分地区生师比值都逐年减少,而小部分地区生师比波动较不稳定。可以大胆预测,重庆市中职教育生师比降至更低的水平已成趋势。但结论并不都是乐观的,重庆市中职教育与普通教育的体量仍有较大差距,确保"今后一个时期总体保持中等职业学校和普通高中招生规模大体相当"这一目标的实现尚需要投入更多。基于我国中职教育内涵式发展的大背景,现针对重庆市中职教育发展提出以下相关建议。

1.将重庆市中职生师比降至较低水平

对重庆的中职教育生师比波动的实证分析生动地展示了重庆生师比排名在 15 个省市中处于中等偏下水平,并且其尚未达到《中职学校设置标准》的要求。因此,针对这一现象的首要措施便是将重庆中职教育生师比降至《中职学校设置标准》规定的"20:1"。从 2016 年的生师比数据来看,距离《中职学校设置标准》的要求已经非常接近,因此,重庆中等职业教育管理部门对这一问题的解决始终不应放松,仍应重视《中职学校设置标准》的实践指导意义。其次,达到了《中职学校设置标准》要求,不代表就做得很好了。在当前中职教育向内涵式发展的关键转折期,现代学徒制等一系列教学模式改革如火如荼,大部分都要求中职教育教学小班化、精细化。大班授课的教育教学模式不符合职业教育的规律,理应成为历史。这就要求重庆市中职学校应始终把生师比保持在《中职学校设置标准》要求之下,并根据专业教学的特点适当降低生师比在恰当水平上。加上近年来中职教育招生数持续减少,这为中职生师比的普遍降低创造了良好的客观条件。但是,我们不能盲目地追求低生师比,而是要看到生师比数据背后的真正本质和内涵,从多方面实现真正有效的生师比。高质量的教育除了生师比之外,还包含了教师的质量、学生的质量、教师和学生的互动情况等内容。

2.继续加强中职教育教师队伍建设

充足的专任教师数量是合理生师比的前提。"十二五"期间,我国高度重视职教师资队伍建设。职业教育教师队伍建设工作整体上取得了一定成果,如"双师型"教师数量和比例显著增加、生师比有所下降、高层次教师比例有了明显提升[①]。

重庆市中职专任教师数量不足是使得其生师比高居不下的主因。冉云芳、石伟平认为,相比于经济发达地区必须大力投资并发展高等教育,经济越不发达的地区二、三产业比重越小,大力发展中等职业教育,培养初中级应用型人才还能满足经济发展对人才的需求。因此,应重视中西部地区的职业教育规模扩充,尤其是中职师资队伍建设[②]。

重庆作为西部唯一的直辖市,其职业教育的发展应当起到示范作用,为西部地区职业教育的发展提供帮助。要实现这一作用,一方面,要扩大重庆市中职学校教师规模;另一方面,要加大重庆市中职教师的培养培训力度,着力提升中职教师水平,进而在推动重庆市中职教育内涵式发展的同时,还带领西部其他地区职业教育的内涵式发展。此外,鉴于东部地区中

---

①中国职业技术教育学会课题组."十二五"以来我国职业教育重大政策举措评估报告[J].职业技术教育,2017(38):10-32.

②中国职业技术教育学会课题组."十二五"以来我国职业教育重大政策举措评估报告[J].职业技术教育,2017(38):10-32.

职教育较为先进,生师比普遍达到了《中职学校设置标准》要求,为支持重庆乃至西部中职教育师资队伍建设,应探索东部中职教师到西部交流制度,多次的交流即使时间比较短暂都会影响西部地区中职教师的教学理念和水平,从而有利于提升西部中职教育整体水平。

此外,为使教师数量更有弹性地应对需求变化,保证生师比合理变动,重庆市中职学校应继续建设兼职教师队伍。兼职教师队伍的高机动性与灵活性能够很好应对生源不稳定。2014 年,重庆市中职兼职教师占专任教师比为 19.74%,同年我国中职兼职教师占专任教师比为 15.02%。虽然我国中职教育兼职教师队伍建设已经取得一定成效,但仍未达到《中等职业教育改革创新行动计划(2010—2012 年)》曾提出的阶段性目标:"兼职教师占专业教师总量比例达到 25%"以及《职业学校兼职教师管理办法》提出的:"兼职教师占职业学校专兼职教师总数的比例应在学校岗位设置方案中明确,一般不超过 30%。"国际上,一般认为职业院校兼职教师达到 50%较为合理。例如,美国社区学院和英国继续教育学院的兼职教师比例均超 60%[1][2][3],澳大利亚 TAFE(职业技术教育)学院兼职教师比例也在 50%以上[4]。随着加大兼职教师队伍建设,兼职教师的选聘、管理与培训机制也应当逐步完善和落实。

3.持续改善政策实施力度与本土化水平

政策运行可以分为制定、执行、评估三个步骤。重庆市职业教育的政策制定通常遵循"自上而下"的原则,即由国家层面出台政策;政策的执行则是重庆市政府部门根据自身情况对政策"本土化",然后实施;政策的评估通常是由国家层面负责。但实际上,地方才是决定中央政策运行状况的关键[5]。制定政策时,重庆市政府首先应当对本地职业教育状况进行科学而严谨的调查,然后汇总上报国家层面,然后由国家根据调查结果,提出覆盖面广的政策。政策的执行需要重庆市政府根据地区切实情况落实政策,有针对性地提出切合本地区职业教育发展的措施。政策的评估需要通过国家层面统筹,采用恰当的工具,由专家小组对各地区的政策实施结果进行评估。另外,我国关于职业教育的政策较少涉及命令性工具,政策文本缺乏具体的数值指标,标准不明确,执行成果多是以比较的形式评判的,这样的政策对地方政府去落实与执行造成了不小的压力。针对这一点,制定政策时需要用可量化的指标设立标准。最后,在"本土化"的过程中,应当加大地方政府的自主权,职业教育发达地区应当对职业

①Further Education College Workforce Data for England:An Analysis of the Staff Individualised Record Data 2008-2009[R]. Lifelong Learning UK,2009:8-33.

②徐国庆.美国双元制职业教师培养模式研究——以俄亥俄州为例[J].全球教育展望,2011(8):89-91.

③冉云芳,石伟平.省际中职生均经费支出差异性的实证研究——基于 2000-2011 年的面板数据分析[J].教育科学,2014(30):13-21.

④Vocational Education and Training Workforce Data 2008:A Compendium[EB/OL].(2010-02-11).[2018-04-11]. http://www.ncver.edu.au/publications/2218.html.

⑤Oi Jean C,Rural China Takes off:Institutional Foundations of Economic Reform [J].Journal of Comparative Economics,1999,27(2):491.

教育欠发达地区给予帮助,如通过欠发达地区派专员去发达地区学习、发达地区委派专家团队到欠发达地区进行指导的方式推动我国职业教育的均衡发展。

4.进一步调控普职比

重庆普职比严重失衡,从招生数量这一指标来看,2017 年的普职比高至 1.48:1,这严重违背了《国务院关于加快发展现代职业教育的决定》指出的"今后一个时期总体保持中等职业学校和普通高中招生规模大体相当"的要求。造成这一现象的根本并非在于普通教育的大规模扩张,而在于生源减少背景下中等职业教育竞争优势不足、缺乏吸引力。因此,通过增强中职吸引力的方式让更多学生选择进入中职学校不失为一个有效方式。职业教育吸引力是保证职业教育可持续发展的内在要求,它也是吸引生源与人才进入职业教育领域的原力。目前重庆市政府已通过减免学费、提高技术技能工人工资待遇等经济途径,以及通过提升质量、完善职业教育体系等教育改革途径来增强职业教育吸引力①。但对职业教育的偏见仍扎根于大众观念中,挥之不去。因此,改变人们观念是增强职业教育吸引力的另一个着手点。观念的形成过程是非常复杂的,涉及的因素包括遗传因素、成长经历、信息传播等。研究表明,传播对观念的改变具有强大的影响力②。传播学研究奠基人哈雷德·拉斯韦尔(Harold Dwinght Lasswell)1948 年发表著名论文《社会传播的结构和功能》(The structure and function of communication in society),把传播定义为:"传播者通过传播媒介,将传播内容传至受众,取得传播效果的过程"③。传播由传播主体、传播媒介、传播内容、传播受众以及传播效果五方面构成,改变传统职业教育观念也应当从这五方面入手。第一,传播主体应当呈现多元化,包括重庆政府、职业教育学术机构、职业院校、地方政府、社会媒体、行业协会、个人。第二,传播媒体应当呈现大众化,包括职业教育学术期刊、报纸、电视、职业教育与成人教育网站、微信公众号、技能竞赛、职业教育活动周等,传统媒体与新媒体相结合,并且根据受众不同采用不同的传播媒体。第三,传播内容要呈现针对性,传播内容应考虑不同受众群体,在保证其真实性的情况下灵活组织传播内容。第四,传播受众呈现广泛性,职业教育的偏见不仅仅来自与职业教育内部,传播的受众除了身在其中的"职教人",还包括"普教人"与教育系统外的其他受众。第五,跟踪传播效果,确保舆论导向,根据舆论导向及时采取措施,保证传播效果。

此外,当前的中职教育管理尤其应避免因中职生源减少而盲目缩减中职教育规模。中职生源减少恰是降低重庆市中职教育生师比的有利条件,有利于中职教育内涵式发展过程中多种变革措施的落实。一些区县缩减中职教育规模,实施撤校、减少专任教师数量等措施,这些都不利于生师比降低到合理水平上,也必然会影响重庆市中职教育向内涵式发展转型的大格局。

---

① 许艳丽.增强职业教育吸引力的传播策略研究—基于拉斯韦尔传播模式视角[J].中国职业技术教育,2018(7):62-67.

② 邵培仁.传播学[M].北京:高等教育出版社,2015:95,78.

③ 哈罗德·拉斯韦尔.社会传播的结构与功能[M].何道宽,译北京:.中国传媒大学出版社,2013:42.

第二节　重庆市职业教育教师企业实践问题研究

职教教师企业实践是"双师型"教师培养的重要途径,是我国职教师资培养培训的一个重要关注点,关系到现代职教教师的教育教学水平。因此,做好职教教师企业实践工作是重庆现代职业教育提升发展质量的重要举措。近年来,我国职业教育产教融合在政策推动下逐步深化开展,企业参与职业教育更加深入,更加接受教师到企业实践。但调研却发现,职教教师企业实践开展情况不理想是普遍存在的全国性问题,亟待查找原因,予以破解。

一、研究问题

重庆市现代职业教育发展过程中的职教教师企业实践问题,并探求问题的根源及破解对策。

二、研究方法

(一)深度访谈法

与部分重庆市职业院校领导和教师进行过深度访谈,对重庆市现代职业教育发展过程中的师资现状和问题有直观认识。

(二)文献法

近年来我国职业教育学者对职教教师企业实践做过若干调查研究,从调研结果看,职教师资企业实践问题是全国性的普遍问题。这些调研包括学者近两年在上海市、四川省、江苏省开展较大规模调研。

(三)经验总结法

本项目组负责人所在单位有职教师资培养培训功能,且负责人曾参与过重庆市教委人文社科重大专项课题《职业教育教师培养培训制度建设》研究,掌握有一定的重庆市职教师资培养培训资料,具有较丰富的研究经验和自身见解。

三、研究发现与结论

职业教育发达国家在理念上均将教师的实践能力放在职业学校教师素质的首位,形成了完善的教师在职进修制度,以经费和优惠政策鼓励和支持教师去企业实践。职教教师企业实践有三种组织方式,即教育行政部门统一安排、职业学校自主组织,以及教师本人自主到企业实践。整体看,我国迄今对职教教师企业实践的落实不理想。有对某省职业院校的调查研究发现,三分之二的教师入职前没有企业工作经历,56.67%的教师近3年未参加过企业实践。本研究在调研中发现,职业院校教师企业实践普遍存在"三难"现象,即时间安排困难、实践规划性差、实践效果不彰。这些实际困难持续存在,是因在职业院校管理和教师专业发展方面还存在一些问题未被着力破解。

(一)时间安排困难

时间安排问题,主要指职业院校教师校内工作量大,如忙于教学、课时太多没时间去企业实践。本课题负责人在考察重庆江津、合川等地中职学校时,谈到在何时开展培训,最终难以确定合适的时间。例如,在每个学期的不同阶段教师都有教学、招生、管理等方面的繁重任务,脱不开身;而在假期,则涉及挤占教师得来不易的休息时间,影响教师福利,会引起教师不满情绪。

其直接原因是职业院校在教学安排上没有给教师预留出企业实践时间。为鼓励教师企业实践,校内应完善制度规章,帮助各专业的课程等工作安排允许教师按制度处理好赴企业实践期间的工作交接。笔者调研发现,很多学校没有这方面的专门制度或机制。

深层原因则是职业院校管理者对教师企业实践重要性认识不足。在教师招聘、日常工作安排等方面,按照教师满负荷工作时的情况来处理,缺乏考虑教师常规性在职培训或企业实践的情况。

深层原因还包括作为制定教师企业实践目标依据的职教教师专业标准及相关配套制度的不完善。企业实践是职业院校教师在职培训的重要形式。我国2013年已出台有《中等职业学校教师专业标准(试行)》,但它的条款更多是质性表述,提供方向指引而不是定量要求,对职业教育实践的约束力不强。2016年出台的《职业学校教师企业实践规定》,鼓励地方各级人民政府及有关部门、行业组织、职业学校和企业采取措施推进教师企业实践。其中有一些具体要求,但贯彻执行仍有待有关单位制定具体细则。这就要求各个学校在具体工作中尽可能细化指标要求。有对某省职业院校的调查研究发现,36.67%的职业院校教师企业实践"意愿强烈",50%的教师表示"若有机会希望尝试",12.22%的教师"一般,学校安排就参加",另有1.11%的教师"没有热情"[1]。意愿强烈教师占少数的原因是在职教教师资格证书取得及注

①谭宏,李守林.职业院校教师到企业实践现状及对策探析[J].中国职业技术教育,2017(22):63-66.

册的要求中,以及教师专业发展的要求中、职称评审中缺乏对教师企业实践的硬性要求。有关文件只是鼓励性地提出"有企业实践经历的教师优先"等。这种要求导致教师主动去找机会实践的意愿不强烈,"若有机会希望尝试"这种持观望态度的教师占了多数。

从发达国家的经验来看,一方面通过经费、政策等鼓励教师去企业实践;另一方面也通过规定、考核等,将企业实践成效作为续聘、晋升和薪资的重要依据[①]。明确的标准或指标要求会使每位教师都明确自身与标准的差距,明确在未来一段时间的发展需要,同时也明确不参与企业实践将在多方面蒙受损失,甚至发展前途受到影响。这样,在同一个专业的教师根据各自的培训需要,在危机意识刺激下就容易提前统筹教学安排,相互协调好培训时间。例如,新出台的《国家职业教育改革实施方案》要求职教教师每年都要有一个月的企业实践,为此,同一专业的职教教师就明确了应相互配合,通过对课时量、工作任务的统筹安排,每月都保持一定比例的教师处于培训状态,即通过提出明确的制度性要求系统性地处理了企业实践时间安排难题。

(二)实践规划性差

职教教师企业实践规划性差体现在教师的企业实践缺乏提前规划,难以很好满足实践教师和学校的真实需求。在调研中发现,一些参加企业实践或其他教师培训的教师反映效果并不理想,不是特别契合实际需要。有的学校还会安排专人专门负责参加培训,这种态度都不认真就更谈不上效果,其原因大体也是未把参加培训视作自身需要,反而视为负担。这种情况也是与企业实践规划或培训计划不契合职业学校教学或教师专业发展需要有直接关系。

这种情况不仅存在与重庆,而是国内职业院校较普遍现象。有对某省职业院校的调查研究发现,近3年参加过企业实践的主体是中级和副高职称人员(占79.49%)[②]。显然,初级职称人员未必对企业实践了解更多,未必不需要企业实践。有企业实践需要的却得不到机会,显然体现着规划问题。实践规划方面存在的问题主要表现在三个方面,一是培训需求不明确,企业实践针对性不足。二是实践安排不合理,实践内容和时间安排满足不了实践教师的真实需要。往往是企业有什么就培训什么,培训项目安排什么就培训什么,远远达不到根据教师专业发展需求和工作需要进行定制化企业实践安排。三是实践企业选择困难,缺乏计划性。各地通过建设职业院校教师企业实践基地一定程度上缓解了这一困难,但鉴于职业教育专业的多样性和行业企业实践的多元性,理想的实践企业选择还存在一定的现实困难,很难做好科学的选择计划。

教师企业实践规划性差的首要原因是实践需求和目的不明确。需求不明就可能导致实践企业的选择以及实践内容、实践过程的安排充满随意性,甚至导致实践成为只做纸面文章的见习,达不到职教教师企业实践制度设计的真实目的。

---

①佛朝晖.职业学校教师企业实践的国际经验与启示[J].教育与职业,2017(10):42-46.

②谭宏,李守林.职业院校教师到企业实践现状及对策探析[J].中国职业技术教育,2017(22):63-66.

应将教师企业实践作为职教教师培养培训制度的组成部分。这一制度是培训需求测评——培训项目选择——培训考评全过程的法规依据。对职教教师企业实践的规范应是这套制度的重要组成部分,相关条款要根据职教教师发展的时代需要不断完善发展。当前的制度设计较多地注重提出企业实践要求、创造企业实践条件、提供企业实践保障。但明显的问题是,现行制度文本普遍缺乏对职教教师企业实践需求的测评要求或者对这一环节的要求不够具体明确,操作性不强。为保障教师企业实践的质量,应由教师本人、同行、企业师傅及有关职能部门共同提前评估实践安排是否符合教师专业发展的需要,这一工作是增强职教教师企业实践规划性的重要前提性工作。

因此,实践规划性差的深层原因是职教师资培训制度的不完善。职业教育教师培训制度,在此指所有与职业教育教师培训有关,对职业教育教师培训具有制约、规范、引导作用的标准、制度以及相关法律法规或政策性文件。归纳起来,对职教师资企业培训起作用的制度性规定主要有职教教师资格制度、职教教师专业标准、职教教师企业实践制度以及各个职业院校自主制定的教师发展要求,如图3.5所示。例如,职教教师资格制度在申请和更新证书的条件和相关要求中应突出职业教育特色包括企业实践要求,并落实证书动态管理制度。从现状来看,这些制度大多处于由缺失或不成熟到成熟完善的建设过程中,尤其缺乏职教教师企业实践制度以及职教教师发展院校要求中的企业实践要求。例如,有调查研究发现促进中职教师企业实践的政策法规体系不完善是中职教师企业实践政策执效能

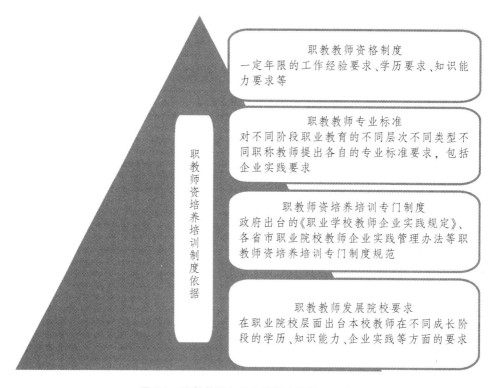

图3.5 职教教师企业实践制度依据示意图

低的首要原因①。上述制度发展完善了，职教教师专业发展的需求才能明确。而只有明确教师专业发展的需求，包括与其教学和教研科研工作需要之间的差距，在制订企业实践方案时才可能更有针对性。在这些前提下，职教教师企业实践的需求和安排问题才会得到高度重视和解决。职教教师企业实践才可能制定出科学规划，才可能有较高实效性。

教育部等七部门2016年颁布了《职业学校教师企业实践规定》，要求省级教育行政部门负责制订本省（区、市）教师企业实践工作总体规划和管理办法。目前，各地纷纷制定本地区的落实细则，如《福建省职业院校教师企业实践管理办法（试行）》等。重庆市部分职业院校制定了专业教师企业实践的有关细则，如《重庆电子工程职业学院专业教师到行业（企业）对口实习或顶岗实践管理办法》《重庆青年职业技术学院教师到行业企业实践锻炼管理办法（试行）》《重庆三峡医药高等专科学校教师实践锻炼管理办法》《重庆市合川职业教育中心暑假教师到企业实践制度》。但遗憾的是，在市级层面尚没有制定落实《职业学校教师企业实践规定》的本地规定或实施细则。

（三）实践效果不彰

职业院校教师企业实践在效果上理应有利于把工作领域资源转化为教学资源，推动职业教育教学改革与产业转型升级衔接。但现实往往是教师企业实践之后仅仅做实践总结或报告而已，及或有企业评价反馈，亦流于形式，缺乏系统的实践效果考核评估。这种现象导致教师企业实践的效果不明显，实践教师只是感觉到教师企业实践有利于改善其教学，但未必真的会将之转化为教学改革实践和教学质量提升。

为应对这一问题，有必要健全职业教育教师培养培训的考核评价制度。有些省市出台了职业院校教师培训相关规定和考核办法。例如，江苏省财政厅《关于"十二五"期间进一步加强职业院校教师培训工作的意见》曾提出，"要制定职业院校教师继续教育规定，对新任教师、骨干教师、专业学科带头人等不同层次类别教师参加不同级别培训的继续教育做出规定，建立教师参加继续教育培训的考核与奖惩方法"。但专门针对职教教师企业实践的评价机制及实践还很匮乏。有关调研也发现，职业院校领导部门对教师企业实践的内容、流程、任务、监督、评价等缺乏行统一规划统筹，削弱了教师企业实践培训的成效②。对职教教师企业实践效果的评价既应有短期效果评价也不应忽视长期效果评价，借以督促提升教师企业实践效益。在短期效果评价方面，应明确要求教师在实践之后撰写实践报告或总结、校内宣讲培训内容及启发，使实践对整个教研室乃至全校产生良好影响。在长期效果评价方面，应在半年乃至更长的时间跨度上考察企业实践是否提升了实践教师的教育教学质量，比如在教学反思、教案设计、教学材料准备、学生评教等方面的改善情况。相对于实践过程中及实践后

①董仁忠，季敏，刘新学.江苏省中职教师企业实践政策执行情况调查[J].职业技术教育，2015(33)：38-45.
②周齐佩，尚晓萍.中职教师企业实践培训模式设计、实现与成效——基于上海市的实践[J].职教论坛，2017(27)：84-88.

随即进行的短期效果评价,当前尤其缺乏长期效果评价。

实践效果不彰深层原因则是学校缺乏长远发展定位,以及对教师企业实践在其中的作用缺乏定位。实质是学校领导对学校的发展方向和路径不明确,尤其是不清楚或忽视了学校的长期可持续发展要求教育质量实质性提高,要求教师教学能力有大幅度、实质性提高。这是职业学校办学中普遍存在的问题。一些学校领导重视学校的短期办学利益和现实问题,却忽视了学校可持续发展的需要及相关问题的主动提出和解决。这一问题使得职业院校缺乏积极性和主动性来将政府有关政策具体化、细化和可操作化,从而导致职业院校教师企业实践面临的时间、安排困难等种种问题迟迟得不到解决,也导致学校发展缺乏后劲,工学结合、产教融合不理想,教学质量提升缓慢,生源吸引力难以得到实质性改善。其严重后果是,当政府的各项资助政策资源消耗一段时间以后,因办学有效性欠佳,学校可能面临缺乏持续资源支持、招生危机和生存困境。

有关调研结果也反映出这一问题。例如,从对某省职业院校的调查研究中发现,只有60%的职业院校根据国家的相关政策制订了具体的规章制度或办法,但主要是一些原则性要求。对教师企业实践期间的相关费用、收入以及实践结束后的利益预期等在相应的制度或办法中没有得到很好的明确,或出台的相关政策对教师到企业实践的正向激励不够,难以让教师产生主动要求去实践的积极性[1]。因此,在职业院校管理层面,一定要意识到做好教师的企业实践等教师培养培训工作,不仅是教师个人的专业发展问题,更涉及学校的长远发展,为了提升学校的可持续发展能力,必须在改善教师队伍建设机制上下功夫,要制定具体可行的实施办法和激励政策,与教师一道努力把这项工作做好。

四、对策与建议

(一)完善职教师资培训制度

职教师资培训制度体系的构成,是职教师资培养培训包括企业实践的基本依据,必须不断完善和落实。其中,职教教师资格制度、职教教师专业标准、职教教师企业实践制度既是全国性工作,又需要本市制定配套政策或基于本地实际情况的特定要求。同时,还要督促各个职业院校自主制定自身教师发展可操作性执行办法。

例如,教育部等七部门2016年颁布了《职业学校教师企业实践规定》,要求省级教育行政部门负责制订本省(自治区、直辖市)教师企业实践工作总体规划和管理办法。目前,各地纷纷制定本地区的落实细则,如《福建省职业院校教师企业实践管理办法(试行)》《推进上海市中等职业学校教师企业实践试点方案》《江苏省高等职业院校教师青年教师企业实践培训实施办法》等。重庆市亦应结合本地实际制定和完善落实《职业学校教师企业实践规定》的本地规定或实施细则,在职教教师企业培训的具体要求、激励政策、考核政策,以及示范性教师

---

①谭宏,李守林.职业院校教师到企业实践现状及对策探析[J].中国职业技术教育,2017(22):63-66.

企业实践基地建设等方面为重庆市职教教师企业培训提供法规依据。

(二)建立健全职业教育教师培养培训的考核评价制度

职业教育相关部门应建立健全职业教育教师培养培训的考核评价制度,并要求各职业院校制定配套规章制度予以认真执行。

对职教教师企业实践的考核评价既要包括赴企业实践之前的培训需求评估,又要包括赴企业实践后的效果考核评估。现行制度文本普遍缺乏对职教教师企业实践需求的测评要求或者对这一环节的要求不够具体明确,操作性不强。为保障教师企业实践的质量,应由教师本人、同行、企业师傅及有关职能部门共同提前评估实践安排是否符合教师专业发展的需要,这一工作是增强职教教师企业实践规划性的重要前提性工作。

对职教教师企业实践效果的考价既应有短期效果评价也应有长期效果评价,借以督促提升教师企业实践效益。在短期效果评价方面,应明确要求教师在实践之后撰写实践报告或总结、校内宣讲培训内容及启发,使实践对整个教研室乃至全校产生良好影响。在长期效果评价方面,应在半年乃至更长的时间跨度上考察企业实践是否提升了实践教师的教育教学质量,比如在教学反思、教案设计、教学材料准备、学生评教等方面的改善情况。相对于实践过程中及实践后随即进行的短期效果评价,当前尤其缺乏长期效果评价。

(三)提升职业院校的师资管理水平

应要求职业院校根据职教教师管理的相关政策制订具体的规章制度或办法,所制定的文件应具有高度的可操作性,便于具体落实有关政策。对教师企业实践期间的相关费用、待遇以及实践结束后的利益预期等在相应的制度或办法中应很好地明确[①]。一定要在职业院校管理层面,做好教师的企业实践等教师培养培训工作,切实解决教师个人的专业发展问题,提升学校的可持续发展能力。

---

①谭宏,李守林.职业院校教师到企业实践现状及对策探析[J].中国职业技术教育,2017(22):63-66.

第三节　重庆市现代职业教育师资培训工作问题调研

一、调研问题

调研主要通过需求调研和区域比较了解重庆职业教育师资培训工作存在的问题。

二、调研过程

具体调查方法：访谈法——座谈、个别访谈，现场考察——现场观察、实地交流。

调研实施过程：2018 年 10 月 24—30 日，课题负责人参与重庆师范大学职教基地承办的"2018 年职教师资培训需求调研与规划能力提升市级培训班"培训，先后赴湖南株洲与长沙、重庆永川与江津实地调查。在湖南，与湖南铁道职业技术学院、湖南生物机电职业技术学院、湖南农业大学教育学院、湖南师范大学工程与设计学院四所院校的湖南省职教师资培训基地进行了国家级及省级职教师资培训存在问题的交流。在重庆，分别在永川职教中心、重庆江南职业学校与永川区、江津区的多所中等职业学校进行了座谈。

三、调研结果和结论

经过调研，通过比较本市职教师资培训与湖南省职教师资培训的实践，发现重庆市职业教育师资培训存在以下问题，并结合湖南经验，分析了其对完善重庆市职业教育师资培训工作的启示。

(一)重庆市职教师资培训的需求适切性有待提升

1.湖南省职教师资培训提升培训需求适切性的做法

为使职教师资培训尽可能满足真实需求，湖南省职业院校教师培训工作通过三个层面的工作来了解和满足本身职教师资培训需求。一是在培训计划制定层面，通过要求中等职业学校进行培训需求预申报，提前了解中等职业学校的培训需求，提升了培训计划的针对性、急需性。二是培训基地在联系学员进行网上报名时，会根据中等职业学校的具体培训需求优化自己的培训方案。三是在培训班开班之前，培训项目组织实施者会通过微信、QQ 等途径了解学员的具体需求，做好培训的具体内容设置和组织安排。这样通过在不同阶段、不同层面的多次沟通，使培训尽可能满足中等职业学校的真实培训需求。这样就使得培训的价值大大提升，也能提升培训的吸引力，中等职业教师更愿意参加培训、参加完培训后能真切地改善自己的教育教学,使培训产生较大实效。

2.重庆市职教师资培训的需求适切性相对不明确

第一,在制定培训计划之前缺乏培训需求调研。既没有发放电子问卷、要求职业院校申报需求,也缺少通过座谈了解需求。第二,培训基地在培训项目开班前与学员普遍缺乏深度沟通,缺少就协商报名、学习内容、学习成果等具体问题的沟通,未能在开班前充分明确需求。第三,培训的过程监控与结果验收不够系统。应通过全程监控,督促培训组织和学员的学习落到实处,使培训的开展过程能切实满足职业院校的教育教学需要。

(二)重庆市职教师资培训的组织管理有待完善

1.湖南省对职教师资培训的组织管理

湖南省职业院校教师培训工作由湖南省职业院校教师培训与考核工作委员会办公室统一管理,使职教师资培训有了权威的管理部门,其专门协调工作极大地方便了相关培训基地和学员院校的工作。其具体工作围绕培训计划的制定、培训基地的遴选、培训报名和培训监督考核四方面展开。在培训计划制定方面,首先通过要求中等职业学校进行培训需求预申报,根据需求大体情况拟定未来2—3年的培训计划。在培训基地的遴选方面,下发文件《关于做好20××年湖南省职业院校教师培训项目申报工作的通知》,要求各职教师资培训基地根据计划和自身条件做项目申报。各基地的培训项目申报后组织专家进行评审,在评审过程中,根据专家的意见要求培训基地对申报的项目方案进行若干次修改完善。评审结束后,下发《关于公布20××年湖南省职业院校教师培训项目基地遴选结果的通知》。在培训报名方面,下发《关于落实20××年湖南省职业院校教师省级培训对象的通知》等文件,要求各市州及高等职业院校按指标完成培训对象推荐工作。填报后,各培训基地再根据报名情况,逐一联系学员完成具体网上报名事宜。在培训监督考核方面,要求培训基地在培训过程中实时登录"职教新干线"的"教师培训"管理空间(http://www.worlduc.com/SpaceShow/index.aspx?uid=3054)和"湖南省职业院校教师管理系统"(http://hvtt.hnedu.cn/),报送参培教师培训过程记录与成果资料。

2.重庆市职教师资培训的组织管理相对烦冗

第一,重庆市培训缺乏统一管理。近年来,重庆市职教师资培训存在政出多门的现象。培训的计划制定、项目审批、招生、考核等工作由多个部门管理。尤其是招生,每个项目的立项单位各自面向中等职业学校发文招生,中等职业学校收到大量文件,不知道哪些是政府办的、哪些是企业办的,哪些是权威的、哪些是杂牌的,出现了该市培项目招生文件不受重视的现象,导致培训项目招生困难。第二,近几年的培训计划时效较短,不利于培训基地的工作开展。如果培训计划仅是一年期的,培训基地的项目申报成功后其培训只能是在该年一次有效,如果第二年没有被立项,各项培训资源的储备将随之浪费。重庆市过去的培训计划就是一年期的,第二年重新定计划,各培训基地重新申报培训项目方案。基地今年立项的项目方案第二年能否立项存在很大的不确定性,大大影响了基地持续提升培训质量的积极性。相比而言,湖南省 2018 年即已制定好 2019—2021 年的培训计划。项目中标的培训基地可在未来三年连续开展培训。这样,各个培训基地即可着重思考未来如果不断优化培训资源、积累培训经验、提升培训质量。因此,其培训计划的长时效性值得重庆市在职教师资培训计划制定时借鉴。第三,培训报名工作缺乏需求调研程序。教育行政部门应发出通知要求各区县根据本地区中等职业学校的发展需要推荐学员。同时,要求培训基地联系各地被推荐的学员完成报名程序。这种多个层面的沟通过程才有利于使得最需要培训的中等职业教师获得培训名额,并使培训基地在与学员的提前沟通中了解学员具体的培训需求,以便改进培训方案的具体内容。第四,培训的过程管理薄弱。对出勤、每日工作记录、阶段性培训作业、培训成果缺乏及时的记录和抽查。借鉴中东部地区的做法,应加强网络记录和云端抽查,监控培训的全过程,确保培训按计划实施并取得相应成果。

(三)重庆市职教师资培训基地的工作积极性有待提高

1.湖南省职教师资培训基地的工作积极性高

《湖南省职业院校教师培训基地管理办法》要求各培训基地,将省级职教师资培训项目的下拨经费"统一管理,独立核算,专款专用"。在这一情况下,调研的各培训基地均未将培训经费纳入培训基地依托单位的绩效量。基地依托单位的相关管理人员以及专业课教师对职教师资培训的付出都能够获得相应的报酬,教职员工都有很高的积极性参与到省级职教师资培训中来。

2.重庆市职教师资培训基地的工作机制有待完善

一些师资培训基地依托单位的教职员工对培训付出劳动却得不到报酬,影响了他们继续开展培训工作的积极性。重庆市 2018 年最新印发的《重庆市中小学幼儿园教师培训计划专项资金管理办法》虽然明确提出"专款专用、注重实效",但各培训基地依托单位在执行过程中遇到很大的困惑,即培训经费对本校培训班主任、培训教师的发放是否纳入本校的绩效总量。大多数基地的依托学校是纳入绩效总量,这样,培训基地所依托学校的教职人员在参与职教师资培训班的组织和教学后,得到了相应的报酬就会被认为从学校的总绩效中拿到了过多的绩效而被排斥和非议。如果不拿报酬,付出劳动的教师又会觉得劳无所获而不愿积极参与培训。这种情况影响了培训基地教职员工参办培训班的积极性。尽管培训经费是政府拨款,尽管基地的教职员工在基地依托单位都有工作和待遇,但根据按劳分配的原则,他们完成了工作取得相应报酬应是有必要的。可以类比的是,那些承包了政府的基建项目的单位,在保质保量完成项目后即可合理获得利润。在职教师资培训项目经费使用方面，可以参照湖南以及东部省市的做法，在有关文件中明确提出市培经费不纳入事业单位绩效工资总量，要求各培训基地允许参与培训的教职工获得绩效工资之外的报酬，从而提升各培训基地的工作积极性。

四、完善重庆市现代职业教育师资培训工作建议

根据以上调研发现和比较分析结论，现提出以下完善重庆市现代职业教育师资培训工作的建议。

一是通过明确培训需求、加强过程监督等办法提升重庆市职教师资培训的需求适切性。通过对市内永川区、江津区中等职业学校中高层领导座谈，发现重庆市现代中等职业教育发展普遍面临的师资问题是面向新开专业的教师转专业培训、针对特定主题的文化课教师培训、针对特定现代教育教学问题的专题培训。他们认为这些类别的培训是应继续开展而重庆市职教师资培训没有做好的。现代职业教育面临着因现代产业发展需要不断开设新的专业、学生现代生产生活理念教育、现代行业企业技术教育等问题，急需职业院校教师通过自我提升做好应对。重庆市有必要借鉴中东部省市职教师资培训的先进经验，将网络平台等互联网+教育技术引入职教师资培训工作中来，做到专人维护、专门管理，借助这种平台开展培训需求调研、培训学员报名、培训过程监控、培训结果考核工作。在简化管理工作量的同时，使培训更加满足重庆市现代职教师资的培训需求，将工作质量提升一个台阶。

二是完善重庆市职教师资培训的组织管理体制。目前重庆市职教师资培训业务的管理涉及市教委的师资处、职称处、继续教育中心等多个部门和机构管辖，令各培训基地在沟通协调工作时理不清甚至无所适从。建议成立专门机构，对职教师资培训的需求调研、计划制定、项目申报和遴选、培训指标分配、培训系统建设、培训的监督与考核做统一管理。可借鉴湖南省职业院校教师培训与考核工作委员会办公室的设置和对职教师资培训统一管理体制，完善重庆市职教师资培训的管理工作。

三是完善重庆市职教师资培训经费管理办法。建议在有关文件中明确提出市培经费不纳入事业单位绩效工资总量，要求各培训基地依托单位对职教师资培训项目的班主任津贴、授课费等的发放不作为绩效工资，提升依托单位教职工参与提升市培项目质量的积极性。这也是多个省市职教师资培训经费管理的普遍做法，值得重庆市借鉴。

第四节　重庆中等职业教师培训问题调研——以中等职业旅游服务类教师培训为例

重庆的发展离不开人才的支持,中等职业教育能够为各行业产业输送大量初级人才。旅游业作为重庆发展的特色产业,为重庆 GDP(国内生产总值)做出了巨大的贡献。2017年重庆共接待游客 5.42 亿人次,同比增长 20.3%,实现旅游总收入 3308 亿元,同比增长 25.1%[1],2017 年重庆旅游总收入占重庆市 GDP(国内生产总值)的 16.96%。为了满足旅游业的需求,重庆各中等职业学校为其输送了大量的人才。通过查找重庆中等职业学校专业设置目录,发现重庆共有中等职业学校 162 所,其中设置有旅游服务类方向的中等职业学校共有 66 所,占比达 40.74%。这说明重庆市政府较为重视中等职业学校对旅游业人才的培养。据《重庆统计年鉴》的数据统计:2014 年,重庆中等职业旅游服务类在校生 20199 名;2015 年,重庆中等职业旅游服务类在校生 20419 名;2016 年,重庆中等职业旅游服务类在校生 21701 名;2017 年,重庆中等职业旅游服务类在校生 23995 名。四年来,重庆中等职业旅游服务类在校生增长 18.79%,重庆中等职业学校为旅游业输送的人才规模不断扩大。

面临着学生数量激增与行业快速发展的境遇,如何保证输送的人才质量符合当今旅游业的需要,是中等职业旅游服务类教师的工作重点与工作难点。中等职业学校制定学生培养目标时,容易忽略高素质教师队伍对实现目标的促进作用。教师培训常流于形式,培训易忽视教师的自身水平与需求,无法做到针对性培训,难以解决教师在教学工作中遇到的问题,结果导致教学质量无法提升,毕业生质量达不到市场要求,专业与学校发展目标也无法实现。

为了准确把握当前中等职业旅游服务类教师的培训问题,本课题将采用问卷调查的形式,对身处一线的中等职业旅游服务类教师进行调研。

一、调查方案设计

(一)调查对象

本课题的调研对象是重庆市中等职业学校内的旅游服务类教师,具体调研步骤如下:首先,采用分层抽样的方式抽取设有旅游服务类方向的中等职业学校;重庆市共有中等职业学校 162 所,其中合格中等职业学校 63 所,市级重点中等职业学校 45 所,国家级重点中等职业学校 54 所;设有旅游服务类专业的中等职业学校共有 66 所,其中合格中等职业学校 2 所,市级重点中等职业学校 21 所,国家级重点中等职业学校 43 所;如表 3.4 所列,本研究抽取其中的 19 所学校,包括抽取 14 所公办国家级重点职学校、4 所公办省部级重点中等职业学校与 1 所民办省部级重点中等职业学校。其次,采用随机抽样的方式选定具体调查对象;为了准确把握当前中等职业旅游服务类教师的培训现状,本次调研选择 19 所学校中的 145 名中等职业旅游服务类专业课教师进行数据采集。

(二)调查工具

本课题的调查问卷为《重庆中等职业旅游服务类教师培训现状调查问卷》,该问卷为自编问卷。问卷的编制分为三步:首先,参考同类型研究的问卷调查,编制问卷初稿;其次,征求专家意见,修改初稿;最后,小范围发放问卷,根据反馈修改问卷,形成正式调查问卷。

表 3.4 抽样统计表

学校名称	学校性质	样本数量
重庆市渝北职业教育中心	公办国家级重点中等职业学校	10
重庆市旅游学校	公办国家级重点中等职业学校	15
重庆工商学校	公办国家级重点中等职业学校	7
重庆市九龙坡职业教育中心	公办国家级重点中等职业学校	4
重庆市北碚职业教育中心	公办国家级重点中等职业学校	7
重庆市涪陵区职业教育中心	公办国家级重点中等职业学校	5
重庆市开州区职业教育中心	公办国家级重点中等职业学校	6
重庆市巴南职业教育中心	公办国家级重点中等职业学校	7
重庆市梁平职业教育中心	公办国家级重点中等职业学校	6
重庆市工艺美术学校	公办国家级重点中等职业学校	5
重庆市永川职业教育中心	公办国家级重点中等职业学校	14
重庆市商务学校	公办国家级重点中等职业学校	6
秀山土家族苗族自治县职业教育中心	公办国家级重点中等职业学校	11
重庆市武隆区职业教育中心	公办国家级重点中等职业学校	14
彭水苗族土家族自治县职业教育中心	公办省部级重点中等职业学校	6
重庆市万州职业教育中心	公办省部级重点中等职业学校	3
重庆市万盛职业教育中心	公办省部级重点中等职业学校	7
重庆市巫溪县职业教育中心	公办省部级重点中等职业学校	6
重庆市开州区巨龙中等职业技术学校	民办省部级重点中等职业学校	6
合计		145

(三)调查方法

本课题调查采取混合抽样的方法,即分层抽样与随机抽样结合;分层抽样法主要用于不同级别学校的筛选,随机抽样主要用于学校的选择。选取抽样学校与教师后,进行问卷发放。问卷数据均通过现场采集获得,采集后的数据录入 SPSS22.0 软件与 EXCEL 进行统计,录入时剔除无效问卷。问卷的数据利用 SPSS(统计产品与服务解决方案)内的频数统计、交叉因素分析与信度分析等功能初步处理,然后根据处理后的数据撰写调查报告。

(四)调查内容

《重庆中等职业旅游服务类教师培训现状调查问卷》是为了准确掌握重庆中等职业旅游服务类教师的培训现状,此问卷共有 21 题,主要分为两个部分:第一部分为重庆中等职业教师的基本信息,包括教师的性别、年龄、教龄、职称级别、学历水平、工作经历、学历背景等,共有 8 题。第二部分为重庆中等职业学校旅游服务类教师培训现状调查,现状调查问卷题目是依据 2010 年 6 月 4 日重庆市教育委员会颁布的《重庆市中等职业学校"双师型"教师认定标准(第 5 次修订版)》和大量的中等职业学校教师培训相关研究编制而成的。调查内容涉及培训自愿程度、培训动机、培训时间等方面的内容,共有 13 题。详见附录。

二、重庆中等职业旅游服务类教师培训现状问卷调查结果分析

《重庆中等职业学校旅游服务类教师培训现状调查问卷》共发放 145 份,回收 143 份,回收率为 98.62%。其中,有效问卷为 140 份,有效率为 96.55%。详细分析如下:

(一)样本统计信息

如表 3.5,男性占比 17.14%,女性占比 82.86%,女性占比较高。25 岁以内的教师占比 28.57%,26—30 岁的教师占比 32.86%,31—40 岁的教师占比 29.29%,41—50 岁的教师占比 9.28%,调查对象以青年教师居多。拥有专业学历的教师占比 2.14%,拥有本科学历的教师占比 68.57%,拥有研究生学历的教师占比 29.29%,调查对象的学历集中于本科。高级讲师占比 9.28%,讲师占比 36.43%,助理讲师占比 54.29%,大部分教师的职称级别为助理讲师。24.29%的教师拥有专业工作经历,75.71%的教师没有工作经历,调查对象普遍缺乏专业工作经验。

表 3.5 样本统计数据表

性别	人数	百分比	学历水平	人数	百分比
男	24	17.14	专科	3	2.14
女	116	82.86	本科	96	68.57
年龄	人数	百分比	研究生及其以上	41	29.29
25 岁以内	40	28.57	职称级别	人数	百分比
26~30 岁	46	32.86	高级讲师	13	9.28
31~40 岁	41	29.29	讲师	51	36.43
41~50 岁	13	9.28	助理讲师	76	54.29
工龄	人数	百分比	专业工作经历	人数	百分比
5 年以内	68	48.58	有过企业工作经历	34	24.29%
6~10 年	42	30.00	没有企业工作经历	106	75.71%
11~15 年	13	9.28			
16~20 年	9	6.43			
20 年以上	8	5.71			

(二)学历背景

据表 3.6 可知,中等职业旅游服务类教师的最后学历与教育相关的占 21.43%;与旅游相关的占 46.43%;与旅游和教育都相关的占 27.86%;与旅游和教育都不相关的占 4.28%。其中,高级讲师的学历背景主要集中在教育、教育与旅游交叉这两个学科中,讲师与助理讲师的学历背景集中于旅游学科;1.43%的讲师与 2.86%的助理讲师的学历背景与旅游和教育均不相关。

表 3.6 教师职称级别与最后学历交叉统计表

职称	最后学历				
	教育相关专业	旅游相关专业	与旅游和教育都相关专业	与旅游和教育都不相关专业	总计
高级讲师	3.57%	2.14%	3.57%	0.00%	9.29%
讲师	10.71%	15.71%	8.57%	1.43%	36.43%
助理讲师	7.14%	28.57%	15.71%	2.86%	54.29%
总计	21.43%	46.43%	27.86%	4.29%	100.00%

(三)培训动机

见表 3.7 所列,全部自愿参加每次培训的重庆中等职业旅游服务类教师占比 30.71%,大部分自愿参加的教师占比 44.29%,小部分自愿参加的教师占比 8.57%,非自愿参加的教师占比 5.71%,对培训持无所谓态度的教师占比 10.71%。非自愿参加培训的 8 名教师中,有 2 名高级讲师,1 名讲师,5 名助理讲师。他们不愿意参加培训的原因在于:高级讲师认为培训无法让自己得到提升、培训浪费时间;讲师认为培训学不到东西;助理讲师认为培训麻烦、领导强制要求参加、培训对自己没有帮助。

此题为不定项选择题。见表 3.8 所列,78.57%的教师的培训动机是为提高个人教学能力,52.86%是为了提高个人修养,49.29%是为了晋升,40.71%是为了遵守学校或国家规定,0.71%是为了获得培训的补贴。提高个人教学能力是中等职业旅游服务类教师的首要动机,其次是提高个人修养,个人成长成为教师参加培训首要考虑的因素。

表 3.7　教师职称级别与培训自愿程度交叉统计表

职称	自愿程度					
	全部自愿	大部分自愿	无所谓	小部分自愿	非自愿	总计
高级讲师	1.43%	5.71%	0.00%	0.71%	1.43%	9.29%
讲师	12.14%	15.00%	4.29%	4.29%	0.71%	36.43%
助理讲师	17.14%	23.57%	6.43%	3.57%	3.57%	54.29%
总计	30.71%	44.29%	10.71%	8.57%	5.71%	100.00%

表 3.8　教师职称级别与培训动机交叉统计表

职称	培训动机				
	学校或国家规定	提高个人教学能力	晋升	提高个人修养	其他
高级讲师	6.43%	7.86%	6.43%	5.71%	0.00%
讲师	11.43%	28.57%	15.71%	20.00%	0.00%
助理讲师	22.86%	42.14%	27.14%	27.14%	0.71%
总计	40.71%	78.57%	49.29%	52.86%	0.71%

(四)培训时间

据图 3.6 可知,55.00%的教师的培训时间在工作期间,8.57%的教师的培训时间在寒假,36.43%的教师的培训时间在暑假。工作时间是教师培训的高峰时段,其次是暑假。

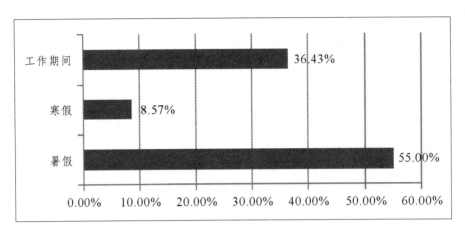

图 3.6 培训时段分布图

　　见表 3.9 所列,10.00% 的助理讲师参加培训的频率为一月一次;7.14% 的助理讲师与 3.57% 的讲师参加培训的频率为一季度一次;17.86% 的助理讲师、15.00% 的讲师 3.57% 的高级讲师参加培训的频率为半年一次;17.14% 的助理讲师、15.71% 讲师、5.00% 的高级讲师参加培训的频率为一年一次。教师参加培训的频率以一年一次和半年一次居多。

表 3.9 教师职称级别与培训平均频率交叉统计表

职称	培训频率				
	一月一次	一季度一次	半年一次	一年一次	总计
高级讲师	0.00%	0.00%	3.57%	5.00%	8.57%
讲师	0.00%	3.57%	15.00%	15.71%	34.29%
助理讲师	10.00%	7.14%	17.86%	17.14%	52.14%
总计	10.00%	10.71%	36.43%	37.86%	95.00%

　　另外,5.00% 的教师参加培训的频率为其他。其中,2.87% 的教师多年参加一次培训;0.71% 的教师很久没有培训,原因是轮不到;0.71% 的教师视培训机会参加培训;0.71% 的教师需要校领导批准才能参加培训。

　　见表 3.10 所列,单次培训时长在 7 天之内的教师占比 57.14%,8~15 天的占比 30.00%,16~30 天的占比 12.86%。从教师职称来看,助理讲师单次培训平均时长为 7 天之内,讲师单次培训平均时长为 8—15 天,高级讲师单次培训平均时长为 7 天之内。大部分教师每次培训的时长不超过 7 天。

　　见表 3.11 所列,年培训总时间在 7 天之内的教师占比 25.00%,8—15 天的占比 29.29%,16—30 天的占比 25.71%,30—60 天的占比 20.00%;从教师的职称来看,高级讲师每年培训时间以 8—15 天为主,讲师每年培训时间以 16—30 天为主,助理讲师每年培训时间以 31—90 天为主。教师的年培训总时间以 8—15 天居多。

表 3.10　教师职称级别与单次培训时长交叉统计表

职称	培训平均时间					
	7 天之内	8—15 天	16—30 天	31—90 天	90 天以上	总计
高级讲师	6.43%	2.14%	0.71%	0.00%	0.00%	9.29%
讲师	15.00%	15.71%	5.71%	0.00%	0.00%	36.43%
助理讲师	35.71%	12.14%	6.43%	0.00%	0.00%	54.29%
总计	57.14%	30.00%	12.86%	0.00%	0.00%	100.00%

表 3.11　教师职称级别与年培训总时长交叉统计表

职称	年培训总时长					
	7 天之内	8—15 天	16—30 天	31—90 天	90 天以上	总计
高级讲师	3.57%	4.29%	1.43%	0.00%	0.00%	9.29%
讲师	8.57%	11.43%	12.86%	3.57%	0.00%	36.43%
助理讲师	12.86%	13.57%	11.43%	16.43%	0.00%	54.29%
总计	25.00%	29.29%	25.71%	20.00%	0.00%	100.00%

(五)培训地点

见表 3.12 所列,教师的培训地域有四处:本校内、重庆市内、国内、国外。在本校内培训的教师占比 12.14%,在重庆市内培训的教师占比 59.29%,在国内培训的教师占比 27.86%,在国外培训的教师占比 0.71%;30.00% 的助理讲师、23.57% 的讲师与 5.71% 的高级讲师都集中于重庆市内进行培训。

表 3.12　教师职称级别与培训地域交叉统计表

职称	培训地域				
	自己学校内	市内	国内	国外	总计
高级讲师	0.00%	5.71%	2.86%	0.71%	9.29%
讲师	4.29%	23.57%	8.57%	0.00%	36.43%
助理讲师	7.86%	30.00%	16.43%	0.00%	54.29%
总计	12.14%	59.29%	27.86%	0.71%	100.00%

见表 3.13 所列,教师的培训地点有三处:院校、相关企业、培训基地。在院校内培训的教师占比 45.71%, 在相关企业培训的教师占比 13.57%, 在培训基地内培训的教师占比 40.71%。26.43% 的助理讲师与 16.43% 的讲师在院校培训,5.71% 的高级讲师在培训基地内培训。院校是教师培训的主要地点,企业内培训较少。

表 3.13　教师职称级别与培训地点交叉统计表

职称	培训地点			
	院校	相关企业内	培训基地	总计
高级讲师	2.86%	0.71%	5.71%	9.29%
讲师	16.43%	5.71%	14.29%	36.43%
助理讲师	26.43%	7.14%	20.71%	54.29%
总计	45.71%	13.57%	40.71%	100.00%

(六)培训内容

见表 3.14 所列,教师培训内容包括五方面:教学能力、专业能力、科研能力、个人素养、职业道德。教师参加的教学与专业能力培训各自占比 80.71%,职业道德培训占比 62.86%,个人素养培训占比 54.29%,科研能力培训占比 40.00%。从教师的职称来看,助理讲师的培训内容侧重于专业能力,讲师的培训内容侧重于教学能力,高级讲师的培训内容侧重于职业道德。从整体来看,教学与专业能力培训最多,科研能力培训较少。

表 3.14　教师职称级别与培训主题交叉统计表

职称	培训主题				
	教学能力	专业能力	科研能力	个人素养	职业道德
助理讲师	42.86%	45.00%	19.29%	32.86%	5.71%
讲师	29.29%	27.86%	16.43%	17.86%	19.29%
高级讲师	8.57%	7.86%	4.29%	3.57%	37.86%
总计	80.71%	80.71%	40.00%	54.29%	62.86%

(七)培训方法

见表 3.15 所列,讲授法使用频率为 80.00%,讨论法使用频率为 57.86%,案例法使用频率为 67.86%,经验交流法使用频率为 57.14%,实地参观法使用频率为 39.29%,专题讲座法使用频率为 51.43%,企业实习法使用频率为 27.14%。讲授法是使用频率最高的培训方法。

表 3.15　教师职称级别与培训方法交叉统计表

职称	培训方法							
	讲授法	讨论法	案例法	经验交流法	实地参观法	专题讲座法	企业实习法	其他
高级讲师	6.43%	3.57%	6.43%	6.43%	3.57%	5.71%	1.43%	0.00%
讲师	27.86%	26.43%	26.43%	20.71%	12.86%	20.00%	10.00%	0.00%
助理讲师	45.71%	27.86%	35.00%	30.00%	22.86%	25.71%	15.71%	0.00%
总计	80.00%	57.86%	67.86%	57.14%	39.29%	51.43%	27.14%	0.00%

(八)培训考核

见表 3.16 所列,18.57% 的教师培训后不考核,14.29% 的教师以撰写论文的方式考核,26.43% 的教师采用技能考核,14.29% 的教师通过课堂展示考核,26.43% 的教师通过综合评价的方式考核。技能考核与综合评价是当前培训使用最多的考核方式,部分培训忽视培训后的考核。

表 3.16　教师职称级别与培训考核方式交叉统计表

职称	考核方式					
	不考核	撰写论文	技能考核	课堂展示	综合评价(平时表现+成果展示)	总计
高级讲师	1.43%	0.71%	1.43%	2.14%	3.57%	9.29%
讲师	6.43%	6.43%	11.43%	5.71%	6.43%	36.43%
助理讲师	10.71%	7.14%	13.57%	6.43%	16.43%	54.29%
总计	18.57%	14.29%	26.43%	14.29%	26.43%	100.00%

(九)培训影响

见表 3.17 所列,在培训结束后,7.14% 的教师会根据培训内容完全改动工作方式,26.43% 的教师会大幅度改动工作方式,60.00% 的教师会小幅度改动工作方式,6.43% 的教师不改动工作方式。大部分教师会根据培训内容小幅度改进工作。问卷调查显示,教师不改动工作方式的原因在于:培训内容没有用;培训没有针对性;培训无法解决我遇到的问题。

表 3.17　教师职称级别与培训影响交叉统计表

职称	培训影响			
	完全改动	大幅度改动	小幅度改动	不改动
高级讲师	0.00%	1.43%	7.14%	0.71%
讲师	4.29%	5.71%	24.29%	2.14%
助理讲师	2.86%	19.29%	28.57%	3.57%
总计	7.14%	26.43%	60.00%	6.43%

三、重庆中等职业旅游服务类教师培训现状问卷调查结论

(一)部分教师参加培训的主动性不高

　　较高的主动性会促使教师把握每一次培训的机会,促进教师充分参与培训活动,取得较好的培训效果。根据调查,8.57%的教师小部分自愿参加每次培训,5.71%的教师不愿意参加每次培训,仅有 30.71%的教师自愿参加每次培训。产生这一现象的原因之一是部分教师的培训意识较弱,教师的培训意识会影响教师参加培训的意愿。中等职业旅游服务类教师专业化发展过程中,极容易发生职业倦怠[2]。中等职业旅游服务类教师要承担理论课程与实践课程的教学,需要耗费大量的脑力与体力,加上学生对学习的冷漠态度,使得教师对授课逐渐失去兴趣,对工作的价值产生怀疑,进而认为中等职业教育只是接纳差生的底层教育,因此产生职业倦怠。产生职业倦怠后的教师对教学兴趣不高,对教学中遇到的问题视而不见,参加培训时,以懈怠的心态应对,缺少学习兴趣与激情,培训效果不佳。

(二)部分教师的培训时长不合理

　　培训时长不合理体现在两方面:第一,培训时长过短。从单次培训平均时间来看,57.14%的教师单次培训平均时间在 7 天之内,30.00%的教师单次培训平均时间在 8—15 天;从年培训总时长来看,29.29%的教师年培训总时长为 8—15 天,25.71%的教师年培训总时长为16—30 天,这是教师培训时长的普遍水平。但 25.00%的教师年培训总时长不超过 7 天,其中大部分是助理讲师。原因在于部分中等职业学校在未考虑自身专任教师数量不足的前提下扩大旅游服务类专业招生规模,造成专任教师数量无法满足正常授课与班级事务管理,在这种情况下,中等职业学校会根据需要临时招聘教师,这些教师的岗前培训时间通常较短,缺乏授课与班级管理的经验,入职后,针对这类教师的培训相对较少。这些教师缺少相关培训指导,只能在实际工作过程中通过不断尝试,逐渐摸索教学经验,学生的学习生活则成了教

师尝试、积累经验的试验品,这对学生来说显然是不负责的。第二,培训时长过长。12.86%的教师单次培训平均时长在16—30天。周期过长的培训会造成培训效果的负增长以及教师的倦怠心理。教师培训的时间段主要集中在暑假与工作期间,16—30天的培训意味着占据了教师1/3—1/2的假期或者耽误教师的正常工作,使得教师的年终绩效审核不达标,从而间接引起了教师对培训的不满。

(三)培训内容缺乏针对性

针对中等职业旅游服务类教师的培训内容包括教学能力、专业能力、科研能力、个人素养和职业道德五方面。目前,教学能力培训与专业能力培训较多。培训时,教师的个人学历背景是不可忽视的因素。46.43%的教师的学历背景与旅游相关,27.86%的教师的学历背景与旅游和教育都相关,21.43%的教师的学历背景与教育相关。助理讲师上岗前,必须要取得中等职业教师资格证(旅游服务类方向),但教师资格证仅表示助理讲师具有任教的基本资质,并不能说明他们能胜任这一工作,如何提高助理教师胜任力是选择培训内容的必须考虑的。另外,只有40.00%的教师接受过科研能力的培训。调查显示,6.43%的教师在培训后不会根据培训内容改动工作方式,其中部分原因在于培训内容缺乏针对性,培训内容无法满足教师的培训需求。教育部关于印发《中等职业学校教师专业标准(试行)》指出:中等职业教师要参与教学研究与专业发展。讲师与高级讲师具有丰富的教学经验,更善于结合实际把握职业教育发展过程中的中观、微观问题,如果能够以一线教师的独特视角进行实证研究,这些科研成果将推动职业教育学术研究的发展。

(四)培训方法忽视教师的个人经验

讲授法是使用频率最高的培训方法,这个培训方法的优点是效率较高,组织难度较低,缺点是讲师以单方灌输为主,容易忽视受训教师的个人经验。在班级制的培训过程中,培训以"讲师讲,受训教师听"的模式为主,教师缺乏主动思考,疲于对已有经验的梳理,转而以"新经验"覆盖"已有经验"的方式接受培训内容。教师的个人经验没有在培训中被调动起来,以囫囵吞枣的方式接受知识,培训效果普遍不好。

(五)培训考核被忽略

培训结束后,合理的培训考核能够准确地判断受训教师的培训效果,在这个过程中,培训组织者也会搜集到受训教师的反馈,这将有利于培训组织者发现培训的缺陷与不足之处,从而进一步完善培训。据调查,18.57%的教师培训后未接受培训考核。从受训教师的角度出发,由于缺少考核的约束,部分教师在培训过程中会呈现出懈怠状态,造成培训投入度较低,培训效果较差。从培训组织者的角度出发,缺少培训考核意味着无法准确地评估受训教师的培训效果,这使得培训流于形式,无论是对教师专业化发展还是培训的发展都无益处。

(六)企业在培训中的缺失

企业在培训中的缺失主要体现在两方面:第一,企业在培训地点方面的缺失;受培训成本以及培训时间等因素的影响,重庆中等职业学校旅游服务类教师培训地域主要集中于重庆市院校内,仅有 13.57%的教师在相关企业内参加过培训。与旅游服务类专业直接相关的企业包括酒店、旅行社、景区以及餐饮等企业,调查显示,拥有相关企业工作经验的旅游服务类专任讲师仅占 24.29%,绝大多数教师对行业企业的运营并不了解,他们对行业企业的认知主要来源于书本知识短期的专题讲座以及企业观摩,这些知识较为理论与片面。教师对行业企业没有系统地、全面的认知,就无法帮助学生系统全面地认识他们将会从事的专业领域,甚至还有可能误导学生,使学生对行业企业产生错误认知。第二,企业在培训讲师方面的缺失;培训讲师是影响培训效果的关键性因素之一,据调查,只有 12.14%的教师接受过企业专家的培训。大部分教师缺乏企业工作经验,企业专家的培训会修正教师的行业企业知识理论化与片面化的问题,使其更加了解行业企业的实际情况。

四、重庆中等职业旅游服务类教师培训的完善建议

目前,重庆中等职业旅游服务类教师培训存在部分教师参加培训的主动性不高、部分教师的培训时长不合理、培训内容缺乏针对性、培训方法忽视教师的个人经验、培训考核被忽略、企业在培训中的缺失六方面的问题。为了确保培训的有效性,提高教师素质,本课题提出以下两点对策建议:

(一)确立"师为本位"的培训理念

培训理念是培训中较为容易被忽视的内在隐形文化。一般的培训通常只会涉及培训目标、培训讲师、培训内容、培训形式和培训效果等内容,从显性的角度来讲,这些内容是构成培训的重要因素;但教师培训的目的不仅是为了解决其在工作中的棘手问题以及预防可能出现的问题,还为了让教师获得专业化发展,乃至职业生涯的进一步发展。因此,培训应当具备文化理念,使其成为整个培训的构建基础,在组织培训时,培训理念应当始终贯穿其中。

目前,培训侧重于培训目标制定、培训课程开发和培训效果评估等方面,较少涉及培训理念的确立。从学校管理层出发,培训是为了响应教育部门的号召,满足相关政策的要求而不得不参加的课程,因此重庆中等职业学校管理层倾向于将教师培训定性为"政策刚性规定"[3];从教师个人层面来看,他们参加培训是满足学校或国家规定,调查结果显示 47.72%的中等职业教师是为此而参加培训的。这显然违背了培训的促进教师专业化发展的出发点,缺

乏对教师个人培训需求的考虑,使得培训变成了被动的无奈接受。这种任务色彩浓重的硬性规定使教师从一开始就抗拒培训,并且容易造成培训过程中的懈怠心里,最终的培训效果也无法达到预期的水平。

如图 3.7 所示, 重庆中等职业学校旅游服务类教师的培训理念需要充分考虑教师的个人意愿与需求的,培训理念应当体现"师为本位",即培训始终是围绕着教师进行的,这是整个培训的基础。在这个基础上,考虑到教师职称级别与工作经验的不同,他们的专业教学水平有所差异,对培训的需求也呈现出不同特点,因此培训理念还应当体现"分级培训"。培训要满足学校对于旅游服务类学科发展的需求, 促进教师个人与学校学科的共同发展, 体现"精技善教"。最后,中等职业教师培训还要要区别于普通教育的教师培训,将教师培训与中等职业教育相联系,体现"教企融合"。

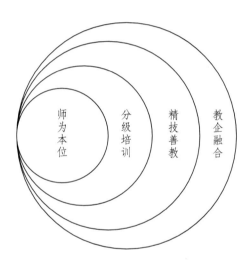

图 3.7 "师为本位"培训理念图

(二)筛选"结构均衡"的培训讲师

目前,中等职业教师培训讲师主要包括优秀中等职业教师、企业专家、教育专家与旅游资深学者。优秀中等职业教师具有丰富的教育与专业教学经验,通常负责教学方面的培训;企业专家对专业实际工作程序、实践操作最为了解,通常负责专业实践方面的培训;教育专家了解教育理论知识,通常负责教学、科研方面的培训;旅游专业资深学者对旅游理论前沿最为了解,通常负责旅游专业理论知识的培训。据调查,为重庆中等职业学校旅游服务类教师培训的讲师占比最多的为优秀中等职业教师, 其次是教育专家, 接着是旅游专业资深学者,最后是企业专家。

重庆中等职业学校旅游服务类教师培训讲师的选择要"比例均衡"。2014 年 5 月 2 日,国务院印发《关于加快发展现代职业教育的决定》(国发〔2014〕19 号),《关于加快发展现代职业教育的决定决定》提出："深化产教融合、校企合作,培养数以亿计的高素质劳动者和技术技能人才。"在国家大力提倡产教融合、校企合作的背景下,教学水平不再是衡量中职学校教师的唯一标准,专业素养与教学水平均衡发展成为现代中等职业学校教师专业化发展的目标。因此,在培训讲师的选择应当注意各类讲师的特点,并根据不同培训内容适当调整。

　　针对重庆中等职业学校旅游服务类教师的培训包括五个模块:教学能力、专业能力、科研能力、个人素养、职业素养。教学能力的培训应当聘请优秀中等职业教师与教育专家,帮助受训教师的教学能力在理论与实践两方面均衡发展;专业能力的培训应当聘请企业专家与旅游专业资深学者,共同提升受训教师的专业能力;科研能力的培训应当聘请教育专家与旅游专业资深学者,帮助受训教师凝练教学经验,提升为理论成果;个人素养与职业素养的培训应当聘请优秀中等职业教师与企业专家,并为受训教师建设交流平台,在讲师的指导下使受训教师相互交流经验与心得。

(三)组合"经验导向"的培训形式

　　1978 年,美国著名的成人教育学家麦基罗(Jack Mezirow)第一次提出成人转化学习理论(Transformative Learning),他认为成人的学习过程离不开经验、评判性反思、理性交谈,经验是成人转化学习的来源;批判性反思是成人转化学习的条件;理性交谈是成人转化学习的过程[4]。中等职业教师的培训也应当遵循这一理论,即首先要调动受训教师的个人经验,包括受训教师的学历背景、工作经验、人生经历以及个体差异;其次则要激发受训教师的批判性反思,包括对以往经验的反思以及对培训内容的反思,然后加以总结和整理,形成新的、更为完整的信念与经验体系;最后要辅以一个良好的互动环境,即确保培训讲师与受训教师之间能够有效沟通与交流。在这样的学习理论的指导下,受训教师的个人经验始终处于主导地位,虽然培训活动是在培训讲师的引导下进行的,但培训活动始终是围绕着受训教师的个人经验进行的,受训教师可以基于个人经验,反思培训讲师的培训内容,评价培训内容的价值,汲取自己需要的部分完善自我。

　　现今针对重庆中等职业学校旅游服务类教师的培训方法主要有:讲授法、讨论法、案例法、经验交流法、实地参观法、专题讲座法、企业实习法。如图 3.8 所示,本研究根据个人经验调动程度与培训内容接受程度设立坐标轴。据调查,使用频率最高的培训方法是讲授法,使用频率达 80.00%,而经验交流法使用频率仅为 57.14%,企业实习法使用频率仅为 27.14%。

　　在中等职业教师培训过程中,培训方法组合的关键在于如何充分调动教师的个人经验与如何有效结合培训内容。教学能力、专业能力、科研能力、个人素养、职业素养五方面的培训内容可以分为三个培训层次:知识培训层次、能力培训层次与情感培训层次。在进行知识层次的培训时,以低接受度、低经验调动度和低接受度、高经验调动度的培训方法为主;在进行能力层次与情感层次的培训时,以高接受度、高经验调动度的培训方法为主。

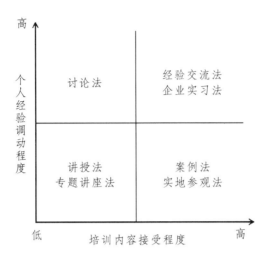

图 3.8　培训内容与个人经验关系图

(四)制定培训时长的"最低标准"

见表 3.18 所列,国外官方对中等职业教师的培训时长做出了明确的规定,这一培训时长是每位中等职业教师必须达到的最低标准,且部分国家的培训时长不仅限于常规培训课程时长,还包括企业实习时长,这样的培训时间安排显然是符合中等职业教师的职业特点的。对比来看,我国官方没有对中等职业教师的培训时长做出规定,培训时间通常是根据教师的工作时间以及学校的发展规划安排的。调查结果显示,平均年培训时间不足 7 天的教师占比 25%,平均年培训时间超过 30 天教师的占比 20%,培训机会不公平情况较为严重。从短期来看,"因需培训"能够解决学校发展的燃眉之急,但长期会造成教师培训机会的不均等,使得教师能力的差距进一步便大,教师水平参差不齐。为了保证教师参加培训的机会公平,参考职业教育发达地区的做法,可以为重庆中等职业旅游服务类教师的年培训时长制定一个最低标准,最低培训时长的设置应满足两个条件:第一,足以解决教师工作过程中遇到的实际问题;第二,帮助教师教学能力、专业能力、科研能力、个人素养、个人素养、职业素养五方面能力的提升。

表 3.18　国外中等职业教师年培训时长整合表

国家	年培训时长
德国	5 个工作日+每 5 年至少有 2 周的企业实习
澳大利亚	20 小时+企业工作 2 周
英国	10 天
日本	校内研修时间至少 60 天+校外进修至少 30 天
韩国	10 天(60 个学时)

中等职业旅游服务类教师培训时长最低标准为每学期累积 25 天，其中 10 天常规培训课程时长与 15 天企业实践培训时长。见表 3.19 所列，10 天常规培训课程时长主要由三部分组成：首先是每学期开学前的培训，培训目的在于帮助教师制定学期工作计划；其次是期中培训，培训目的为期中工作进度检查及解决工作中遇到的问题；最后是期末培训，培训旨在考核学期工作计划完成情况。实践培训是为了满足建设"双师型"教师队伍的需要，《双师型教师认定标准》要求双师型教师具有在企业生产、建设、管理、服务第一线累计有二年及以上专业工作经历或近两年到企业进行不少于两个月。据调查，75.71% 的中等职业教师没有任何企业工作经历，通过企业实践培训，可以帮助他们积累企业实际工作经验，从而更好地指导学生。

表 3.19　培训时间"分配表"

培训板块	时间节点	培训时长	累计培训时长
常规培训	开学前	3 天	10 天
	期中	3 天	
	期末	4 天	
实践培训	寒假/暑假	15 天	15 天

(五)实施"全过程"的评估培训

评估是保证培训效果必不可少的环节，市场上充斥着各种评估方法，如：柯式模型(测评受训者的反应层、学习层、行为层和结果层)、kaufman 模型(测评受训者的反应层、学习层、行为层、结果层与社会和顾客的反应层)、ROI 模型(测评受训者的反应层、学习层、行为层、结果层，同时还要测评外部经济效益)、CIRO 模型(评估培训背景、培训投入、培训反映和培训产出)、CIPP 模型(评估培训背景、培训输入、培训过程和培训成果)等[5]。本研究针对重庆中等职业学校旅游服务类教师培训的特点，结合柯式模型和 CIPP 模型(评估培训背景、培训输入、培训过程和培训成果)，将培训评估分为三个环节：

1.培训前评估

培训前评估是针对培训背景和培训输入的，确保培训的必要性与可行性。必要性是指评估受训者是否有相应的培训需求，可行性是指评估培训目标、培训资源是否能满足培训需求[6]。通过培训前评估，可以准确掌握教师水平，将不同水平的教师分类，提供有针对性的培训。

2.培训中评估

培训中评估是面向培训过程的，即对培训实施过程和各培训单元的评估，具体包括对具体培训目标、培训内容、培训时间、培训内容、培训讲师的评估。评估培训过程是为了检查培训进度，收集培训者和受训者在培训过程中遇到的问题，及时修正培训的相应环节，不断优化培训体系。实施过程评估是确保各个培训环节达到预期效果的必要之举。

3.培训后评估

培训后评估是面向培训成果的，它不仅限于培训结束时的评估，还囊括了培训即时效果与培训长期效果的评估。因此，培训后评估的时机选择十分重要，在培训活动结束时的及时评估和培训结束后的跟踪评估相结合最为适宜。培训活动结束后的即时评估能够考核培训结果是否达到培训目标；培训结束后的跟踪评估是为了考察培训活动对受训者后续工作的影响程度。

(六)增加企业参与度

2015年，重庆市人民政府办公厅发布的《关于促进职业教育校企合作的通知》(渝府办发〔2015〕145号)指出:"到2020年，以骨干企业为基础，建设100个(其中国有大中型企业建设30个)教师实践基地和学生实训示范基地，以职业院校为依托，建设150个专业实训基地(中心)，基本满足全市职业院校师生实践、实训及重点骨干企业职工培训的需要。"实践基地的建设不仅有利于学生的实训，还有利于教师的实践培训。《双师型教师认定标准》要求中高级双师型教师具有近两年到企业进行不少于两个月(或近5年累计不少于6个月)的专业实践。将教师专业能力与职业素养的培训置于校企共同建设的实训基地之中，可以建立教师培训与考核条件的"相互认证"机制，即使教师的培训学时与企业实践工时互通，实现教师专业能力、职业素养的提升与职称级别的提高。

实践基地的建立还需要专业行会的参与，专业行会应当为实训基地输送专业人员，帮助教师实践与学生实习。实训基地的专业人员需要参与培训目标确立、培训内容选择、培训时间制定、培训讲师筛选、培训方式组合与培训评估的每一环节。

本章参考文献

[1]中商产业研究院2017重庆市旅游业数据分析:旅游收入同比增长25%(附图表)[DB/OL].(2018-2-12)。http://www.askci.com/news/chanye/20180212/092410118119.shtml.

[2]刘海艳."双师型"视角下的中等职业新任教师入职培训探究[J].教育现代化,2017,(14):81-82.

[3]徐春妹,方健华·理念·制度·方法:专业教师企业实践培训模式的系统建构——以江苏省为例[J],职业技术教育,2018(39):50-54.

[4]徐君,邱雪梅.成人转化学习理论述评[J],教育发展研究,2010(21):42-46.

[5]赵艳,马颖等.国内培训效果评估模型的应用现状与思考[J].中国公共卫生管理,30(6):793-795.

[6]毛乃佳,林凤.基于CIPP模型和柯式模型构建教师培训评估体系[J].背景教育学院学报,24(4):15-17.

附录:重庆中等职业学校旅游服务类教师培训现状调查问卷

尊敬的老师:

您好!为了全面了解重庆中等职业旅游服务类教师培训的情况,准确深入地发掘培训中存在的问题,提高中等职业教师培训的有效性,我们拟制了本调查问卷。本次调查不记名,您所回答的内容仅作为研究使用。本次调查分为两部分——个人信息、培训现状,请如实填写。谢谢您的支持!

第一部分:个人信息

1.您的性别

A.男　　　　　B.女

2.您的职称级别

A.正高　　　　B.高级讲师　　　　C.讲师　　　　D.助理讲师

3.您的学历水平

A.专科以下　　B.专科　　　　C.本科　　　　D.研究生及其以上

4.您的年龄

A.25 岁以内　　B.26~30 岁　　C.31~40 岁　　D.41~50 岁　　E.50 岁以上

5.您的工龄

A.5 年以内　　B.6~10 年　　C.11~15 年　　D.16~20 年　　E.20 年以上

6.您是否有企业工作经历(在旅游相关企业全职工作一年及一年以上)

A.是　　　　　B.否

7.您的最后学历

A.教育相关专业　　　　　B.旅游相关专业

C.与旅游和教育都相关专业　　D.与旅游和教育都不相关专业

8.您所任教的学校 _____

第二部分:培训现状(注:第 10 题为不定项选择题;第 16、18 题为多选题)

培训动机:

9.您是否自愿参加每次培训

A.全部自愿　　　　B.大部分自愿　　　　C.无所谓　　　D.小部分自愿

E.非自愿

10.您参加培训的动机是(不定项选择题)

A.学校或国家规定　　B.提高个人教学能力　　C.晋升　　D.提高个人修养

E.其他 _____

培训时间：

11.您参加培训的时段主要集中在

A.工作期间　　　　B.寒假　　　　　C.暑假

12.您参加培训的平均频率为

A.一月一次　　　B.一季度一次　C.半年一次　　　D.一年一次　　　E.其他 _____

13.您每次培训的平均时间为

A.7 天之内　　　B.8~15 天　　　C.16~30 天　　　D.31~90 天　　　E.90 天以上

14.您每年培训的时间为

A.7 天之内　　　B.8~15 天　　　C.16~30 天　　　D.31~90 天　　　E.90 天以上

培训地点：

15.您参加培训的地域主要位于

A.自己学校内　　B.市内　　　　　C.国内　　　　　D.国外

16.您参加培训的地点主要集中在

A.学校　　　　　B.相关企业内　C.培训基地　　　D.其他 _____

培训内容：

17.您培训的主题主要包括(多选题)

A.教学能力　　　B.专业能力　　C.科研能力　　　D.个人素养　　　E.职业素养

培训讲师：

18.您参加培训的培训讲师主要是

A.优秀中等职业教师　　　　　B.企业专家　　　C.教育专家　　　D.旅游专业资深学者

E.其他 _____

培训方法：

19.您参加的培训中,培训方法主要是(多选题)

A.讲授法　　　　B.讨论法　　　C.案例法　　　　D.经验交流法

E.实地参观法　F.专题讲座法　G.企业实习法　H.其他 _____

培训考核：

20.您参加培训的考核方式为

A.不考核　　　　B.撰写论文　　C.技能考核　　　D.课堂展示

E.综合评价(平时表现+成果展示)

培训影响：

21.您参加完培训之后,会根据培训所学改进工作吗?

A.完全改动　　　B.大部分改动　C.小部分改动　D.不改动

第四章　重庆市高等职业教育考试招生问题研究

　　相比其他对职业教育考试招生问题的理论基础分析，本研究还注意到马克思主义基础原理、脑科学理论对于思考当前高等职业教育考试招生问题的价值。分析发现，高职教育考试招生制度安排应同时顾及生源的自然属性、社会属性和精神属性，要重视高职生源的社会关系本质，重视对生源个体自由而全面发展的帮助作用；尽管考试招生制度的改革会尽可能适应新时期生源的特点和要求，但本身难以达到促进学生发展的理想效果。

　　对重庆市高等职业教育考试招生现状研究发现，存在的问题主要有生源危机持续存在；考试内容偏理论化；考试与招生机制不分离，缺乏专业性考试招生机构；缺乏行业企业参与和监督。

第一节　高职院校考试招生制度改革的理论基础

　　当前我国正在开展高职院校考试招生制度的改革，如"分类考试"制度，是基于普通高等教育与高等职业教育属不同教育类型的配套性制度改革。在理论上，它是基于不同培养目标而决定的不同人才选拔方式的合理设计，不仅有国际教育标准分类理论的支撑，还有人本主义理论、多元智能理论、教育目标分类理论以及利益相关者理论等的支持，最终应构建具有中国特色的高等职业教育考试招生理论体系。鉴于学术界对国际教育标准分类、人本主义等理论基础与职业院校招生制度的关系已有较多研究，在此着重从马克思主义人学原理、脑科学原理角度窥视高职院校考试招生制度改革问题。

一、马克思主义人学原理

　　马克思在寻求无产阶级的解放道路、科学论证无产阶级的历史使命过程中，批评地吸取了人类文化发展中一切有价值的东西。他的研究虽未明确定义"人学"却构建起了一个完整的人学理论基本框架，包含了鲜明、丰富的人学理论观点。[1]

---

[1] 贾玉峻.马克思主义人学理论及当代诠释[D].石家庄：河北经贸大学，2012.

(一)马克思主义人学理论基本观点

马克思主义人学理论,即是关于人的理论观点,也包含研究方法,有重要的方法论意义。马克思主义人学研究的方法论原则包括:(1)现实性原则(唯物主义客观性原则,指出人是现实的人而非抽象的人);(2)实践性原则(理论要来源于现实的社会实践,人是劳动的产物和主体);(3)主体性原则(应从作为主体的角度理解人,从作为主体和实践目的的人的角度理解实践,从人的主体实践角度理解事物);(4)批评性原则(对一切违背人类利益和无产阶级斗争的现象展开无情批评和斗争);(5)具体性原则(要研究具体的人而非空洞议论抽象的人);(6)综合性原则(人是自然属性、社会属性和精神属性的统一体)。①

马克思在自己的哲学、经济学和科学社会主义著作中揭示了人的本质与价值等马克思主义人学理论。马克思主义人学理论的主要观点包括:

人的属性:人的自然属性、社会属性、精神属性相互联系、相互作用,表征了作为整体存在的人,但从根本上说社会属性是人的根本属性。

人的本质:在现实性上人的本质是一切社会关系的总和。马克思认为,本质不是深藏事物内部的、固有的、静态稳定的东西,而是一事物作为该事物而现实存在的根据。人的本质是什么使人成为人,使人产生和发展。因此,在马克思看来,人性和人的本质是不同的,是关于人的不同层次的两个问题。人的自然属性、社会属性、精神属性都不能脱离人的劳动而独立存在。但劳动不是个人的单独劳动,不同历史时期的经济关系、政治关系和思想关系对人的劳动产生不同影响。社会关系使个体变成社会人,个体在社会意义上是这些关系的产物。在社会关系之外是不存在人的,人是社会人,本质上人是一切社会关系的总和。

人的价值:通过劳动做出贡献对社会和个人的满足。马克思主义人学理论认为,能够创造价值的价值是一切价值形态中的最高价值,而人恰能通过劳动创造价值。人对人自身的意义在于能够创造价值以满足自身需要。人的社会价值是指个人的创造活动对社会需要的满足,即个人对社会的奉献和责任。人的个人价值是指个人在创造价值的基础上获得的社会对个人的尊重和满足。人的社会价值是人的价值的基本主导方面。

人的自由:自由是人的自由,是人的政治自由和劳动自由。马克思的自由观建立在他对人本质的认识基础上。人是劳动的人,从事现实活动的人。马克思主义认为,人的自由包括认识的自由和劳动的自由。个体只有认识到事物运行的规律,才能根据规律来实践,才能基于这种必然性自由地实践。人在认识和实践中获得自由。

人的发展:实质是人的劳动的发展,是人的劳动能力的发展,人的社会关系的发展,在社会实践基础上的人的自然素质、社会素质和心理素质的发展。

---

① 袁贵仁.马克思的人学思想[M].北京:北京师范大学出版社,1995:298-318.

马克思主义政党最鲜明的政治立场就是一切为了人民,一切依靠人民。中国共产党立党为公,执政为民,其根本宗旨是全心全意为人民服务。党强调要始终代表最广大人民的根本利益,以人为本,科学发展、绿色发展、开放共享,无不体现出对广大人民自由、发展权利、价值的保障和满足。

(二)马克思主义人学理论视角下的高等职业教育

1.人的基本属性与高等职业教育

人既是自然存在物,又是社会存在物,还是有意识的存在物。人的自然属性与社会属性相互制约。高等职业教育既要考虑到高职学生的自然属性——这些属性制约着学生的学习特点与效率,又要顾及高职学生的社会属性——他们是社会潜在的人力资本,还有照顾到学生的精神属性——高职学生有自己的兴趣爱好和精神追求。

高职学生是尚不成熟的自然人。根据马克思、恩格斯的论述,人是自然界的一部分,来源于自然,依赖于自然。高职学生首先是自然人,是经历旺盛的年轻人,富有力量、朝气和探索欲望。当进入高职院校,来到新的学习和生活环境后,他们极易在好奇和不断试错中犯错。但由于他们已近成年,感受到了自己的力量,自信远远高于中学时期,所以教师的教育如果不合理很难使他们信服。

高职学生渴望得到认可。在精神上,他们渴望得到教师的尊重,渴望得到周围同学的认可。有时会表现出逞强好胜,有时会形成一个拥有自身亚文化的小圈子。

高职学生逐步形成自身社会定位。人是社会存在物,人在社会中产生、存在和发展。高职学生的社会身份是接受高等教育者,是大学生。这种身份使得很多高职生有较高的社会责任感,促使他们形成各种各样的人生定位,比如企业技能榜样、行业一线专家、有特殊技能的人才等。这些定位有助于高职生的技能学习。

高职生的自然属性、社会属性、精神属性不是在进入高职院校后才有的,在中学阶段,尤其是在报考高职院校期间就在逐步形成了。这些属性相互作用,共同推动他们选择报考就读高职院校。

2.人的本质与高等职业教育

自然属性只是一个基础,作为善于社交的动物,人的社会属性强烈地制约着人的自然属性,人的本质属性是社会属性,人的本质在现实性上是一切社会关系的总和。由于不同的人的现实的社会关系不同,就可以进一步将人的本质具体化。也就是说,在一定的社会结构中,不同人的现实本质是不同的。在资本主义社会,工人和资本家具有不同的本性。人的本质随着生产力和生产关系的矛盾运动而变化发展。

就高等职业教育而言,高等职业教育与管理要考虑高职学生的社会关系属性,要重视分析高职生的文化特性、社会关系基础,比如社会对该专业的技能人才需求、新时代学生的文化特性等。在高职考试招生制度的制定方面,不仅要考虑学生的身体条件是否适合就读高职,还要考虑家庭背景、社会需求、教育政策等等因素对招生的影响。

3.人的价值

人的价值实现是人的潜在价值向现实价值转化的过程。这个过程取决于个体的综合素质和一定的社会条件。高等职业教育注重培养学生的综合职业能力提升及个性全面发展,是高职生实现人生价值的关键教育阶段。不同专业的高等职业教育帮助学生提升专业理论和专业实践能力,使他们能够参与社会各个各业的行业生产生活,实现自身的人生价值。

然而在现实中,在中学阶段,中学生对高等职业教育的价值与意义认识并不到位。例如,长期以来认为高等职业教育是高考落榜生的选择。就传统的高考而言,由于学科成绩高者对普通知识的学习和研究更有优势,他们更适合从事学术性工作,被学术性高校录取本无可厚非。但是传统观念和教育引导的不到位使得年轻人都认为考不上就是能力低、上高职就是低人一等,这就是一种认识偏颇。可以说,应用型高等教育是大多数不走学术道路的年轻人的理想且必然的选择,而高等职业教育恰是这种应用型高等教育的主体。

4.人的自由与全面发展

人的自由真正而全面的实现,不仅要认识和把握自然发展的必然性,还要认识和把握社会发展的必然性;不仅要克服自然界的压迫,还要从社会的压迫中解放出来。

相对于以人的依赖关系为基础的前资本主义阶段,以及以物的依赖为基础的资本主义社会阶段,共产主义社会是以人的全面发展和自由个性为特征的社会形态。

高职学生要获得自由,就要有丰富的认识和实践。政府也注重保障人们劳动的自由,注重创造就业岗位并鼓励人自由从业。但要实现劳动的自由还要求个体有从业能力。高等职业教育能够帮助他们丰富对自然、行业、职业、社会规律的认识,并使他们具备开展职业实践的能力。高职学生通过高职阶段的学习,认识了更多职业实践规律和社会协作生产的规律,具备了劳动的能力,并通过劳动取得报酬、融入社会、获得关怀和爱,他们的自由就能够更好地实现。

社会主义社会的劳动者是社会的主人而不是劳动工具。促进人的自由全面发展仍是社会发展的重要目标,要在经济社会高质量发展的同时实现人的自由全面发展。人的自由全面发展是人在精神和身体、个体性和社会性都得到普遍、充分而自由的发展。劳动能力的发展是个体全面发展的重要保障,高等职业教育恰恰以提升学生的从业能力为基本教育目标,为学生的自由全面发展奠定基石。由于人的发展需要具备阶段性和差异性特征。在高等教育阶段,个体在各个方面的发展需求也是多种多样的,比如有人偏向身体技能,有人偏向理论学习,有人注重探索自然,有人注重参与社会活动。面对这多样化的发展需求,仅靠学术型高等教育显然是不够的,要大力发展应用型高等教育,尤其是高等职业教育。

(三)马克思主义人学理论指导下的高职考试招生制度改革

为使高等职业教育成为公民自由全面发展的推动力量和实现途径, 在高职考试招生制度设计上,就要考虑到生源的人学特性。

1.要同时顾及生源的自然属性、社会属性和精神属性

从自然属性考虑,对于技能学习,个体越年轻,身体可塑性越大,越容易把技能学好。高等职业教育要培养高素质技术技能人才。要让学生扎实地掌握好技能,最好在学生年龄尚小的时候就开始教。但高职学生的年龄大致在 18—21 岁,年龄已经偏大了,所以,如果生源的技能基础如果是零,职业技能培养起来是比较困难的。而普通高中生源的技能基础恰恰基本为零。因此,设若高职院校招收的生源绝大多数是普通高中生源,要实现高等职业教育目标就是十分困难的。而中职生源恰恰解决了这个问题,他们在中职阶段就已经习得了一定的技能基础,到高职相应专业进一步提升技能水平就比较容易。因此,从自然属性上看,高等职业教育要达到育人目标,在招生上就要招收较大比例的中职生源才合理。因此,改革长期以来中职毕业生升学困难的现象,建立和完善职业教育立交桥,让更多有志升入高职院校深造的中职毕业生能够进入高职院校学习是势在必行的。

从社会属性考虑,生源做出进入高职院校学习的决定往往是多种社会因素造成的。比如家庭对生源尽快就业的期待,社会技能人才待遇水平的提升,亲朋好友对个体才能的评价等等。因此,所有对高技能学习有需求,期待尽快就业的个体都是高职院校的生源。这样,高等职业教育考试招生改革目标就应是致力于使尽可能多的有高等职业教育需求的个体都有机会进入相应高职院校求学。在招生对象上,应面向全体公民,理论上不应无缘由地将某些个体排除在招生对象之外。为更公平考察个体的现有基础以及更好地了解个体的求学需求,有必要进行分类考试招生。在具体分类上,既要照顾到主要应届中学毕业生源的情况,又要重视非传统生源。

从精神属性考虑,个体对技能型工作的热情、对高等职业教育价值的认知是其做出进入高职学习的重要精神因素。高职考试招生应通过设立职业认同感、职业道德、接受高等职业教育适宜度等方面的考题考查学生是否适合接受高等职业教育, 应识别出那些真正有高等职业教育需求并适宜开展高职课程学习的学生进入高职院校学习。

2.要重视高职生源的社会关系本质

高职学生作为一类人群,在社会现实性上具有一些共同的社会关系本质特征。马克思

认为,人的本质是使人存在和发展的原因、根据。[①]在复杂的社会关系网络中,高职学生的来源,有些是就业需求驱动,他们希望学到职业技能顺利就业;有些是成长驱动,他们认为高等职业教育最适合自己的个性完善和能力提升;还有一些是社会救助性质的,这些人没有劳动技能,难以融入社会,通过职业教育掌握一定技能能够使他们更好地成长为合格的社会公民。

考虑到不同高职生源有不同的社会关系本质,高等职业教育招生则应该根据生源的人群特征设置考试招生办法。对待积极寻求接受高等职业教育者,应重点考察他们的知识能力基础、专业适应性等基础条件。而对于那些需要高职院校发挥救助作用的人群,则应该重点了解他们的求学意愿、求学原因,评估他们接受高等职业教育后可能达到的效果,进而为他们入学后的具体教育实践制定更加合理的方案。

3.重视宣传高等职业教育对于实现人的价值之重要意义

从当前青年人的成长看,无论何种才能基础的年轻人,都可以通过参与某种职业活动担负职业责任、对社会做出贡献,并进而满足自身生活所需和成就心理,体现出自身的社会价值和个人价值。而职业教育恰是帮助广大年轻人实现这一理想的最可行的成才之路。但从历年考试招生情况看,这一点远未成为共识。高等职业教育质量不断提升的现实并未响应扭转其公众形象。相关社会舆论宣传仍需加大力度。

每年的考试招生季,都是高等职业教育开展对外宣传,展示和改善公众对高等职业教育印象的重要时点。抓住这个关键时点,不断改进宣传内容和方式,非常有利于高等职业教育提升吸引力,吸引更多优质生源报考。

鉴于此,高职考试招生政策制定,不应仅仅限于考试招生措施本身,还应对高职院校的宣传方式、宣传内容等做出引导和鼓励。要着力使大众认识到高等职业教育对于实现人的价值之广泛而重要的意义。

4.重视对生源个体自由而全面发展的帮助作用

我国新时代中国特色社会主义建设极其强调生态文明健康,要求绿色工作和生活。高等职业教育的招生宣传也要明确指出高等职业教育对学生健康成长和生活的帮助。高等职业教育不是要把人培养成会劳动的工具人,而是使人健康地成长,成长为能过健康幸福生活的符合人自然天性的人。

高职考试招生不仅仅要考虑到高职院校能不能达到招生指标或招到更优质的生源,还应从学生的自由、全面发展角度看,能为时代新人的成长带来哪些助益。应能帮助广大生源做出更好的求学选择,要使得那些选择了高等职业教育的生源,确实是通过高等职业教育能够受益的。

---

① 袁贵仁.马克思的人学思想[M].北京:北京师范大学出版社,1995:79-80.

(四)高职考试招生制度改革

在现实性上,高职学生是中国梦实现道路上的建设者。在实践性上,高职学生是坚持人与自然和谐共生的实践主体,未来需要投入到新时代中国特色社会主义建设的伟大实践中来。

高等职业教育应作为终身教育的重要组成部分,应通过考试招生制度的设计,尽可能满足广大人民在自然属性、社会属性和精神属性上的相关教育需求。中国特色社会主义进入新时代,我国社会主要矛盾已经转化为人民日益增长的美好生活需要和不平衡不充分的发展之间的矛盾。教育的不平衡不充分发展是矛盾形成的重要原因之一。为满足人民群众对优质高等职业教育的需要,除了要不断提高现有高等职业教育的质量,还应通过高职考试招生制度的合理设计,使所有生源都能各展所长,充分满足高职生源的发展权利。同时,还应通过制度的改革促进高等职业教育对新时代中国特色社会主义实践的贡献。

在新时代,高职学生的社会关系本质在发生变化,考试招生制度也应适应这种变化。长期以来,人们过于重视职业教育对于培养经济社会发展所需技能人才的职能,而忽视职业院校毕业生对社会发展的影响。但在新时代,建设生态文明是中华民族永续发展的千年大计。全体人民都必须树立和践行绿水青山就是金山银山的理念,高职学生也要学会在生活和职业工作中树立绿色发展理念并掌握节约资源和保护环境的技能。因此,在高职考试招生中,要重视通过考试形式和内容的改革,引导高职学生形成职业理想和具备绿色发展理念,使他们在未来的生态文明建设中发挥主力军作用。

深化供给侧结构性改革是当前解决新时代我国社会主要矛盾的重要实践策略。高等职业教育的改革与发展是技能型人才供给侧改革的重要阵地。高职考试招生制度的改革则是这一改革的重要方面。应通过这种改革,尽可能帮助生源找到最适合自己自由全面发展的求学路径,满足个体对高等职业教育的需要,还要有利于高职院校招收到更合适的生源以更好地实施教育满足经济社会发展对高技能人才的需要。

二、脑科学理论

个体的学习和成长过程,本质上是身体尤其是脑的发展过程,微观上是神经细胞、机体组织的机能得到提升。教育工作所要考虑的诸多要素,大都能找到脑科学发现的规律。从脑科学理论角度,思考学习和学生成长及相关教育变革的教育影响是一个非常有意义的分析思路。

(一)人脑的发育特点与个体学习

不同的学生以及在学习的不同时期大脑都有不同的发育状态,这不仅体现在大脑整体的发育水平上,还体现在不同脑区的发展差异性上。大脑的发育水平以及各个脑区的发育特点直接影响学生的学习能力和特点。例如,多项研究显示,从大脑整体发育水平看,尽管存在个体差异,但年龄的影响更加显著,体现在青少年的学习以形象记忆为主,而随着年龄的增长,到成年后就以抽象记忆为主了。从人脑的记忆存储和加工角度来解释,相对于成年人,儿童头脑中存储的信息少,对新接触信息的记忆和加工是他们大脑的主要活动;而成年人,由于已经记忆和整理了足够多的外界信息,新的信息往往不会与过去信息有很大不同,所以他们对新信息不容易产生新鲜感也就不会加强注意和记忆,反而对已有信息的分析处理显得更有意义,就成为成年人大脑的主要活动方式。

(二)人脑发育水平对高职招生的启示

由于人脑发育水平的差异,那些文化课成绩突出,处理学科理论知识能力比较强的学生就更符合学术研究类工作的需要。这类学生在中考、高考等的重视学科知识的考试科目中的成绩表现比较好,更容易在学术型教育中升学。如果他们的这种特点能一直保持,他们的最终职业很可能就是研究员、学者等科学研究人员。

但大多数个体很难一帆风顺地成为研究型人才。大多数人要么一开始就文化课成绩不理想,要么在升学过程中处理学科理论知识的能力达不到要求,大脑相关脑区发展放缓,理论科目成绩下降,难以在学术型教育中继续升学。

高等职业教育,包括高职专科教育和应用型本科教育,是面向占生源大多数的专业理论能力不突出者的技术技能教育。我国对未来高等教育发展的计划,就是让高等职业教育规模占高等教育的较大比例,而让培养科学研究人才的学术型教育占较小比例。[①]这既符合社会的人才需求结构特点,也是国际高等教育发展的普遍趋势。

对于占生源大多数的难以成为学术型人才的个体,由于大脑发育的过程各有差异,他们对学术型教育表现出不适有早有晚,这一特点影响到他们接受职业教育的时间。那些在初中就文化课成绩不理想者,适合毕业后就接受中等职业教育。而那些在高中才表现出如何发奋学习也难以提升成绩者,适宜高中毕业后进入高等职业院校,选择一个较为感兴趣的专业,接受技术技能教育。

当然,从理论上看,还有两种情况需要指出:第一,一些高考后进入普通高校接受学术型教育者,他们可能在学习过程中遇到困难,不愿从事学术工作,而对技术技能感兴趣。这类学生也是高等职业教育的生源。因此,我国对现代教育体系的建设,就有必要构建不同高等教育类型之间的立交桥:要制定学生转学办法,允许普通高等教育的学生转入普通高等教育轨道学习,也允许高等职业教育下有学术潜力的学生转入高等专业教育轨道学习。相关考

---

① 国务院办公厅关于深化产教融合的若干意见(国办发〔2017〕95号).[OL].(2017-12-19).http://www.gov.cn/zhengce/content/2017-12/19/content_5248564.htm.

核办法和转学措施的制定也许相当复杂和困难，但不能因此就否定部分学生的真实教育需求。从理论上看，要建成和完善我国现代教育体系，这一立交桥就必须建立和完善。第二，一些中职学生，有进一步成为高级技术技能人才的潜力，有继续在职业教育轨道升学的需求。对这类学生的求学需求，随着我国高等教育普及化，高等职业教育必须要设法加以满足。在考试招生措施上，就是要制定和完善中高职纵向衔接办法。这些个体升入高职院校以后，不仅能成为高级技能人才，随着职业兴趣变化以及大脑不同脑区的进一步开发，他们也有成为高级技术应用人才甚至学术研究人才的潜能。

(三)脑科学理论指导下的高职分类考试招生反思

从脑科学理论看，虽然神经元不能再生，但它的突触却可以再生，并且总是在进行相互联结的活动。[①]因此，只要条件允许，可以在相当大的程度上对脑进行不同程度的重塑。人脑的可塑性是极为显著的。[②]进一步看，因年龄增长和学习、环境等的影响，人的优势脑区是可以发生变化的，思考能力、特点以及兴趣点都可能发生变化。例如，鲁迅曾经学医，但在求学过程中志向发生改变，转而学文。在当前的职业教育中也常会出现一些学生过去对某个专业十分感兴趣，而入学之后发现自己并不真的喜欢这个专业，就急切想要转专业，甚至认为自己更适合接受普通教育。因此，从满足学生成长需要看，分类高考只是尽可能地考虑到了生源特点和学生可能的发展需要。而在考试招生之后的高等职业教育过程，未必会一直适应学生的需要，难以照顾到全体学生的学习兴趣和目标的变化。

尽管可以通过考试招生制度的改革尽可能适应新时期生源的特点和要求，但这一理论仍揭示了考试招生制度本身存在难以达到完美的固有缺陷——长远看其结果未必有效。作为应对，高等教育应给学生提供多样化培养方案，以及设计更多的转专业、转校途径。比如职业情感问题，在考试中学生可能并没有表现出对相关职业的认同。但这并不能说明该生不适合学习相关专业。因为学生过去对这些职业的了解和价值判断大多不是自己实践体验生成的，学生在从中学教师或亲友处接受相关信息时就带着怀疑的态度，在其头脑记忆中就未形成明确的价值判断记忆。所以，在行为表现中就难以对其产生坚定的正向情感。但进入相关高职专业学习后，在教育过程中注重学生的职业活动参与和实践，学生通过实践体验，多角度自主思考，就很有可能形成对相关职业的坚定的正向情感，变得愿意学习专业知识和技能，树立从事相关职业工作的信念。

[①] 王志良. 脑与认知科学概论[M].北京:北京邮电大学出版社,2011:43.

[②] 唐孝威,杜继曾等. 脑科学导论[M]. 杭州:浙江大学出版社,2006:114.

(四)脑科学理论的实践困境及其对高职考试招生的影响

脑科学理论对教育的指导意义未有颠覆性的改观。尽管脑科学理论对很多传统学习和教育理论能做出更科学的解释，但在实践指导意义上并未对传统教育理论带来颠覆性的影响。前人研究得出的很多理论成果有很大的影响力，尽管它们不是从脑科学的角度做出解释，但教育实践指导意义仍然有效。因此，不应因脑科学理论解释力高，就盲目怀疑传统教育理论。

但从脑科学的角度出发，也很难对高职考试招生改革做出直接指导。由于生源在高中阶段教育中受教师、教学资源、家长引导等的不同，其在知识和技能方面的进步很可能是合理用脑的结果，而不是先天智力就有优势。因此，那些在高职考试招生中表现不理想的生源，未必就能断定他们是否适合学习某个专业或学习能力好坏，很可能是之前的学习中他们没能很好地运用脑的工作规律。进入高职院校后，经过合适的引导，提供良好的条件，在优质高职课程中，过去学习成绩不理想的学生都可能取得专业知识和技能学习的成功。在这种背景下，高职考试招生似乎很难做出应对。可以适当放松考试招生要求，供给更多优质高等职业教育资源，让尽可能多有高等职业教育需求的个体有机会接受高等职业教育。更进一步地，放松高职考试招生的筛选作用，增加考试招生后的二次、三次考察，以学生成长为目标，帮助学生找到更契合的成长路径。

第二节　重庆市高等职业教育考试招生存在的问题及对策建议

　　考试招生制度是国家基本教育制度。高等职业教育考试招生制度改革一直是社会各界关注的焦点。2010 年,《国家中长期教育改革和发展规划纲要(2010—2020)》提出推进考试招生制度改革,逐步形成分类考试、综合评价、多元录取的考试招生制度。2013 年、2014 年教育部和国务院相继印发《关于积极推进高等职业教育考试招生制度改革的指导意见》和《关于深化考试招生改革的意见》等重要政策文件,推进指导高等职业教育分类考试招生制度改革。2019 年 1 月,《国家职业教育改革实施方案》明确提出,"职业教育与普通教育是两种不同教育类型,具有同等重要的地位",高等职业教育应完善"文化素质+职业技能"的考试招生办法,建立"职教高考"制度。2019 年,李克强总理在政府工作报告中提出:"高职大规模扩招100 万人",国务院常务会议讨论并通过了《高职扩招专项工作实施方案》,对进一步实施高职百万扩招提出具体方案和实施要求。2020 年,李克强总理在作政府工作报告时,提出今明两年高职院校扩招 200 万人。高职百万扩招专项工作是党中央、国务院的重大决策部署,是高等职业教育考试招生制度改革的重大发展机遇,对教育改革和经济社会发展具有重大影响。

　　改革开放四十年来,高等职业教育考试招生制度的不断完善为国家选拔技术技能人才做出了历史性的重大贡献。但长期以来,我国高等职业教育考试招生被纳入统一高考的范畴,考试招生制度缺乏独立性,导致"职教低于普教"的社会错误认识进一步增强,不适应素质教育的要求,不能满足考生多样化的学习需求,高职院校录取的生源质量较差,难以科学选拔技术技能人才,也未能形成具有职业教育特色的考试招生体系。研究当前高等职业教育考试招生制度存在的问题,为我国"职教高考"制度的建设提出合理的建议,这是当前国内职业教育领域研究者、管理者、决策者、教育行政部门、考生、家长及社会广泛关注的议题。为贯彻落实国家有关高等职业教育分类考试招生的有关精神,2015 年、2016 年重庆市人民政府和重庆市教委先后发布了《关于加快发展现代职业教育的实施意见》和《关于深入推进高等职业教育分类考试招生工作的意见》,旨在构建符合职业教育特征的高等职业教育考试招生制度。本着有利于构建现代职业教育体系和有利于科学选拔技术技能人才的原则,重庆市从2017 年开始实施和完善"文化素质+职业技能"的高等职业教育分类考试招生制度。课题组在调研中发现了重庆市高职院校在考试招生存在的问题,以下是对重庆市高等职业教育考试招生制度改革的思考及对策建议。

一、重庆市高等职业教育考试招生存在的问题

　　目前重庆市有高等学校 72 所,其中高职高专院校 40 所,占比达 55%以上。课题组通过

对重庆市教委考试招生管理处、重庆市教育考试院、重庆电子工程职业学院、重庆工业职业技术学院、重庆城市职业学院、重庆科技职业学院、重庆市女子职业高级中学、重庆市渝中职业教育中心、重庆市城口县职业教育中心等单位的访谈与调研发现，重庆市高等职业教育考试招生的问题主要集中在以下几个方面。

(一)生源问题

高等职业教育考试招生存在的最大问题是高职院校对考生的吸引力不足，生源质量差，报到率低，很多高职院校招生计划难以完成。一是从招生对象的构成比例来看，高职院校招生生源以普通高中毕业生为主，高中生远多于中职生，不利于中高职衔接的现代职业教育体系的构建；二是新生报到率低，很多高职院校招生计划难以完成，特别是民办高职院校和地理位置不佳的高职院校，整体招生情况并不理想；三是生源质量差，部分高职院校为了完成招生计划，通过单招、学校自主招生等形式，无底线降低录取门槛，导致学生素质参差不齐。高职院校分类考试招生在高考之前完成，凡是被高职院校录取的考生不再参加高考，很多高职院校规定考生需要签字确认并承诺被录取后不再参加统一高考及录取，但考生违约现象仍然存在。

(二)考试内容问题

重庆市高职院校招生考试科目不管是面向普通高中生还是中职生都是以理论知识为主、以技能考核为辅，不符合高职院校技术技能型人才的考试招生特点和培养目标。通过对重庆市教委考试招生管理处、重庆市教育考试院、重庆电子工程职业学院、重庆工业职业技术学院、重庆城市职业学院、重庆科技职业学院的调研发现，所有的高职院校都有公共知识的考核，68.7%有专业知识的考核，45.9%有技能知识的考核，只有15.6%有职业能力倾向测试。在"文化素质+技术科目+职业倾向能力"测试中，文化素质测试包括语文、数学、外语三科，满分均为150分；技术科目测试为信息技术，满分150分，考试总分为600分，文化素质分值比重占75%，技术科目分值比重仅占25%。在"文化素质+职业技能"考试中，文化素质测试为语文、数学、外语三科合卷，各科分值均为100分，满分300分，职业技能测试含专业综合理论测试和专业技能测试，分值分别为200分、250分，满分450分，考试总分为750分，文化素质分值比重占66%以上，专业技能测试分值比重仅占33%左右。

(三)录取机制问题

重庆市高职院校招生录取标准仍然以升学考试成绩为主，录取过程呈现出尊重学生志愿、德智体全面考量、依据考核科目总成绩从高到低录取的特点，同时也存在着录取批次、学生志愿填报、投档等多方面的问题，没有充分体现学生和高职院校的双向自主选择权。重庆的高职院校分类考试招生录取实行"一档多投"的原则。录取时,省级教育考试院按照录取批次顺序,根据考生志愿将上线考生电子档案投档给考生所填的所有高职院校,招生学校根据考试招生章程以及招生计划对投档考生进行审录并将预录取结果上报省级教育考试院审核,省级教育考试院审核无误后,最终确定考生的录取结果并进行公示。高职院校在招生录取环节掌握较大主动权,学生只能以考试分数等待被录取,即如果学生被录取,也一定是学生填报志愿的那几所院校。通常情况下,为录取到填报的学校学生会选择"服从调剂",意味着如果学生不太喜欢被录取的专业,也没有任何更改机会。

(四)监督机制问题

在现行的高职考试招生管理体制中,"国家本位"的色彩依然浓重,教育行政部门不仅制定宏观的招生政策和计划,而且管理具体的招生事务,高职院校考试招生仍然是教育行政部门监管下的高职院校为主体的招生形式,缺乏行业、企业的参与和监督。通过调研发现,目前重庆市高职院校考招中没有相应的监督机构,行业、企业、用人单位没有参与到考试招生环节。一是行业、企业未能参与到高职考试招生考试内容命题、职业技能测试、面试等环节,考试内容与流程的科学性与行业适应性有待考量;二是考试过程缺少行业、企业监督,难以实现公平公正录取机制。

二、完善重庆市高等职业教育考试招生的对策建议

(一)引导高中生合理分流,扩大招收中职生比例,重视非传统生源招生

我国高中阶段的教育分流大多为淘汰式、且形式单一,各流层之间缺乏相互沟通,严重阻碍了我国高中教育的发展,所以在我国高中阶段教育分流机制变迁、走向可选择性的过程中,实现多样化的分流是必然的趋势。一是构建新型综合高中办学模式,积极引导普通高中走向综合办学模式,从学校实际出发,增加个性化的课程设计方案,扩大学生自主选择课程的机会,打破学科间壁垒,融合学校与社会生活,增强课程的多样性,为普通高中的学生能够接受职业教育类课程创造条件。二是推进高中阶段教育的弹性学制和学分制,高中根据学校培养目标,可以将课程分为文化素质类课程和职业技术类课程供学生选修,在 3 至 4 年的弹性学制中,建立以学分制管理课程的毕业与修业制度。浙江省湖州市的南浔中学"学分制"综合中学模式较有代表性。三是构建现代学徒制高中,高中学校要允许学生到中等职业学校、高校、社会机构包括行业企业选修职业技能类课程,鼓励本校教师通过进修、自学等途径,或者聘请高校及社会专业人士,担任职业技能类选修课程教学工作。

当前我市中职升高职的考试招生方式以高考为主渠道,高职对口招生、中高职贯通招生、单独考试招生、综合评价招生和技能拔尖人才免试招生占较少的比例。2019 年《高职扩

招专项工作实施方案》，规定"取消高职招收中职毕业生比例限制，允许符合高考报名条件的往届中职毕业生参加高职院校单独考试招生"。高等职业教育的最佳培养对象应该是中等职业学校毕业生，中等职业教育和高等职业教育的培养目标是具有一致性、连贯性的，与中等职业学校进行中高职衔接，才能进行技术技能人才的一体化培养，应扩大高职对口招收中职毕业生。对口招生是招收中职学生的一种考试招生方式，中等职业学校毕业生原则上只能报考与所学专业相同或相近的高职院校相关专业，有招生自主权的高职院校按照"文化素质+职业技能"这一模式进行考试招生，在促进中高职衔接方面发挥着重要作用。目前我市高职院校对口招收中职生的专业覆盖面有限，招生模式有中职与本科"3+4"、中职对接高职"五年制"、高职与本科贯通"3+2"分段培养等对口招生模式。考虑到目前高职职业教育在专业设置和划分上与中等职业学校的专业尚不完全对应，因此我市高职对口招生应本着宽专业、大门类的原则招生，尽可能全覆盖中职学校的大部分专业，逐年加大对职业技能的考查力度，达到职业技能考试比重至少占一半。

非传统生源是高等职业教育的重要生源来源，主要包括未升学高中毕业生、中职毕业生、退役军人、下岗失业人员、农民工、新型职业农民等群体。高等职业教育扩大招生范围，吸引非传统生源报考，将为我市现代制造业、现代服务业、现代农业等产业一线输送更多高素质技术技能人才，进一步促进人力资源供给侧结构性改革。高职扩招进一步丰富生源构成，对于退役军人和下岗失业人员、农民工、新型职业农民，可免予文化素质考试，这对促进职业教育与继续教育融合，倒逼高职教育完善考试招生办法、创新人才培养模式、优化评价机制，对实现高职教育内涵式发展有着重要意义。职业教育培养的核心是技能，高职院校招生时可对退役军人、下岗失业人员、农民工、新型职业农民等各个群体单列计划，可免予文化素质考试，注重职业潜在素质的考察，让非传统的学历教育群体能够进入高职院校学习。

(二)提升专业技能测试比重,制定专业技能考试大纲

文化素质考试和技能测试成为高职院校考试的两大重要板块，目前，重庆市高职院校考试招生中存在的主要问题是文化素质考试和专业技能测试的比重分配不合理。随着高职扩招，生源种类多样化，文化素质考试和职业技能测试的分值比重应根据不同生源类别进行调整。高职院校考试招生环节要加大对学生技能考查力度，促进国家职业标准和高职人才选拔的匹配度，提升高职院校服务地方经济发展的能力。职业教育的本质属性决定专业技能考试应成为高职院校分类考试招生的重要考核点，专业理论考试辅助技能考试。特别是针对中职生，调整总分中各项科目的权重，专业技能考试所占比重提高到至少50%，专业理论和文化课考试成绩占总分的比例不超过50%。

重庆市对口招收中职毕业生有相应专业技能考试大纲，分类考试招生也应该出台相应的专业技能考试大纲。如2017年福建省就出台了《2017年福建省高等职业教育入学考试职业技能测试考试大纲》，涉及电子信息类、财经类、土建类等十个专业类别。专业技能考试大纲依据教育部公布的相关专业教学大纲、高职院校对学生专业技能的要求、学生在中职阶段

的学习情况等三方面情况编写而成。市教育考试院应聘请专家团队,如高职院校和中职院校教师,还有行业企业专家等,充分研究学情、专业发展、考试规律的基础上形成以专业类别为主的专业技能考纲。

(三)增加平行志愿,采用"双上线"录取标准

招生录取机制是一个庞大而复杂的系统,不仅要兼顾考生和高校的利益,也要考虑国家人力资源分布的合理性。录取机制对考生录取率的影响差异更加显著,完全平行志愿优于不完全平行志愿,不完全平行志愿优于梯度志愿。平行志愿的推行能有效降低填报志愿的博弈成分,为考生增加选择的机会。高职院校作为分类考试招生录取的主体,应创造条件逐步淡化和取消招生录取批次,增加学生的选择性,允许填报多个平行志愿,改进投档录取模式,探索按院校专业投档和依据考生志愿将考生档案同时投放多所高校的录取方式,增加高校和学生的双向选择机会。如广东高职院校分类考试招生录取首次以学考成绩作为依据,一是不分批次,参加录取的高职院校不再分 A、B 两批录取,统一安排在一个批次进行录取,考生填报志愿由原来的每批 3 个志愿增加到每批 10 个志愿,每个院校志愿下设 6 个专业志愿和 1 个服从调剂专业;二是按照志愿优先和分数优先相结合的投档原则,分两次录取,第一次投档实行志愿优先,按考生第一志愿,以 1:1 比例从高分到低分投档,总分相同则按考生投档排位从高到底投档,由高职院校择优录取,第二次投档实行"分数优先"的平行志愿,第一次投档完成录取后,按考生投档分数和排位从高到低,依次检索第二至第十院校志愿,依据高职院校剩余招生执行计划数,按 1:1 比例投档,由高职院校择优录取。

所谓"双上线"的录取标准,即由省级教育主管部门为高职院校考试招生制定专业技能考试和文化素质测试的最低录取分数线。学生填报志愿时,当文化素质考试成绩和专业技能考试成绩均达到最低录取分数线者才能填报志愿。高职院校在录取考生时,在尊重志愿的基础上,对中职学生实行以专业技能考试成绩为主的录取标准;对普通高中生实行以文化素质考试成绩为主的录取标准;对于非传统生源(农民工、下岗职工、退役军人、新型农民工)实行以专业技能考试成绩为主,参考"代表性技能证书"为辅的录取标准。

(四)提升行业、企业参与度,成立省级行业专业大类联合考试指导委员会

职业适应性测试和专业技能测试都可以通过引入行业、企业成立省级行业专业大类联合考试指导委员会,聘请行业、企业专家参与考试题目设计和开发,高职院校的开发能力有限,因此有必要引进行业、企业专家参与招生的职业倾向测试和专业技能测试,这既可保证职业倾向测试和专业技能测试的准确性,又可以实现学校招生与企业招工的同步性。高职院校也可通过聘请行业企业专家巡视学校测试、面试、录取现场等方式,对招生工作实施第三方监督,建立考试录取申诉机制,及时回应处理各种问题。高职院校招生管理体制改革的方向应该是省级教育行政部门负责制定招生政策,完善监督机制,营造公平透明的考试和招生

环境;高职院校应强化考试招生的主体责任意识,科学规范制定招生章程,自主确定适合本校发展的录取标准,加强学校招生委员会建设;应鼓励行业企业参与到高职院校考试招生整个过程中,发挥指导、咨询、监督等重要作用。

我市教育考试院是本市高等职业教育考试招生的管理实施主体,具体承担高职考试招生日常事务性工作,因此要围绕"考试招生"的机构职能,努力建成教育考试专业化服务的机构。从长远发展看,省级教育考试院的政策性、科学性、规律性都很强,没有研究作为基础就会使教育考试院自身的发展受到极大制约。因此,要加强命题与评价研究,不断提高命题水平和服务教育的能力;加强考试管理研究,推进科技考务,确保考试安全;加强考试学研究,确保考试内容科学;加强招生工作研究,完善录取机制;加强各级各类教育考试及社会考试的综合改革研究,为国家实施素质教育、推进教育创新服务,为国家经济社会发展、维护社会稳定服务。

在当前高职百万扩招的国家重大战略引领下,重庆市高等职业教育考试招生制度改革应推进分类考试招生制度改革,应形成贯通培养、普职衔接的高等职业教育考试招生制度,要立足适应本市经济社会发展需要,遵循高等职业教育人才选拔规律,促进普通高中和中等职业学校实施素质教育,为学生发挥个性潜能提供多样化选择。按照有利于科学选拔人才、促进学生健康发展和维护社会公平的原则,重点探索"文化素质+职业技能"的考试招生办法,完善"职教高考"制度,为学生接受高等职业教育提供多样化入学形式,逐步形成政府部门宏观管理、专业机构组织实施、学校多元录取、学生多次选择、普职教育有效衔接贯通、行业企业有效监督的中国特色高等职业教育考试招生制度。

第五章　重庆市现代职业教育绿色发展问题研究

> 研究发现,绿色发展理念对职业教育的影响更多地停留在学生绿色理念和环保行为习惯上,这显然还不够深入。在职教专业建设上,重庆环保职业教育很弱小,环境保护职业教育的办学规模还远不能满足行业发展的需要;同时,"大环保职业教育"概念未形成,未形成所有职业教育专业均重视绿色技能培养的局面。各专业缺乏注重和强调结合相关行业绿色专业标准和绿色产品、绿色生产实际,缺乏为本行业绿色发展服务的强烈意识。

第一节　重庆市现代环保职业教育发展问题研究

目前,环保产业被我国定位为战略性新兴产业,同时从重庆市人民政府认为,环保产业涉及环保技术研发和装备生产、环保产品生产、资源循环利用、环保服务业等,发展潜力巨大,前景广阔。大力发展环保产业,是顺应世界经济绿色发展的内在要求,是重庆市调结构转方式的必然选择,对防治环境污染、改善生态环境、发展循环经济和加快推进生态文明建设具有重要意义。《国务院关于印发"十三五"国家战略性新兴产业发展规划的通知》提出,到2020年先进环保产业产值规模力争超过2万亿元,要求大力推进实施水、大气、土壤污染防治行动计划,促进环保装备产业发展,积极推广应用先进环保产品,促进环境服务业发展,全面提升环保产业发展水平。重庆市作为国家中心城市和长江上游生态文明建设先行示范带的核心区,担负着构筑长江上游生态屏障的重任,对绿色经济及环保产业高度重视。从公开披露的数据来看,2015年,重庆市环保产业实现年产值503.23亿元,占全市GDP(国内生产总值)(15719.72亿元)的3.20%。2015年,重庆市环境保护投资达399.24亿元,在GDP(国内生产总值)中占比为2.54%。城市环境基础设施投资占重庆市环境投资比重最大,历年比重均超过50%,2015年达到234.24亿元,占全市固定资产投资(15480.33亿元)比重的1.51%。2015年,重庆环保产业实现税收58.57亿元,在全市税收(1450.9亿元)中占4.04%。2015年重庆市环境保护产业出口创汇5.04亿美元,其中环境保护产品0.11亿美元,环境服务业1.37亿美元,节能产品3.12亿美元,节能服务业12万美元,资源综合利用0.43亿美元[1]。

---

[1]聂廷勇.重庆市环境保护产业发展报告(2016)[EB/OL].(2016-11-01).[2018-05-24]. http://www.cenews.com. cn/sylm/hjyw/201611/t20161101_810716.html.

近年来,环保产业保持快速发展态势。2016 年,重庆市政府第 80 次常务会议审议通过《重庆市环保产业集群发展规划》,提出到 2020 年,全市环保产业年销售收入 1300 亿元,建成国家重要的环保产业基地,成为全市千亿级的先导产业[①]。《2017 年重庆市环境保护产业发展报告》统计的重庆市挂牌新三板 15 家环保公司了 2017 年度报告,总营收 63 亿元,较 2016 年平均增幅 119.40%;同时重庆市 9 家主板/创业板环保公司,2017 年总营收 403 亿,较 2016 年平均增幅 34%;总净利润 55.68 亿,平均增幅 62%[②]。另据相关统计 2017 年全市环保投资 462.6 亿元,较 2016 年(355.6 亿元)增长 30.09%。2018 年,由重庆市环境保护局等多家协会联合主办的"中国(重庆)节能环保产业博览会"展出的"黑科技"层出不穷,吸引了 16247 名专业观众,以及来自意大利等国家的参观团体 25 个,展会成交高达 17.25 亿元。2019 年一季度,全市生态保护和环境治理行业投资快速增长,增速达 29.7%。

一、研究问题

(一)重庆市环保职业教育发展现状

重庆市环保产业发展态势迅猛,但环保产业年产值仍然较低,增长潜力巨大。从环保产业的出口数值可以看出,重庆市在环境保护产品的创新、研发、推广,以及在环境服务业、节能产品方面都有很大的发展空间。研究重庆市环保职业教育发展的现状是把握重庆市环保职业教育发展面临的问题的关键,是响应国家生态文明建设的重要环节,是促进重庆市环保职业教育快速发展的起点。

(二)重庆市环保职业教育发展面临的问题

重庆市环保职业教育供不应求现状是全国环保产业快速发展人才紧缺状况的一个缩影。目前,重庆市环保产业基数小,但发展快,分布集中,环保产业总量在全国处于中等水平,具备一定的技术研发能力。但强劲的发展动力缺乏掌握新兴环保技能的技术技能人才支持。2016 年末重庆市环保产业从业人员为 88 795 人,仅占全市就业人数比重的 0.5%[③],与环保产业产值占比(2015 年末为 3.2%)相比明显偏低。根据区域职业教育专业与行业结构匹配研究的一般标准来看,整体上环保产业从业人员严重不足,环保事业规模化的发展与有

①中国市场调研.2017−2023 年中国重庆环保市场深度调查分析及发展趋势研究报告 [EB/OL].(2017−07−21).[2018−05−27]. https://wenku.baidu.com/view/8a1cc5dbab00b52acfc789eb172ded630b1c98a1.html.

②重庆市环保产业协会. 重庆 24 家环保类上市公司 2017 年业绩出炉 [EB/OL].(2018−05−04).[2018−05−26]. https://www.17suzao.com/news/detail-3377.html.

③聂廷勇.重庆市环境保护产业发展报告(2016)[EB/OL].(2016−11−01).[2018−05−24]. http://www.cenews.com.cn/sylm/hjyw/201611/t20161101_810716.html.

效人力资源支持存在差距,从业人员远不能满足本行业发展需求,需要环保职业教育更大规模的发展。在实践中,各环保企业对一些高级技术技能人才展开了争夺战,急需要环保高职教育提升人才培养质量。各类环保企业、环保岗位及环保人才需求日益多样化对环保人才需求量大样多,需求最多的还是技术技能人才,大型环保企业也急需高级技术技能人才来提高环保产品与服务的附加值。整体看,大多数职业院校现有的培养方案、课程结构所造就的人才与环保产业行业的实际需求还存在一定差距,难以满足环保企业对环保技术技能人才的需求。

2012 年,重庆市环保局编制了未来 10 年环保人才队伍建设的行动纲领,即《重庆市环境保护人才队伍建设中长期规划(2010—2020 年)》。该规划要求到 2020 年,全市环保人才总量达到 21.45 万人,年均增长率为 6.3%;高中初专业技术人才比例达到 3:5:2。规划的主要任务之一就是加强基层环保人才队伍建设,解决区县基层环保人才数量不足、素质不高的问题。基层环保人才是实现环境管理、治理层层递进的关键,加强基层环保人才队伍的建设是重庆市的工作重点。环保产业的快速发展预示着行业从业人员规模的大量增加,但即使对照该规划的目标来看,全市环保人才总量缺口还很大,为解决这一问题,重庆市环保职业教育仍任重道远。

(三)解决重庆市环保职业教育发展问题的对策

对策研究是整个研究报告的重点,根据调研了解的现状或剥丝抽茧分析出的问题,形成解决问题的办法是最终目的。针对重庆市环保职业教育发展面临的问题,本学术专著给出了一些建议或对策。如建立环保产业人才需求监测机制、加强环保专业规模和类别建设、开发本土教学资源、加强与企业及本科高校的合作、汲取其他地区环保职业教育的先进经验等。

二、研究方法

本研究利用的研究方法有文献分析法、访谈法和调查法。

(一)文献分析法

通过对环保职业教育相关文献进行检索和阅读,梳理出本研究的研究视角和研究脉络,然后根据重庆市环保职业教育发展的历史和现状分析其目前面临的问题。在本研究中,文献来源于四个方面,一是相关的理论专著和书籍;二是来源于数据库的论文,其中包括ERIC(Education Resource Information Center)、中国知网、万方等数据库;三是网络资料;四是政府文件。

(二)访谈法

访谈法主要用于重庆市环保职业教育发展的现状研究,访谈的问题主要包括重庆市环保产业的发展情况、重庆市环保职业教育的发展情况以及了解环保企业和职业学校对环保产业和职业教育这二者相结合的一些看法及诉求。访谈形式为面对面的交谈和线上访谈相结合。

(三)调查法

在重庆市教育委员会、重庆市环保局、重庆市各职业学校的官方网站上调研大量前沿数据，其中，调查数据主要来源于重庆市环保局年度生态环保工作汇报、《重庆市环境质量简报》《重庆市环境保护人才队伍建设中长期规划》及《重庆市生态文明建设"十三五"规划》等公开文件。除此之外，研究中的部分数据还来自企业提供的年度发展报告等。将搜集到的数据进行统计、对比分析，用数据说明问题。

三、研究发现

(一)环保职业教育规模过小难以满足需求

重庆市环保职业教育供不应求现状是全国环保产业快速发展人才紧缺状况的一个缩影。各类环保企业、环保岗位及环保人才需求日益多样化对环保人才需求量大样多，需求最多的还是技术技能人才[①]，大型环保企业也急需高级技术技能人才来提高环保产品与服务的附加值。整体看，大多数职业院校现有的培养方案、课程结构所造就的人才与环保产业行业的实际需求还存在一定差距，难以满足环保企业对环保技术技能人才的需求。

通过分析重庆市各高职院校的招生专业发现，重庆资源与环境保护职业学院创办于2015年，2016年才开始招生，环保类专业设置集中，主要有环境工程技术专业、环境评价与服务专业、污染修复与生态技术专业、环境规划与管理专业、清洁生产与减排技术专业、新能源汽车运用与维修等几个专业大类[②]，所培养的人才主要面向基层与一线岗位。而除重庆资源与环境保护职业学院外，只有重庆工程职业技术学院有一个环境工程技术专业、重庆安全技术职业学院有一个新能源汽车技术专业，其他学校甚少设有与环保相关的专业。对近两年的《重庆市中等职业学校招生指南》进行考察，在2017年度招生的138所中职学校的专业中仅有一所学校开设了一个环境治理技术专业，招生50人。在2018年度招生的135所中职学校的专业中仅有两所学校设有环境治理技术专业，共招生90人。可以看出，本地职业院校对

---

①重庆资源与环境保护职业学院.重庆资源与环境保护职业学院2018级招生专业介绍[EB/OL].(2018-03-20).
　[2018-05-27].http://www.cqzhxy.cn/index.php?m=content&c=index&a=show&catid=2045&id=1232.
②重庆资源与环境保护职业学院.重庆资源与环境保护职业学院2018级招生专业介绍[EB/OL].(2018-03-20).
　[2018-05-27].http://www.cqzhxy.cn/index.php?m=content&c=index&a=show&catid=2045&id=1232.

环保领域人才培养的贡献较少。本地职业院校亟须积极开发与环保产业相关的专业,主动进行课程改革。

重庆市的环保职业教育发展状况并不是少数个案。我国环保职业教育发展整体现状尚不适应我国环境保护形势发展的需要,在规模和质量上都难以满足行业需求[①]。在基层环保部门和企业,大量存在环保专业技术岗位被非环保专业人员占有的现象[②]。这种现象既因为环境检测、环境治理、环保设备维护等环保职业岗位多分散于各个行业部门,用人单位为节约人事工作成本从而找非环保专业人员"顶岗",也因为环保职业教育过于羸弱,没有对环保职业岗位形成有力的人才供给,导致在市场上中职环保专业所培养的中初级环保技术技能人才容易被其他专业技术技能人才替代,以及高职环保专业所培养的高级技术技能人才容易被本科环保专业毕业生替代。随着新时代环保类职业的专业化趋势不断深入,以及环保职业教育规模化、高质量的大力发展,这种趋势将会得到扭转。

(二)重庆市职业教育环保类专业覆盖面窄

除重庆资源与环境保护职业学院以外,重庆市关于环保类的专业设置点极少,不仅专业设置单一零散,而且都是附属于其他学科领域的相关专业,不属于真正意义上的环保科学。例如,部分学校都设置的新能源汽车技术,虽然它属于环保产业的一种,但是其设置的初衷是促进汽车行业的发展。

通过对重庆市的国家示范高职院校和办学成绩突出的四所学校(重庆电子工程职业学院、重庆机电职业技术学院、重庆工程职业技术学院、重庆工业职业技术学院)所设学院的类别进行归纳发现:没有一所学校设有独立的与环保相关的学院,对这四所学校 2018 年的招生专业一览表进行分析发现,这四所高职院校专业设置集中在制造类、电子信息类、交通运输类、财经类、旅游类等领域,几乎没有与环保领域直接相关的专业,更没有专门培养环保人才的独立院系。因此,环保专业设置在重庆市的大部分高职院校中并没有受到重视,专业覆盖率低,环保课程建设不积极,相关部门及高职院校对环保专业与课程对学校和社会发展的效益缺乏认识。

(三)环保技能教学与本地环保行业情况契合度不高

职业教育的课程是职业教育取得成效的关键。职业教育环保类课程不仅要讲授基础理论性知识,更应针对地方环保问题进行特定的实践技能教学。例如,重庆市由于其地貌的特殊性,被山地、嘉陵江、长江分割而形成了多中心、组团式的城市空间结构。市区内排污系统

---

①李军.环境保护职业教育路在何方? [N].中国环境报,2013-07-22(4).

②王红云.环境保护高等职业教育的现状调查与分析[J].环境保护,2008(10):43-45.

建立地不够发达与便捷,对各个商圈、区块难以做到一一对应;区县既无健全的污物处理系统,又远离市区的庇护[①]。只是经过简单处理就被排放的污水,不仅导致城市活动区内小沟小壑污水横流,而且对两江江水危害巨大;固体垃圾的回收与处理也困难重重,重庆市环保局统一指挥有难度,统一处理成本高,如由各区、各县自主解决,出于对技术能力、经费、设施设备等参差不齐的条件的考虑,成效也受到限制。职业教育首先要服务于当地经济的发展,其环保专业课程就应结合重庆市面临的环保问题来实施。

以重庆资源与环境保护职业学院开设的环境规划与管理专业为例,其专业培养目标为:培养掌握环境管理、环境规划、环境监察等必备的基础理论知识,具备环境规划、环境管理、企业环境内审等专业能力和表达沟通能力、创新创造能力,个人全面发展的服务于建造、管理、生产一线的高素质技能人才;该主干课程包括化学成分分析、环境法律法规、环境规划与管理、环境影响因子分析与评价、环境工程基础、环境监测概论、环境统计、企业管理、环境管理综合实训等[②]。可以看出,这些课程主要立足于全社会对环保人才提出的总体要求,尚缺乏针对重庆市的环境规划与管理,毕业生在面对本地特定环保问题时,相关知识和能力的欠缺就会影响其工作成效。

(四)课程模式的实践性不够突出

职业教育的一个明显特征就是其实践课程占很高的比重。2015 年下发的《教育部关于深化职业教育教学改革全面提高人才培养质量的若干意见》要求:"加强实践性教学,实践性教学课时原则上要占总课时数一半以上"。从正处于建设初期的重庆资源与环境保护职业学院的环境规划与管理专业的授课计划与安排中可看出,实习、实践课程没有被囊括在主干课程里,大部分课程的学习还是以理论知识为主。表 5.1 是该学院环境工程专业二年级下学期课程表。二年级下学期居于整个高职教学的中后期,学生经过年级的理论学习,二年级课程应当理实结合,为三年级的实习做准备。但从表 5.1 可以看出该专业二年级下学期一共开设了 8 门课,通识课程占比 62.5%;专业课程三门,占比 37.5%,其中专业实操课仅开设了一门,占总课程数的 12.5%,显示出实践课的分量不足。正如重庆市环境科学研究院的专家在指导学院工作时所言,虽然环保行业高层次人才已有不少,但是基础环保人才依然很缺乏,指出学院应在课程设置方面重点偏向现场实践[③]。

---

①陈玉成,杨志敏,何娟.高速公路服务区污水生态土壤处理的基质配比研究[J].环境科学,2011(4):1066.

②重庆资源与环境保护职业学院.重庆资源与环境保护职业学院 2018 级招生专业介绍[EB/OL].(2018-03-20).
[2018-05-27].http://www.cqzhxy.cn/index.php?m=content&c=index&a=show&catid=2045&id=1232.

③重庆资源与环境保护职业学院博客. 重庆市环保行业专家到我校考察指导工作 [OL].(2017-02-16).http://
blog.sina.com.cn/s/blog_168a48fc60102x6ik.html.

表 5.1　重庆资源与环境保护职业学院环境工程专业二年级下学期课程表

	星期一	星期二	星期三	星期四	星期五
第一大节	实用英语Ⅱ	环境工程微生物(双周)	环境化学	心理健康及安全教育(单周)	办公软件高级应用
第二大节	大学体育Ⅱ	毛泽东思想和中国特色社会主义理论体系概论	实用英语Ⅱ(双周)	环境工程微生物	毛泽东思想和中国特色社会主义理论体系概论
第三大节	环境化学			环境工程计算机辅助设计与应用(单周)	
第四大节		环境工程计算机辅助设计与应用			

四、对策与建议

职业教育应为区域环保产业发展提供有力的支持，培养更多符合环保产业实践需要的技术技能型人才。

(一)建立环保产业人才需求监测机制

建议建立环保产业人才需求数据库,由环保行业企业人力资源部门负责维护,及时提供所需人才的类型、职业特征、待遇情况等职业信息以及需求量预期和招聘信息[①]。为支持该数据库的建设和维护,劳动、教育等相关政府部门及有关职业院校应予以技术、资金资源等方面的支持。数据库的使用则应尽可能开放,便于政府、职业院校、行业组织以及其他社会组织更好地获取相关信息,支持环保行业从业人员队伍建设。从职业院校角度看,这样获取的一手人才需求及环保职业信息有利于更有针对性专业与课程建设,从而更好地达成培养目标。

在这类数据库建立和完善之前,环保职业教育应通过加强与社会相关机构的合作,尽可能多地了解环保行业企业所需人才类别、数量、具体特征及需求趋势。例如,应加强与环境保护职业教育教学指导委员会的合作,利用好环保行指委的调查统计数据资源以及教育教学指导作用[②]。环保行指委中既有行业领袖,又有环境职业教育专家,环保职业院校和专业可从中争取行业指导,了解行业发展实际及人才需求,并借助其校企合作平台作用加强与地区更

①蔡泽寰,肖兆武,蔡保.高职制造类专业人才培养要素优化探析——基于"中国制造2025"视域[J].中国高教研究,2017(2):106-110.

②耿世刚,齐海云.环保职业教育中环保行指委的角色期待[J].中国环境管理干部学院学报,2013(10):72-74.

多环保企业合作,提升自身办学质量和水平,更好满足环保行业企业真实人才需求。

(二)加强环保专业规模和类别建设

目前,重庆市职业教育环保类专业建设还没有形成体系,在相关专业建设上各校基本处于"单打独斗"局面,合作交流及协同发展态势尚未形成。重庆市环保专业集中设置在重庆资源与环境保护职业学院,不仅专业设置数量尚少,专业的类别覆盖面也显狭窄。仅靠一所或几所院校为当地环保产业的发展培养多样化的人才是远远不够的。丰富本地区职业教育环保类专业,使之体系化发展是促进职业教育与环保产业协调发展的必要途径。应鼓励更多职业院校关注本地区环保产业的技能人才需求,利用好现有的师资、设施、课程等相关资源,适时开设环保专业或转型相关专业为环保专业。

环保专业规模建设的重点是增设毕业生就业前景好的热门环保专业。例如,环境工程技术专业,该专业的培养目标是让学生掌握扎实的环境污染预防及治理的理论基础,掌握"三废"及噪声等各种污染控制与削弱技术,具备环境工程调度能力、污染治理设施管理能力、环保施工项目操作能力的高等技术和技能应用型人才。环境工程技术专业毕业生一般流向环保局、环保研究院、城市公用事业部门、环境工程公司等单位,从事环境管理、规划、监测,产品研发,技术更新等不同环保行业。但目前,重庆市开设这一专业的高职院校仅有一所。

环保专业类别建设要注重建当前本地缺失的环保专业。重庆市高职院校的环保专业主要有以下几种:环境工程技术、清洁生产技术、污染修复技术、环境评价与咨询、环境规划与管理、新能源汽车运用与维修等。与广东环境保护工程职业学院的专业设置相比,重庆市高职院校的环保专业设置类别不多,专业领域的划分不够细致,与绿色经济衔接不够紧密。例如,广东环境保护工程职业学院将环保类系部划分为环境工程系、环境监测系、环境科学系、循环经济与低碳经济系、生态环境系、环境艺术与服务系六大类系,在各个系部下,专业种类多,涉及环保行业的各个方面,如在生态环境系下面设置有风景园林设计、都市园艺技术等专业。高职院校环保专业设置的先进性、多样性及全面性直接影响其服务地方环保产业发展的能力,因此,重庆市还需考虑环保专业设置的全面性及细分专业方向的问题。

(三)开发本土教学资源

不同地区的环保产业发展状况和未来规划各不相同。区域职业院校主要为地方服务,其生源主要来自当地,毕业生也基本就业于当地。因此,职业院校的环保教学必须与本地环保产业发展现状、发展需求紧密结合。开发本土教学资源,尤其是编制和使用地方教材是学生了解本地环保产业发展历史、存在问题、未来走向的重要途径。

近年来,重庆市环保产业发展方兴未艾,虽然发展潜力大,但伴随的问题也多,只有将重庆市环保产业面临的机遇、挑战与对策写入教材,深刻认识由地形、气候、风俗文化等因素造成的环保难题,才能在实践与理论的一体化教学中找到新的突破口。2014 年,重庆市教委、环保局开始在全市中小学展开生态文明教材普及工作，要求中小学每学年开设的环境教育课程不低于 12 课时[①]。对于将要从事环保行业工作的高校学生更应该接受地方性的环保教育，所用的教材应有利于他们对实际亟须技能的学习，以及对现实环保行业问题的解决。例如，如何建造合理有效的排污系统以及如何更好地使废水回收利用等具有明显地方特殊性的问题，就可以写进教材。

地方教材具有明显的地域针对性。在设计与开发本土教材的过程中，要抓住本地面临的重点问题或主要矛盾，需要当地教育部门、环保局、教材研究专家、课程专家、教师群体以及社区工作者的共同努力与通力合作。教材的内容、结构不应是简单的移植。根据职业院校的特点，环保类职教教材编写的重心应放在本地环保产业相关技术技能上，对某一技术的原理、历史发展、功能、操作的介绍要全面，且要求学生习得的技术必须是与解决当地环保问题密切相关的[②]。

(四)加强与企业及本科高校的合作

重庆市环保职业教育近年来一直处于理论探索与学校、专业建设阶段。当前的教学还局限于完善校内课堂教学，实践教学量明显不足。针对学校缺乏精力和时间投入于实践教学的情况，加强校企合作是最佳解决办法之一。企业能为学校提供多种资源，包括兼职指导教师、场地、设备仪器、技术等。相关政府行政部门应积极落实《国家职业教育改革实施方案》，采取发展校企融合型环保企业等多种措施鼓励环保企业参与校企合作办学。环保技术技能的传授是校企合作的重点。企业需要专业的技术技能人才，而校企合作培养的学生恰是企业新的人力资源。正视校企双方的共同需求，才能打开合作空间。

环保技能特点是，一般不是简单的动作技能，对从业者环保意识和主观能动性的发挥要求较高，且针对不同的环保问题要能创新性地做出多样化的解决方案，甚至要求对其他学科的知识脉络有基本了解。因此，开设环保课程的职业院校可与本科高等院校展开合作，参与本科院校的实践调研活动，帮助学生形成更开阔的专业视野。目前重庆市有环保专业的高职院校与本科高校的合作还较少。2018 年 3 月，重庆资源与环境保护职业学院与西南大学资源环境学院举行了"结对帮扶框架协议"的签字仪式，建立了结对帮扶基地和教学实习基地，通过指导专业建设和实验实训室建设、科研项目指导、课题研究、学术讲座、科普讲座、提升社会服务能力、教学实习等系列结对帮扶活动，相互促进，共同发展[③]。高职院校应养成这种合作意识，重庆市教育局与环保局等相关部门也应发挥促进和协调作用。

---

①重庆市环境保护局.重庆市开展生态文明教育教材普及工作[EB/OL].(2015-05-29)[2018-05-29].http://www.cepb.gov.cn/doc/2015/05/29/100922.shtml.

②徐涵.德国中等职业教育教材建设与管理及启示[J].比较教育研究,2018(4):101-107.

③重庆市大足区教育委员会.西南大学资源环境学院携手重庆资源与环境保护职业学院举行"结对帮扶框架协议"签字仪式[EB/OL].(2018-03-30)[2018-05-30].http://www.cqdzjw.cn/ejym.asp?news_id=98702.

(五)汲取其他地区环保职业教育的先进经验

重庆市环保职业教育规模较小,而且学校与学校之间的专业与课程建设缺乏沟通交流,容易导致闭门造车。汲取其他省市职业院校环保专业与课程建设的先进经验对重庆市环保职业教育发展是必要的。例如,广东环境保护工程职业学院构建了"政校企行产业园"五方协同育人长效合作机制,采用"平台先导、中心贯通、四岗协育"特色人才培养模式,搭建"常规学习和自主学习"双线课程体系,利用"真实项目+技能竞赛"双主体平台,实施项目导向教学,以技能提升为主线增强毕业生的职业竞争力①。该校对环保专业的发展定位准确,培养体系健全,课程内容丰富,教学方式多样,他们的教学、管理、资源的引进和利用经验都有值得借鉴学习的地方。在学习其他院校的做法时,要注意结合本地本校的具体情况,生搬硬套不仅达不到理想效果,反而可能失去自身精髓。

此外,后续还应加强研究其他非环保类职业教育专业如何根据本地绿色发展需要,加强环保技能教学的问题。一是因为各个行业的绿色发展都增加了对环保技能的需求,二是因为环保行业因环保问题的复杂性对复合型技术技能人才有较大需求,非环保类专业毕业生也有很大机会到环保行业就业。《关于加快推进生态文明建设的意见》(中发〔2015〕12 号)提出,要把生态文明教育纳入国民教育体系。职业教育各个专业都应传承生态文明思想,利用好职业教育资源培养环保人才,让学生扎实掌握绿色技能,为建设生态文明贡献力量。

---

①广东环境保护工程职业学院.循环经济与低碳经济系教学特色及资源[EB/OL].[2018-06-02].http://zs.gdpepe. cn/gb/profession3.asp.

第二节　与重庆资源与环境保护职业学院师生的在线访谈

一、调研内容与过程

2018 年 7 月 3 日(星期三)下午,本项目负责人(网名"乐与")对重庆资源与环境保护职业学院的教育教学情况进行了网上在线访谈, 了解了该校作为重庆市唯一一所环境类高等职业院校,在办学条件、课程开设、实验实训实习等发展的发展现状。

调研对象: 重庆资源与环境保护职业学院的教师和在校学生。

二、调研发现

该校是一所私立高等职业院校,"学院由重庆崛起投资股份有限公司投资举办, 是一所专科层次的以环保类专业为主的高等职业学校",但资金投入较充足,办学规划清晰,逐步走入正轨。

学院成立于 2015 年,2016 年开始招生,2019 年 7 月将有第一批毕业生。

学校自成立以来就注重办学条件建设,教室、食堂、安保等日益完善。师资配备注重从优质企业聘请高级技术技能人才,建设合格"双师型"教师队伍。

在教学模式方面,在向国家示范职业院校学习。目前基本处于三段式模式:一年级学习基础课,以在校课堂教学为主,二年级专业课为主,增加了校内实训课,三年级上学期视情况开始进行企业实习,三年级下学期校内教学完成,学生全部进入企业实习阶段。该院代表性教学系—环境工程系在校企合作和校内实训基地建设情况如下:

(一)校企合作

该系目前拥有的校外实训基地有:大足区环保局、大足区环境监测站、重庆艾诺斯华达电源系统有限公司、大足双钱集团轮胎有限公司、重庆巨腾国际控股有限公司、大足区水务公司、璧山环境监测站、重庆智伦电镀有限公司、重庆宏梦低碳节能技术有限公司、大足排水公司、重庆都表面处理股份有限公司、玉龙污水处理厂、雅美佳湿地 13 家单位,且还有相关企事业单位在洽谈之中。不仅满足学生的实习实训,而且为师生都提供了充足的实践经验。

(二)校内实训室

环境工程系规划实验室面积约 3000 平方米,现建成:基础化学实验室,原子吸收分光光度室以及辅助实验室制水室、干燥室、化学品储存室,面积约 200 平方米;在建有:剧毒药品室、微生物实训室、环境监测实训室、样品预处理实训室、技能大赛实训室、天平室、紫外可见分光光度计室、原子荧光分光光度计室、液相色谱室、仿真实训室;拟建水处理设备实训室、污染修复实训室、红外测油仪室等。建成的校内实训室贴近生产、贴近技术、贴近工艺、贴近实际,具备"产、学、研、培、技"五位一体。

(三)课程安排

从与学生的交流以及学生提供的课表得知,理论课和企业实践自己缺乏实践课的过渡,理论课的教学难以很好地与实践结合。

三、调研结论

第一,该校发展迅速,教育与培训能力稳步提升。该校领导和师资队伍富有活力。由于对环保技能的市场需求量大,该院领导建议教育部门能够充分利用该院资源,允许和鼓励该院多开展社会技能培训。

第二,由于还没有毕业生,该校服务重庆环保产业技能人才的能力有待市场检验。

第三,调研发现,该校校内实践教学环节有待加强。

附：部分聊天记录

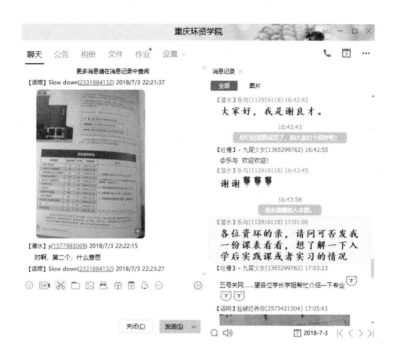

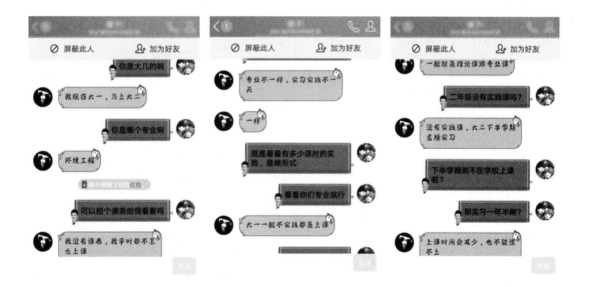

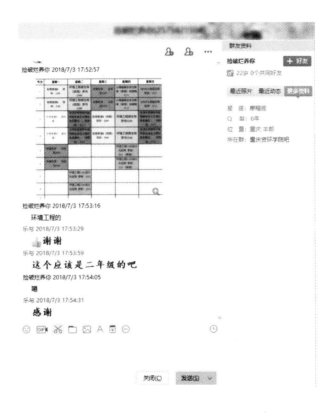

第三节　德国职业教育助推生态建设的实践及其启示

德国的生态建设是欧盟以及世界的先锋，其重视发挥职业教育在国家生态建设中的作业，对我国发展现代职业教育助推生态建设具有明显的借鉴意义。梳理相关文献可以发现，德国职业教育助推生态建设的着力点主要包括培育学习者可持续发展意识与能力、培养绿色技能人才、开展绿色科学研究，以及通过与企业及社区合作开展绿色社会服务。德国的经验启示我们应重视职业教育在生态建设中的作用，职业教育可通过多途径助推国家生态建设，现代职业教育发展可以生态建设为抓手，为提升职教学生的绿色素养和技能要重视对学生主体性的培养。

一、研究问题

德国民众的生态环保意识非常强，在生态法律法规建设、绿色经济发展、先进绿色技术开发，以及绿色技能培养等多个方面德国都处于世界领先水平。人类近现代的环境问题因经济发展而生，经济手段也是世界公认解决环境问题的最好方法。德国政府选择了社会生态市场经济的发展模式来解决传统的经济与环境此消彼长的发展困境[①]。人力资源是保障各项社会事业发展的基础。对于社会生态市场经济而言，绿色人力资源的开发至关重要。德国的实践表明，职业教育可以且应该为绿色经济、生态文明建设提供人才基础设施基础。

那么，德国重视发挥职业教育在国家生态建设中的作用表现在哪些方面？德国的宝贵经验对我国的职业教育绿色发展有何启示？

二、德国的生态建设与可持续发展职业教育

(一)德国的生态建设实践

德国的生态建设有扎实的政治和群众基础。1980年1月，绿党作为一个联邦政党成立，并在2002年大选中成为德国第三大执政党联合执政，在国家治理中贯彻生态现代化的理念。生态现代化的核心是在生态学原则指导下实现环境管理和经济增长的协同发展。随着绿

[①]邬晓燕.德国生态环境治理的经验与启示[J].当代世界与社会主义,2014(4):92-96.

党进入全国议会,生态进入主流政治,德国环境运动步入制度化轨道,生态主义理念成为政府决策和施政的核心价值观。德国政府最终选择了"社会市场经济生态化"的发展道路,在发展战略上,把"社会市场经济"学说发展为"生态社会市场经济",明确把生态现代化确定为经济发展的政策目标,确立循环经济为经济生产的发展模式,制定和完善了一系列环境立法与环境政策[①]。

在生态问题上,德国"法治"与"德治"相得益彰。目前,德国拥有世界上最完备、最详细的环境保护法,德国联邦和各州的环境法律、法规有约8000部,还实施欧盟的约400项相关法规。完备严格的环境立法为德国环境保护提供了制度化保障。同时,德国开展了全面有效的环境教育,推进环境意识和环境道德内化为公民的环境道德素养。

德国的节能减排在城市发展中占据突出位置,且是全方位的。既注重生产环节的节能减排,更注重生活领域的节能减排。高度重视建筑节能工作,对新老建筑都有明确的节能标准,并通过发放能耗合格证书来调控建筑节能达标。德国政府重点资助太阳能利用、风力发电、地热发电、供热和热电联产等技术的研发与应用。对再生能源超前研究应对核电关闭、石油天然气资源短缺带来的能源危机。德国政府对校园二氧化碳排放、节能方面有明确规定,财政拨款支持校园改造以达到减少排放和节能目的。德国民众积极投身环保事业,在国内八千多万人口中,直接与间接从事环境保护工作的有二百余万人。绿色教育在高校各专业教学全过程实施,德国绿色校园建设享受着得天独厚的国民文化和意识熏陶[②]。德国高校根据国家赋予的相关配套政策,结合自身实际,建立和完善了较为科学的绿色校园建设机制[③]。

德国把环境教育置于学校教育的优先战略地位,并将环境教育渗透式地贯彻到学校教育、家庭教育、社会教育的整个过程;强调环境教育的创新与实践,积极推进户外教学运动,利用各种环境教育资源和环境教育项目确保环境教育的务实性。比如,充分利用环保协会、研究机构等非政府组织创建的沼泽自然保护区、生物与环境教育中心、北海霍克岛沙滩保护地等环境教育资源,积极参与全球性和区域性环境教育活动,以加快本国环境教育的发展。再比如,德国先后加入了全球江河环境教育网(GREEN)、环境与学校行动网(ENSI),并积极参与这两个网站提倡的各项活动。同时,也大力推进地方独创和富有成效地引进国外的各种环境教育项目,如德国地方独创的"半半项目"和从日本引进的"零排放"[④]。

20世纪80年代可持续发展在德国政治、经济以及社会领域已经被作为基准性的框架提出。20世纪90年代中期以来,可持续发展教育受到全世界包括德国在内的普遍关

[①]邬晓燕.德国生态环境治理的经验与启示[J].当代世界与社会主义,2014(4):92-96.

[②]韦如意,薛玉平,曲同颖.借鉴德国经验优化生态校园建设研究[J].青岛职业技术学院学报,2013(5):72-76.

[③]韦如意,薛玉平,曲同颖.借鉴德国经验优化生态校园建设研究[J].青岛职业技术学院学报,2013(5):72-76.

[④]邬晓燕.德国生态环境治理的经验与启示[J].当代世界与社会主义,2014(4):92-96.

注,各国纷纷制定了相关政策。德国当时提出了 BLK"21"计划。BLK(State-Federal Commission for Educational Planning and Research Promotion),即联邦—州教育规划与研究促进委员会。该计划也是德国推行可持续发展教育的一个重要举措[1]。该项目系统地检验跨学科的学习,生态问题和可持续问题不再局限于科学这一具体的领域。该项目也是对创新体系的发展和检验,强调以能力为中心的教育理念,注重培养学生解决问题的策略、理念以及能力,这些都是自身和社会可持续发展应具备的[2]。德国 16 个州中有 15 个州参加了该项目。项目得到了德国联邦教育与研究部的资金援助, 在 1999 年到 2004 年, 共投入了13,000,000 欧元,共有 200 所学校,1000 名教师和 65,000 名参与[3]。在整个过程中,经验不断地得到了积累,以及它的概念、理念以及学校的材料进行不断地整理和发展,并将把这些进行扩展和延续[4]。

(二)德国的可持续发展职业教育

近年来,德国深入落实可持续发展战略,将可持续发展(生态建设是其核心内容之一)融入不同领域的国家战略规划中,如"工业 4.0"战略、"能源战略 2050"等。在教育领域,2004年,德国联邦议院通过了"可持续发展教育十年"计划并确定了国家层面的行动计划。2007年,德国制定了可持续发展教育跨学科计划,明确提出将可持续发展教育纳入职业技术学校教育体系当中[5]。2011 年,德国联邦职业教育研究所(BIBB)提出接受可持续发展思想,转变德国职业教育与培训系统,并设立专门资助项目支持有关的研究和试点[6]。这样,职业教育就逐步被纳入了德国可持续发展教育战略之中。

德国职业教育在可持续发展战略中地位提升的背景是欧盟可持续发展战略的逐步实施。尤其是,2010 年欧盟通过了"欧盟 2020 战略",提出七大创议,包括以可持续增长为目标的"资源效率型欧洲"和以包容性增长为目标的"新技能和新就业议程"。有利于实现在低碳经济行业的就业是欧盟可持续发展和包容性发展政策的基础。为实现 2020 年温室气体排放总量较 1990 年减少 20% 及可再生能源最终消费占比 20% 的目标, 欧盟要求

---

[1]张红燕.基于 BLK'21'计划的德国可持续发展教育[J].陕西教育(高教版),2008(1):110-111.

[2]张红燕.基于 BLK'21'计划的德国可持续发展教育[J].陕西教育(高教版),2008(1):110-111.

[3]Gerhard de haan.m BLK '21'programme in Germany:a 'Gestaltungskompetenz'-based model for Education for Sustainable Development[J].Environmental Education Research,2006,12(1):19-32.

[4]张红燕.基于 BLK'21'计划的德国可持续发展教育[J].陕西教育(高教版),2008(1):110-111.

[5]江波,张端鸿,蔡三发.国际可持续发展教育政策研判[J].世界教育信息,2015(1):12-15.

[6]Vollmers B,Kuhlmeier W,Vollmer T,et al.Vocational Education And The Turnaround In Energy Policy In Germany-Three Model Projects With Scientific Monitoring [C].Istanbul:The European Conference on Educational Research 2013,2013:8-21404.http://www.eera-ecer.de/ecer-programmes/conference/8/contribution/21404/.

把可持续发展和环境问题纳入现有的教育与资格培训框架中,促进对技能的更新和提升①②,并提出职业教育与培训要开发绿色技能、培养绿色意识,积极推动成员国把绿色技能开发纳入职业教育发展中。2013 年欧盟启动了"在职业教育中培养绿色技能"项目,分别与德国、保加利亚、土耳其、英国、捷克五个国家合作,共同研究把绿色技能纳入职业教育与培训中③。

2014 年,联合国教科文组织推出《可持续发展教育全球行动计划(2015—2019 年)》(Global Action Programme on Education for Sustainable development),旨在全球范围更深入地推进可持续发展教育。该行动计划提出,"可持续发展能力是能够在职业、社会和个人情境中,独立计划并解决经济、社会、环境和全球方面的冲突和矛盾,能够在全局范围内思考并解决问题的能力。"2015 年,联合国大会通过《2030 年可持续发展议程》,提出了 2030 可持续发展目标,对职业教育提出"要进一步扩大高质量的技能人才供给,确保所提供的技能不仅能适应工作世界的需求,还有利于促进终身学习,支持整个社会向包容和低碳经济过渡"。为落实《全球行动计划》和 2030 可持续发展目标,保持职业教育在国际上的领先地位,德国在职业教育领域发起了系统化的可持续发展教育改革,将国际可持续发展基本原则理念融入整个职业教育体系,从法律保障、能力模型建构、课程开发、教学实施,机构合作等多方面,推出了一系列可持续发展职业教育改革战略计划④。

2015 年,德国联合国教科文委员会发布《2015+可持续发展教育未来战略》(Zukunftsstrategie BNE 2015+,以下简称《未来战略》)提出,如果德国要继续保持在技术和服务领域的领先,就必须在职业教育与培训领域中开展可持续发展教育,为国家经济发展培养具有可持续发展能力的专业技术人才。该战略提出了两项重点任务:一是在课程层面落实可持续发展的职业教育。二是将可持续发展教育纳入职业教育法规体系,更新《职业教育条例》,依据可持续发展理念整体设计职业教育教学计划和职业资格认证标准⑤⑥。

2017 年,德国联邦教育与研究部发布《可持续发展教育国家行动计划》(以下简称《国家行动计划》),目标是在所有教育领域建立可持续发展的教育体系。该计划将可持续发展的职业教育改革分为五大优先行动领域,分别是现状调研、职业的可持续发展教育潜能开发;企业和学校建立可持续学习场所、可持续能力要求确定、可持续发展职业教育(BBNE)的课程和教学实施。第一,"现状调研"行动领域的措施包括"要在联合国可持续发展教育"十年计

①鲁昕. 引领职业教育科学发展系统培养高端技能型人才 EB/OL].(2013-07-05).http://sjb.cdtc.edu.cn/info/1977/1792.htm.

②李玉静,陈衍.2010 年欧盟职教与培训:关注可持续发展与社会和谐[J].职业技术教育,2011(6):65-69.

③杨进.中国职业教育发展报告 2015[M].北京:高等教育出版社,2016:216.

④郭甜.德国可持续发展的职业教育改革及其启示[J].职业技术教育,2018(1):66-71.

⑤郭甜. 德国可持续发展的职业教育改革及其启示[J].职业技术教育,2018(1):66-71.

⑥张烨,蔡翔华.发达国家可持续发展职业教育的概况与启示——以德国和美国为例[J].当代职业教育,2019(1):28-34.

划"中的能力标准基础上,继续制定可持续发展能力标准"等。第二,"职业领域的可持续发展教育潜能开发"行动领域的措施包括"由职业教育委员会或其他组织(如气候联盟)倡导建立可持续发展职业教育(BBNE)联盟,共同推动可持续发展职业教育可持续发展职业教育(BBNE)""通过项目和资金支持职业学校开展可持续发展职业教育可持续发展职业教育(BBNE)改革,如开展学生的可持续发展能力评价项目等"等。第三,"企业和学校建立可持续学习场所"的措施包括"进一步完善职业学校的质量管理方法和标准,将可持续发展职业教育融入职业学校的质量管理体系""建立可持续发展教育团队或可持续发展教育协调员,致力于加强跨专业可持续发展职业教育项目建设和学校可持续发展"等。第四,"可持续能力要求"行动领域的措施包括"制定跨领域的能力评价标准,确定可持续发展职业教育(BBNE)的培养目标""确定各个教育职业中的可持续发展能力,并尝试构建能力模型""检验完善可持续发展能力模型"等。第五,"可持续发展职业教育的课程和教学实施"行动领域的措施包括"依据可持续发展教育相关内容,审批修改《职业教育条例》""依据 BBNE 要求,对《培训师资质条例》(AEVO)中相关内容进行修改""修订和补充现有的师资教育培训相关资料""建立与可持续发展职业教育(BBNE)相关的教学情境标准目录"等①。

德国科学规范的职业教育法律法规体系为可持续发展职业教育奠定了基础。德国可持续发展职业教育(BBNE)改革重视更新《职业教育条例》《培训师资质条例》等配套法律法规条例,将可持续发展职业教育(BBNE)相关内容纳入法规条例中去,为可持续发展职业教育(BBNE)改革提供了根本保障。例如,在"旅游营销人员"职业教育框架教学计划中新增的可持续发展内容有:在可持续发展和环境方面审查和评估旅游产品和服务;旅游对目的地的环境和资源利用产生的影响,并向客户解释;旅游对目的地的环境和资源利用产生的影响,并在旅游设计过程中加以考虑;经济、环保地设计组织旅游活动的可能性;向客户宣传环保措施和可持续发展计划等③。

三、德国绿色技术技能人才培养

对绿色技能,德国联邦经济合作和发展部的定义是"指技能、能力和意愿,去认识和评估职业活动对环境直接或间接的影响,以及对其他人生活和工作条件的影响,并尽可能地避免负面的影响④。"德国绿色经济的发展对绿色技能有着极大的需求。据统计,2011 年德国有近180 万人从事环保及相关服务业,在全球范围内,德国在环境技术方面享有 16%的份额,这使得每年与绿色增长相关的就业人数增加 13%~15%。预计生态产业还会产生 80 万个就业

①鄂甜.德国可持续发展的职业教育改革及其启示[J].职业技术教育,2018(1):66-71.

②鄂甜.德国可持续发展的职业教育改革及其启示[J].职业技术教育,2018(1):66-71.

③鄂甜.德国可持续发展的职业教育改革及其启示[J].职业技术教育,2018(1):66-71.

④Federal Ministry for Economic Cooperation and Development. TVET for a Green Economy [R]. Bonn, Berlin: 2013. http://www.eldis.org/go/home&id=74403&type=Document.

机会,到 2030 年将产生上万亿欧元的营业额。活跃的就业市场和有利的条件使政府将就业战略优先性赋予创新的职业教育和培训系统[①]。德国着手推出绿色技能供给导向的技能培训政策,将绿色技能供给作为职业教育人才培养的重要目标,其主要举措包括积极扩大有关绿色经济行业的学徒培训规模;设置相关的绿色行业职业资格标准,培养绿色行业发展需要的人才;把环境保护意识和管理的相关内容纳入职业教育与培训的课程体系中;积极优化相关的生涯指导服务;提高学习者的绿色经济意识等[②]。

(一)提升职业院校师生可持续发展意识与能力

发达国家工业化历程对生态环境的影响启示人们,科技的快速发展和应用,在给人带来便利的同时,如果没有健康人文价值理念的引导,就会带来很多危险和负面影响。因此,对职业教育学生加强可持续发展理念教育至关重要。德国学者认为,绿色化的职业教育要求师生都能以对能源消耗负责任的态度去生活;通过有理据的论证和沟通,他们必须能够阐释高效能源和资源利用行为的意义,并且合理地阐述每个人如何对可持续发展做出自己的贡献。为此,职业教育需要超越其明确界定的任务界限,努力使学生具备绿色创新意识。要通过多种形式的职业教育活动传承可持续发展理念,目标是提升职业学校师生在能源事务上主动参与和提出建议的意识。这类活动如,本特海姆县(Grafschaft Bentheim)商业职业学校实施的项目,即高等教育和多科学院 12 年级学生组织的名为"活的地球 2.0——和谐气候"的气候保护音乐会,与本地企业的气候保护主题的信息会议共同开办,取得了很大成功,不仅被大量观众重视,而且收入被用作了建设学校的太阳能供电系统的起始资金[③]。

环境专业知识教育贯穿德国整个学历教育体系[④]。为在职业教育中传授绿色专业知识和技能,并呼应联合国"面向可持续发展的教育"十年(2005—2014)的目标,德国联邦职业教育研究所在职业教育中实施了可持续发展试点计划,包含的示范项目涵盖了四个领域:金属与电工业(关注可再生能源和电力交通)、基建与住宅开发、化工以及营养学。成果将被推广到职业教育与培训系统的多个方面,包括职业教育政策、职业教育研究以及职业教育实践[⑤]。

作为《可持续发展教育国家行动计划》的配套项目,德国联邦职业教育研究所(BIBB)受

———————————

[①] UNESCO C G. MEETING REPORT:International Consultation Meeting on Transforming TVET for Meeting the Challenges of the Green Economy [R]. UNESCO,CPSC,GIZ.2011:20,42.http://www.unevoc.unesco.org/fileadmin/user_upload/docs/GreeningTVET_Meeting_ReportBonn2011FINAL.pdf.

[②] 李玉静.绿色技能发展:要求与目标[J].职业技术教育,2013(10):1.

[③] Porath J,Rebmann K,Schloer T. Energy Education at Vocational Schools[J]. Einblicke. 2009(49):52-55.

[④] 托马斯·海贝勒,迪特·格鲁诺,李惠斌.中国与德国的环境治理:比较的视角[M].北京:中央编译出版社,2012:251.

[⑤] Vollmers Burkhard,Winzier Dagmar. Sustainable Development (SD)In Technical Vocational Education And Training(TVET)—A Pilot Programme To Foster "Green" Business[C]. ECER 2013,Creativity and Innovation in Educational Research,2013. http://www.eera-ecer.de/ecer-programmes/conference/8/contribution/22696/.

德国联邦教育与研究部(BMBF)的委托正在实施"可持续发展职业教育试验项目(BBNE 2015—2019)",也确立了三类重点优先发展领域:第一类是为商业领域的教育职业开发可持续发展职业教育(BBNE)设计方案,包括主题式的课程模块、教学大纲和考试要求等。商业领域的教育职业包括批发、外贸、零售、物流交通、健康护理等相关职业。第二类是建立可持续发展教育的学习场所,即在职业教育培训企业(特别是在中小企业)、跨企业培训中心、职业学校和其他教育机构中,建立可持续发展教育的学习场所。第三类是在2017年新增的一类,目标是在双元制职业教育中融入可持续发展理念,除了对教学实施安排做相应的调整,对师资队伍做相应的培训,还要对教师的能力模型进行构建①。

(二)"双元制"职业教育教学注重培养学生的绿色技能

绿色技术的应用和各个职业更高绿色标准的实施将会对企业员工的"绿色胜任力"提出更高要求。考虑到主流的工业、商业和生态产业日益增长的绿色技能需求,德国"双元制"职业教育主要以"整合"的方式做出调整和改进②。德国"双元制"职业教育注重开展行动导向的教学,培养学生包括绿色技能在内的综合职业能力,使学生具备以整体的视野完成工作任务的职业行动能力。这种综合职业能力体现在职业人工作过程与结果的功能性、经济性、环保性、创新性、社会责任感等多个方面,强调负责任的行为能力。其行动导向教学是以职业行动或工作任务为主导的职业教育教学模式,是按照职业活动的要求,以学习领域的形式把与职业活动所需要的相关知识和技能结合起来进行学习。所学的技能中就包括绿色技能。例如,在钢铁行业所需的绿色技能被明确地列在机械技师学徒的15个学习领域的9个之中以及电气技师学徒13个学习领域的7个之中③。

在教学中,无论是校内学习还是企业实践都注重现代生产过程中的绿色新技术、新工艺,学生能够较快地了解行业企业的绿色生产设备、工艺流程和产品以及相应的绿色技能要求。学生在学校和企业进行大量实践和技能训练,有很多机会接触企业实际应用的绿色工艺和设备。教学内容随着生产和管理的需要而更新,学生的清洁、健康、安全的绿色生产意识得以强化,并提高绿色能源、绿色资源材料的节约、高效、循环利用能力,注重自身活动对整个流程及他人、环境的影响并尽力避免负面影响,提升绿色生产生活能力④。为使学生能够达到绿色工作任务要求,还注重及时增加专门的绿色技能教学。例如,对"供暖和空调技师"培训项目增加绿色内容,使学生能从事太阳能安装工作。又如,宝马公司开发的绿色整合训练模块,与"双元制"培训和劳动市场联系都很紧密,获得了德国联邦职业教育研究所2009年度的创新奖①。

① 郭甜.德国可持续发展的职业教育改革及其启示[J].职业技术教育,2018(1):66-71.

② 徐峰.绿色经济背景下职业教育的回应与变革——丹麦、德国的经验与启示[J].职教通讯,2011(17):33-37.

③ Antonius Schröder. Greening technical vocational education and training in the European steel industry[A]. OECD/Cedefop. Greener Skills and Jobs[M].Paris:OECD Publishing,2014.

④ 张荣瑞.全面学习德国职业教育模式 不断扩大全民技能振兴工程成果[J].人才资源开发,2016(9):32-35.

比较而言，我国职业教育在教学实践中有对绿色技能培养窄化和忽视的现象。有的老师仅认为绿色就是清洁卫生、不污染环境，进而认为在专业课教学中没有什么好讲的。例如，笔者曾对我国某职校钳工专业调研发现，相关《国家职业技能标准》有明确的"环境保护知识"要求，但在教材等教学文件中却鲜有相关的表述，只强调专业操作而不提及操作带来的环境影响。这种职业教育教学实践就是非绿色的。职业教育的绿色转型就是要通过教学实践的变革，加强学生的绿色发展理念和能力的培养，使他们能够认识到所学技术技能对经济和社会的价值及负面影响，并学会在职业实践和生活中有意识、有能力避免负面影响。

(三)加强职业教育专业建设绿色化

在德国波恩于 2011 年召开的"转型职业教育 应对绿色经济挑战"国际咨询会议提出，职业教育应首先响应优先发展的绿色经济的需求，比如对工程技师助理、建筑技师、有机农业技师和发电技师(太阳能、风能、沼气和水电领域)的用人需求。该会议认为，课程的结构性改变是当务之急，这种改变包括适应基于本地需求的先进科研技术、提升相关国际标准、工作分析、遵循国家标准和国际标准、基于工作的课内学习、通用技能的融入、课程更新、绿色企业家精神、对来自工作场所的优先技能的认可等[2]。

德国职业学校的专业设置以职业分类为导向，其"双元制"职业教育根据职业体系的资格要求专门设置教学所用的"教育职业"(Ausbildungsberuf，相当于我国职业教育的"专业")。再以《职业教育条例》(Ausbildungsordnung，即每个教育职业的标准)为基础，设置框架教学计划(即职业学校施教的标准)。德国各界呼吁职业教育必须根据经济结构的转换及时调整和更新教育职业及其教育培训计划[3]。为把握劳动力市场对人才的真实需求和发展趋势，德国联邦教育与研究部负责职业资格需求研究以识别未来各类技术工人资格要求，联邦职业教育研究所则运用工作岗位广告分析、问卷调查等手段分析新职业(专业)岗位技能要求。德国把对教育职业的现代化改造视为德国职业教育新的生长点。一是人才培养标准中有明确的绿色要求。一方面，《职业教育条例》中的"教育职业规格"有绿色要求。该条例由政府相关部门、联邦职业教育研究所及相关社会伙伴共同制定，是遵循知识、技能和能力循序渐进积累逻辑的教育标准的一部分。教育职业规格(Ausbildungsberufsbild)作为该条例的一个核心部分，是对教育对象技能、知识和能力的综合要求。根据联邦职业教育研究所主委员会 2014 年发布的规范化要求，教育职业规格描述的一个组成部分是职业规格条目。按照规范，所有教育职业的职业规格条目中都有绿色要求，即"工作中的安全和健康保护"与"环境保护"。例

①徐峰.绿色经济背景下职业教育的回应与变革——丹麦、德国的经验与启示[J].职教通讯,2011(17):33-37.

②UNESCO C G. MEETING REPORT：:International Consultation Meeting on Transforming TVET for Meeting the Challenges of the Green Economy [R]. UNESCO,CPSC,GIZ.2011:20,42.http://www.unevoc.unesco.org/fileadmin/user_upload/docs/GreeningTVET_Meeting_ReportBonn2011FINAL.pdf.

③黄尧.职业教育可持续发展战略研究[M].北京:高等教育出版社,2011:159.

如,手工业/工业类教育职业的职业规格条目包括"职业教育,劳动法和工资协议法""教育培训企业的结构和组织""工作中的安全和健康保护"和"环境保护"①。另一方面,由各州文教部长联席会制定并发布的、相应教育职业在职业学校实施所依据的标准——框架教学计划(Rahmenlehrplan)的内容都包括安全技术和环境生态两部分。二是更新现有教育职业并在新兴行业增加教育职业,实现职业教育专业的动态调整。德国的教育职业是国家规定且被承认的职业教育专业,其数量近年稳定在三百余个。更新《职业教育条例》是联邦职业教育研究所的工作任务。当出现新的规格要求或现有条例不能反映劳动力市场需求时,根据社会伙伴(主要是雇主协会和雇员协会)的提议,联邦职业教育研究所即展开调研,按照基本原则和程序开始更新工作。据统计,在 1996 年和 2009 年间,共创设了 82 个教育职业,对 219 个教育职业做了更新。2002 年新增了 4 个"绿色"的"双元制"教育职业②。修订后的教育职业更加重视环保、低碳经济相关内容。从 2004 年到 2013 年,新增了 29 个教育职业,更新了 179 个教育职业③。对教育职业的改革和更新及时反映了工作世界的绿色技能需求。但也有研究显示,德国职业教育的专业结构仍没有紧随产业结构的调整步伐,导致许多部门缺乏技术人才。例如,德国可再生资源产业正面临合格工人的短缺问题,可再生资源部门需要越来越多的技术技能工人④。

德国"双元制"职业教育制度决定了企业是职业教育人才培养的核心主体,参与人才培养的全过程,企业一方的培训计划由企业完成,学生整个学习时间的三分之二在企业完成,企业为学生配备专职的培训师傅负责学生在企业的培训工作,企业还为学徒提供具有不同特征的不同学习地点进行培训,如培训车间、技术中心、工作岗位等。这样,行业企业最新的绿色技术技能要求能够快速地反映到职业教育教学之中。比较而言,尽管 20 世纪 90 年代以来中国在政策上一直鼓励行业企业参与职业教育,但由于缺乏校企合作的保障机制,行业企业参与人才培养的程度非常有限,大部分企业在对学生进行简单的岗前培训后,将学生作为熟练劳动力使用。这也使得我国职业教育中的绿色技能教学存在"先天"短板。

四、德国职业院校的绿色科研与社会服务

在绿色科研方面,德国职业院校积极参与生态环保技术及应用研究。

联合国教科文组织国际职业技术教育与培训中心、原德国国际继续教育与发展协会、科伦坡计划职员学院、德国水处理协会组织于 2010 年的"绿色职业教育和可持续发展:水教育

①谢莉花.德国职业教育的"教育职业标准":职业教育条例的开发内容、路径与经验[J].外国教育研究,2016,43(8):28-40.

②徐峰.绿色经济背景下职业教育的回应与变革——丹麦、德国的经验与启示[J].职教通讯,2011(17):33-37.

③王启龙,石伟平,李君敏.哥本哈根进程后德国促进职业教育的经验与启示[J].中国职业技术教育,2015(3):66-70.

④徐峰.绿色经济:我国职业教育发展的必要观照[J].职教通讯,2016(4):1-4.

能力开发需求教育国际专家研讨会"。与会代表就职业院校与行业企业、研究机构等利益相关方广泛合作,通过开展绿色科研,开发绿色工具、技术和工艺流程,对推动绿色化职业教育及可持续发展社会的重要作用达成了共识①。国际职业技术教育中心职业技术教育人力开发小组组长、德国国际合作协会的哈里·斯托特(Harry Stolte)强调,从德国的角度看,绿色增长不仅被看作实现经济增长的一种过程,更是减少环境影响的经济过程的生态重构。他着重研究国际劳工组织提出的绿色技能和绿色工作有关观念,提出了落实面向可持续发展的教育到职业教育中的框架②。

德国政府重视职业教育的绿色研究工作,并将德国联邦职业教育研究所作为重要的研究机构③。德国联邦职业教育研究所专门设立资助项目来支持 2011 年德国政府提出的"能源政策转向"政治决策。开展的示范项目如电动交通和再生能源领域的"BEE-Mobile"——技能型手工艺行业的职业教育,研究近海风力能源系统安装和服务人才的能力和资格需求的"近海能力"示范项目④,以及"再生能源和能效专家"等项目⑤。对这些项目相关领域的专业人才和技能工人进行定性和定量的实证研究。实证研究的结果作为职业教育培训可持续性项目设计的起点。示范项目的成果被要求传播到德国职业教育与培训系统的所有层面。

德国还设有很多以可持续发展为主题的基金项目,以利于职业院校学生学习和践行可持续发展。例如,麦卡托中德伙伴学校基金支持的可持续发展项目。在 2017 年初的麦卡托中德伙伴学校基金交流项目申请中,来自柏林州、巴登符腾堡州、巴伐利亚州、汉堡州、北威州和莱法州的 12 所学校的项目入选。脱颖而出的学校有不少是职业院校。这些交流项目,如"未来的流动""环保饮食""绿色物流"等,关注可持续发展课题,同时具有较强的研究性和实践性,受到较多和青睐和支持①。

---

①Green TVET and ESD:Capacity Development Needs for Water Education International Experts' WorkshopEB/OL].(2010-12-17).http://www.unevoc.unesco.org/go.php?q=International+Experts+Workshop+on+Green+TVET+and+Education+for+Sustainable+Development%3A+Capacity+Development+Needs+for+Water+Education%2C+Munich+and+Magdeburg%2C+Germany%2C+12-17+September+2010.

②UNESCO C G. MEETING REPORT:International Consultation Meeting on Transforming TVET for Meeting the Challenges of the Green Economy [R]. UNESCO,CPSC,GIZ.2011:20,42.http://www.unevoc.unesco.org/fileadmin/user_upload/docs/GreeningTVET_Meeting_ReportBonn2011FINAL.pdf.

③Green TVET and ESD:Capacity Development Needs for Water Education International Experts' Workshop[EB/OL].(2010-12-17).http://www.unevoc.unesco.org/go.php?q=International+Experts+Workshop+on+Green+TVET+and+Education+for+Sustainable+Development%3A+Capacity+Development+Needs+for+Water+Education%2C+Munich+and+Magdeburg%2C+Germany%2C+12-17+September+2010.

④近海风能系统安装的国际标准已被融入欧洲资格框架标准中。不来梅大学的技术和教育研究所分析了近海风力能源系统安装和服务人才的能力和资格需求,研究结果引领该专业领域教育课程的设计。

⑤Vollmers B,Kuhlmeier W,Vollmer T,et al.Vocational Education And The Turnaround In Energy Policy In Germany-Three Model Projects With Scientific Monitoring[C].Istanbul:The European Conference on Educational Research 2013,2013:8-21404.http://www.eera-ecer.de/ecer-programmes/conference/8/contribution/21404/.

一些职业院校将绿色校园建设与专业建设结合起来,在深化专业绿色化的同时,推动绿色科研和绿色技术的实践应用。例如,维斯玛应用科技大学在绿色校园建设规划、节能环保技术应用、绿色教育实施等方面开展了卓有成效的工作,在建筑墙体保温技术、建筑楼宇节能控制、新能源研究与开发、建筑智能化、可再生能源及废水处理等方面的研究和技术应用都有突破性成果。维斯玛应用科技大学2020环保校园规划还得到了国联邦环境基金会等机构的资金支持,主要实施措施包括提高建筑内的能源使用效率、降低能源消耗;使用太阳能及风能等新型能源;增设室内空气质量监测及指示设备;以及建立环保管理机构,管理人员涵盖大学各个部门,定期举办环保活动、对教师和学生进行培训、制定相关校规、收集整理全校资源消耗及废物产出信息等[②]。

《国家行动计划》明确了德国可持续发展的专业行动和能力参考模型的四个维度:绩效维度、能力维度、行动维度、学习维度,分别从社会系统的可持续发展、可持续发展的能力模型、职业和工作中的可持续发展、可持续发展的促进措施四个角度强调了可持续发展的能力标准和基本要素。

(一)绿色社会服务

职业教育的绿色社会服务主要是职业院校与行业企业及社区加强合作,推进企业生产及社会生活中生态相关问题的解决。德国职业院校历来重视与行业协会的合作,生态建设是一个重要的合作领域。例如,很多职业院校参与了德国水协会的员工培训项目。德国有约一万个废水处理厂,一大批训练有素的人员在德国运行和管理着水事业。德国水协会主要关注德国的水和污水处理行业,该行业在德国的6500个水公用事业单位服务着8200万人口。德国水协会从七个核心领域指出了从业人员培养的方向:规则与标准、培训、认证、信息、网络、会员,以及国际合作研究。职业学校与德国水协会广泛合作,培训本行业劳动力所需的能力,涉及的绿色职业如"环境工程"有不断增长的培训需求,与向绿色经济的过渡一致[③]。

绿色社会服务还包括推动绿色技术在国际社会的传播。例如,我国与德国的职业教育合作项目"中德环境技术职业教育合作中心"于2014年在青岛成立。该中心的工作之一是在技术领域按德国模式给绿色职业建立一套统一的职业教育标准,为海外德国企业及当地企业培养专业人才[①]。

①中华人民共和国驻德国使馆教育处.麦卡托中德伙伴学校基金支持可持续发展项目 J/OL].德国教育动态信息,2017(1). http://www.de-moe.edu.cn/article/read/12146-20170101-4248/years.

②韦如意,薛玉平,曲同颖.借鉴德国经验优化生态校园建设研究[J].青岛职业技术学院学报,2013(5):72-76.

③UNESCO C G. MEETING REPORT:International Consultation Meeting on Transforming TVET for Meeting the Challenges of the Green Economy [R]. UNESCO,CPSC,GIZ.2011:20,42.http://www.unevoc.unesco.org/fileadmin/user_upload/docs/GreeningTVET_Meeting_ReportBonn2011FINAL.pdf.

德国职业院校师生有很多机会直接参与企业生产。在德国"双元制"职业教育中,学生有一大半的时间在企业接受培训。其间,很多企业允许学生直接参与车间生产和服务工作,在企业师傅指导下通过直接参与企业业务创造商业价值。这个过程不仅让学生习得了生产一线的绿色要求,也使学生将通过学习获得的生态理念和绿色技能应用于实践。

职后继续教育是德国职业教育的重要组成部分。职业院校和培训企业是德国职后继续教育的重要主体。通过开展职后继续教育,对参加工作后的学习者进行职业培训,德国职业教育能够在更大范围上推动职业教育的生态理念发展和绿色技能提升,从而为全社会的生态建设做出持续贡献。

五、启示及对策建议

(一)要重视职业教育在生态建设中的作用

当前,在"绿色"新发展理念指引下,我国各类绿色经济形态快速发展,社会生态文明建设不断深入。在国家绿色发展的大战略背景下,职业教育理应有所贡献,并且确实有相应的发展潜力。但在现实中,我国职业教育在技术技能人才培养过程中却有忽视行业企业绿色发展急需的绿色技术技能培养的现象。在国际上,绿色职业教育是一个研究热点,包括德国在内的多个发达国家,甚至非洲、拉美的一些经济发展落后地区都越来越重视职业教育在生态建设中的作用。在这一大趋势下,我国职业教育在向内涵式发展转型的过程中亟须反思绿色技能培养问题,要重视发挥自身在生态建设中应有的作用。

(二)多途径实现职业教育助推生态建设的作用

为提升自身在生态建设中的作用和价值,职业教育既要通过培养学生的绿色技能间接支持经济社会的绿色发展,也要利用好自身专业、人才、资源优势,直接服务生态建设。当前尤其要加强培养绿色技能人才,通过可持续发展意识与能力培育、专业技术技能教育、绿色科学研究项目引领,提升学生的绿色技术技能素质,满足我国经济社会绿色发展的技能需求。为此,需要深入推进职业教育产教融合,使职业院校教学、科研充分反映变化中的工作世界的真实绿色技能需求。德国"双元制"职业教育实现了高度的产教融合,产业界深度参与职业教育条例制定、学习领域开发以及具体的教学实施。我国职业教育产教融合已经提出和推进很多年了,如今进展如何? 绿色技能培养水平是一块试金石,可用以判断职业教育是否准确把握了企业的技能需求,职教课程内容是否真正对接了职业标准,在哪些环节上还没有做好产教融合工作。

---

①李国强.中德合作建立"绿色职业"职教合作中心[J].世界教育信息,2014(11):75.

(三)注重培养职教学生的绿色行为主体性

一是要切实关照学生的发展诉求和权益。德国职业教育对学习者权益的良好保障被认为是提升学习者绿色主体意识和能力的基础性工作。德国学者埃瓦·汉诺(Eva Hanau)指出,控制和指导自己生活的自由,以及有意识地做出自己的选择,是人愿意坚持可持续发展原则所需要的;而社会保护个人权益(通过法律或利益相关者代表)是使个人处于一种地位,进而使他也考虑到公众(他人、环境、公司)的需要和权利并采取相应行动的先决条件;在这方面,德国职业教育的大部分培训是以公司为基础的,其学员享有作为雇员的个人权利(包括公平的工资、防止非法解雇的保护、工作中的健康和安全措施、社会保护等);在此基础上,他们必须熟悉并遵守法律要求,包括公司内的职责以及可持续发展的环境和社会方面 (诸如不歧视、负责任和有序处理废物等问题)①。国际上很多国家的职业教育不享有较高声誉,与年轻学习者被视为廉价工人、仅享有较少的个人自由和保护,以及缺乏社会尊重有很大关系,不应让学习者过多体验到权益受损。如果个体认为其他组织或个人忽视他们的需求,当他人的生态权益受到损害时,他也很可能不会主动运用绿色技能付诸有关行动。因此,关于职业教育的讨论应重视职业教育学生的发展权益。只有职业教育学生的权益得以保障,他们的地位得以提高,他们才能得到社会的尊重和认同。相应地,他们就要承担起相应的责任,包括尊重他人和社会,关注和解决环境以及经济社会的可持续发展问题。反思我国的现代职业教育发展,如何达到既满足个体知识、能力提升与生涯发展的需求,又满足经济社会的技能需求和可持续发展需要,仍是一个有待解决的重要课题。

二是要从培养学生的完整人格出发,把绿色技能培养与其他职业素养、能力培养相结合,培养全面发展的职业人。一方面,在培养学生综合职业能力过程中不应忽视绿色技能。另一方面,要广泛参与绿色技能培养方面的国际合作,应加强与德国、澳大利亚、美国、英国等先行国家关于深化职业教育绿色技能培养主题的国际交流与合作。

(四)以生态建设为抓手推动现代职业教育发展

党的十九大报告指出,建设生态文明是中华民族永续发展的千年大计,要实行最严格的生态环境保护制度,形成绿色发展方式和生活方式。我国现代职业教育发展作为教育事业发展的重要组成部分,也应坚持绿色发展。要学习借鉴世界先进成果,以生态建设为抓手,一方面,将可持续发展理念、绿色知识、技术、技能教育全面贯穿到职业教育校企合作育人实践中。要使职业教育实践及时反映绿色生产生活的最新需要,培养学生可持续生产和可持续消费的理念,成为能够开展绿色生产实践、会过绿色生活的职业人。

---

① Eva Hanau. What are the roles and limits of TVET in moving towards sustainability?[OL](2017-12-13).https://unevoc.unesco.org/go.php?q=e-Forum+-+Message+Board&thread=3858#14.

　　另一方面,跟随我国绿色低碳循环发展的经济体系建设的趋势做好职教专业建设。要根据绿色经济、绿色职业发展所需新的技术技能人才需求,建设好相应的绿色专业和课程,使职业教育课程保持发展活力,紧密对接经济体系绿色行业标准。为此,在职教师资培养、办学条件建设、课程资源开发、职业教育质量评估等方面都要做出相应变革。可以说,抓好生态建设这个抓手,有利于全面推动我国现代职业教育发展。在每个方面,我们都需要结合自身实践来探索创新,同时也应积极了解和借鉴国际先行经验。例如,德国积极将绿色职业教育理念纳入职业教育教师和专家的教育培训项目中,马格德堡大学已将可持续发展相应议题纳入其开展职业教育教师和专家培训项目中,并建立了可持续发展职业教育模块[1]。

①杨进. 中国职业教育发展报告 2015[M].北京:高等教育出版社,2016:216.

第六章　重庆市现代职业教育教师发展问题研究

从前述问卷调研结果看，现代化技术对重庆市职业教育的整体影响不大，对职业教育教学改革的作用微弱。重庆高职院校主要通过教务系统、线上课程、学生上网记录获取纸质和电子化学生学习过程信息。但这些信息的数据化、整合化程度不高，使得教师在教育教学中为了解学生学习历史和学习基础不够便捷，需要分别查阅不同来源的纸质和电子系统记录。

现场调研和访谈也确认了这一问题的存在，且中职学校的信息化水平相比高职院校更加落后。大多中职学校的信息化止于智慧校园、多媒体教室，对教学资源库的利用效率低，更谈不上主动建设教学资源库。

第一节　大数据与人工智能在职业教育中应用的会议调研

通过参与大数据与人工智能研究者及前沿实践者的科学报告、专题汇报和相互探讨，有利于更准确了解大数据与人工智能在教育乃至职业教育中的应用情况，从而为本研究了解大数据等现代技术在重庆职业教育中的应用提供权威数据支撑。

一、调研问题

"大数据应用在重庆现代职业教育发展中存在的问题"是本研究的一个关注点。为此，首先要了解大数据的典型应用方式；其次，了解大数据在教育中的典型应用；再次，分析大数据在职业教育中的应用情况及存在的问题，从而有利于进一步了解重庆职业教育的大数据应用相较普通教育及整个社会的大数据应用的相对情况。

为回答这三个问题，恰逢第一届全国大数据与人工智能科学大会在重庆召开，本项目组部分成员参与了会议，想要了解在大数据和人工智能权威人士眼中，大数据和人工智能技术在教育尤其是职业教育中的应用现状、前景和存在的问题。

二、调研过程

2018 年 7 月 6~7 日,由中国工业与应用数学学会(CSIAM)大数据与人工智能专业委员会、中国计算机学会(CCF)大数据专家委员会主办,重庆师范大学、重庆市科学技术协会联合承办的第一届全国大数据与人工智能科学大会在沙坪坝区融汇丽笙酒店召开。来自全国各高校、科研院所和企业的专家、学者围绕大数据与人工智能领域当前研究热点进行深入交流研讨。论坛囊括了大数据与人工智能领域应用到各个行业的成果,包括网络、机器人、医学、金融、城市大数据等多个领域。

为了解大数据与人工智能的最新发展、社会应用,尤其是其对各个行业人才需求的影响、在教育乃至职业教育中的应用情况,笔者参加了这次权威大会。

三、调研发现

笔者几乎全程参与了会议,参会后的整体体会是,整个会议主要围绕大数据和人工智能的最新发展以及相关技术的行业应用进行,案例很多,但涉及人才需求的内容很少。这些现代应用给企业的经营管理带来很多便利和盈利点,但这些贡献似乎是科研人员的成果和成绩,而其他人才尤其是技能型人才的作用并未在会上被强调。

总结参会发现,主要有以下几个方面:

1.大数据及人工智能的应用仍处于探索阶段

作为现代工业基础和代表的大数据与人工智能技术,目前在各行业领域的应用仍处于探索阶段。相关应用既不成熟,也没有大范围的展开。本行业科研人员认为这类应用普遍存在瑕疵和改进空间,技术成熟和大范围推广应用还有待时日。

2.目前行业企业的大数据与人工智能技术对职业院校的直接影响较小

所谓直接影响,就是在职业院校的教育教学中直接应用到大数据与人工智能技术。整场会议,16 个分会场,与教育最可能相关的专题笔者都参加了,发现这类现代技术在教育尤其是职业教育中的应用几乎未被提及。可见,大数据和人工智能技术在职业教育中的直接应用不受专业技术人士的关注,对职业教育的直接影响还很小。

3.行业企业的大数据与人工智能技术对职业教育的间接影响将很快到来

职业教育的教育内容更新具有滞后性。行业企业的最新技术应用反映到职业院校教学中需要经过兼职教师教学、教师企业实践、行业企业人才需求调研等多种途径的工作,因此职业院校教学内容的更新往往比行业企业的最新实践滞后很多。当前以大数据与人工智能为代表的现代教育技术在行业企业如火如荼地探索应用,其应用规模越来越大,不难预计未来实际执行这些应用的中高级技能人才需求会越来越多。

在激烈的竞争压力下,行业企业的技术更新换代越来越快,大数据与人工智能技术的应用料将快速普及,对职业教育的间接影响将很快到来。我国职业院校应及时关注相应趋势尤其是相应技能人才的最新需求,提早做好更新教学计划、创新教学方案的准备。

第二节　重庆中职学校现代教育技术应用问题调研

一、调研问题

重庆中职学校对大数据等现代技术的应用情况及存在的问题。

二、调研过程

具体调查方法:访谈法——座谈、个别访谈,现场考察——现场观察、实地交流。

调研实施过程:2018 年 10 月 24—30 日, 课题负责人参与重庆师范大学职教基地承办的"2018 年职教师资培训需求调研与规划能力提升市级培训班"培训,先后赴重庆永川与江津等实地调查。分别考察永川职教中心、重庆江南职业学校,并与永川区、江津区、九龙坡区的 10 余所中职学校领导、教师进行了座谈,其间注重了解这些中职学校对大数据等现代技术的应用情况及存在的问题。

三、调研结果

调研发现,这些中职学校对大数据等现代技术的应用落后或说缺失严重,缺乏基本的教育技术应用,且已有的应用效果不明显,教师与教育管理者的理念也有待更新。

1.对课程网络化无规划、无进展

通过与中职校领导座谈得知,几所中职学校,包括国家级示范校都没有在线课程建设的规划,在教学实践中也未见教师有相关的实践。

2.优质在线课程利用率极低

基本没有学校领导回应本校教学用到了在线课程。

3.学校教职工缺乏现代教育技术理念

这些学校对现代职业教育教学技术应用率低。在教学技术发展上最多止于多媒体教室以及实训车间,缺乏探索"互联网+"。例如,缺乏远程观摩技术的应用,不能让学生在理论教学中同时远程观察到工作现场的场景;企业师傅对中职学校的兼职教学也难以进行远程教学。通过调研反思发现,这些学校缺乏探索和尝试的主要原因学校教职工的现代教育技术理念有待更新。在很多学校管理者的观念中,有很多涉及学校生存的大事需要处理,他们不认为现代技术在本校教育教学中应用的紧迫的事情,认为等政府有关部门制定政策、提出要求再做相应工作也不迟。

4.人才培养目标等方面的其他问题

本阶段调研还发现了一些非现代技术应用的其他突出问题:

一是中职学校的人才培养目标过于低端。中职教育本应培养中初级技术技能人才。但调研发现当前重庆这些地区中职学校的人才培养目标普遍定位过低,缺乏层次感,难以培养出中级技能人才。过于低端的技能人才很容易被市场淘汰,低端岗位也容易在智能化时代被人工智能等技术替代。显然,如果仅把培养目标定位在为企业提供人力上,这种职业教育教育也具有很大的替代性,因为企业招募劳动力进行短期培训也能达到基本要求。因此,必须设法提升人才培养层次,拓展人才培养类别,摆脱只培养基本专业技能的困境。重庆中职教育应探索在高技能、创新创业能力、升学深造等方向拓宽人才出口。

鉴于这种现实状况,进一步研究中职教育是否符合本地技能人才需求意义已不大。由于掌握初级技能的人力资源在不同行业不同专业间的可替代性很强,我们不必再对中职教育不同专业大类是否满足行业需求进行调查研究。

二是中职学校领导的办学理念有待更新。比较而言,东部职业教育发达地区都在强调综合职业能力培养,而调研发现重庆市中职教育仍止于注重技能传授。仅仅传授技能是远远不够的,还应该培养学生获取信息、制定计划、协同决策、专业实施、检查控制、综合评价的职业行动能力。中职教育的功能也不仅仅是学历教育,还应包括社会服务,并在服务实践中带动学生参与实践、培养创新意识、提升专业技能、方法能力和关键能力。此外,有些农村职校认为开办涉农专业不利于招生。农村职业学校就不能开办涉农专业吗?学校应积极参与本地农业现代化改造,在新农村建设和现代农业发展中发挥技术和思想引领作用,同时通过相关实践培养具备农业创新能力的现代农业人才。不应因"农民不想让自己的孩子涉农"就不开设涉农专业,关键要通过学校的社会服务功能发挥,让本地的农民看到农业的未来希望,看到农业职业教育的重要作用。

四、对策建议

1.打通智慧校园建设最后一公里

应建立学生学习过程综合记录与查询系统,便于教师发现学生的学习基础,从而更好地实现因材施教。

调研了解到，当前已开展的数字校园建设，着重于学校管理的便利性，建设重点普遍是课程管理、学生成绩管理、招生、教学资源库、图书资源管理等，唯独忽略了对学生成长过程的关注。

下一步的建设重点应是通过技术手段打通各系统模块，形成沟通多个数据库的学生学习过程综合记录与查询系统，使教师通过该系统入口能够调用其他系统关于学生学习过程和结果的数据。比如，查询学生名字后了解其学过的课程和成绩、社会实践情况，了解其图书借阅记录，了解其上网偏好，了解其参与社团情况。这样，教师就能大致了解学生的学习偏好、个性特长，从而做出有针对性的培养方案，便于后续课程更有针对性，以及帮助学生做出更合理的职业生涯规划。

2.教育资源区域共建共享有待提速

教育资源的区域共建共享实践在重庆市早已规划和起步，但进展显缓慢。比如，中职计算机专业和建筑专业数字教学资源的共建共享，已开展三年多了，但仍未实现共享。建议这类资源的建设在整体规划下按边建边享的步骤实施。从应用中获取改进经验，通过有针对性的完善实现更大的应用价值。

3.对中职学校教职工和校领导加强现代技术培训

应通过培训，帮助职业院校教职工和校领导认识现代教育在教育中的应用价值和方式方法，使他们摆脱畏难情绪和种种错误观念。比如，认为单个学校无力进行数字资源建设、数字教学资源建设只能由政府教育部门规划实施、现代技术的应用需要很多资金等等。

第一，对"单个学校无力进行数字资源建设"问题：一些特色数字资源库只能由学校单独建设，相对于技术而言，激励制度更加重要，而它并不需要大量资金。

第二，对于"数字教学资源建设只能由政府教育部门规划实施"问题：职业院校注定要朝着多样化方向发展，各校自身特色会越突出，哪怕是同一个专业，教育教学也会有差异。而政府教育部门组织建设的数字教学资源仅是资源供给，如何应用还是看各校的教育实践需要。过于依赖教育部门，以教育部门的资源供给为标杆开展教学，就会走入办学误区。现代技术的应用不是政府部门的责任，这方面工作进展缓慢不应归咎于教育部门的平台建设工作不到位。比如，平台上某一个专业的在线课程，必定是依某本教材开展的，实际上各职业院校认为好的教材多种多样，不能都来指责平台的教材选得不好。就教育部门组织建设的资源，各校应根据自己的办学定位和实际需要，择期可用而用之。

此外，认为现代技术的应用需要大量资金也是错误观念。现代技术的应用并不都需要大量资金，比如，教师可以借助现有媒体在教学中引入其他优质课平台的录像。

参 考 文 献

[1]蔡泽寰,肖兆武,蔡保.高职制造类专业人才培养要素优化探析——基于"中国制造 2025"视域[J].中国高教研究,2017(2):106-110.

[2]陈玉成,杨志敏,何娟.高速公路服务区污水生态土壤处理的基质配比研究[J].环境科学,2011(4):1066.

[3]董仁忠,季敏,刘新学.江苏省中职教师企业实践政策执行情况调查[J].职业技术教育,2015(33):38-45.

[4]鄂甜.德国可持续发展的职业教育改革及其启示[J].职业技术教育,2018(1):66-71.

[5]佛朝晖.职业学校教师企业实践的国际经验与启示[J].教育与职业,2017(10):42-46.

[6]高文杰.职业教育现代化标准的认知与开发理路[J].中国职业技术教育,2017(21):11-16.

[7]耿世刚,齐海云.环保职业教育中环保行指委的角色期待[J].中国环境管理干部学院学报,2013(10):72-74.

[8]广东环境保护工程职业学院.循环经济与低碳经济系教学特色及资源[EB/OL].[2018-06-02].http://zs.gdpepe.cn/gb/profession3.asp.

[9]郭亚丽.《中国中等职业教育质量年度报告(2018)》在京发布[OL].(2019-02-26).https://baijiahao.baidu.com/s?id=1626141421479293795&wfr=spider&for=pc.

[10]哈罗德·拉斯韦尔.社会传播的结构与功能[M].何道宽,译北京:.中国传媒大学出版社,2013:42.

[11]何兴国,赵志群,沈军.中职学生职业能力现状及影响因素分析——基于重庆市 25 所学校的实证研究[J].现代教育管理,2016(1):97-101.

[12]和朝东,杨明,等.北京市产业布局发展现状与未来展望[J].北京规划建设,2014(1).

[13]和震,李玉珠,魏明,等.职业教育产教融合制度创新.科学出版社,2016.

[14]华龙网:第一届全国大数据与人工智能科学大会在重庆闭幕[OL].(2018-07-08).http://news.cqnu.edu.cn/info/1035/9324.htm.

[15]黄尧.职业教育可持续发展战略研究[M].北京:高等教育出版社,2011:159.

[16]江波,张端鸿,蔡三发.国际可持续发展教育政策研判[J].世界教育信息,2015(1):12-15.

[17]李国强.中德合作建立"绿色职业"职业合作中心[J].世界教育信息,2014(11):75.

[18]李军.环境保护职业教育路在何方?[N].中国环境报,2013-07-22(4).

[19]李玉静,陈衍.2010 年欧盟职教与培训:关注可持续发展与社会和谐[J].职业技术教育,2011(6):65-69.

[20]李玉静.绿色技能发展:要求与目标[J].职业技术教育,2013(10):1.

[21]刘海艳."双师型"视角下的中职新任教师入职培训探究[J].教育现代化,2017,(14):81-82.

[22] 鲁昕.引领职业教育科学发展系统培养高端技能型人才EB/OL].(2013-07-05).http://sjb.cdtc.edu.cn/info/1977/1792.htm.

[23]毛乃佳,林凤.基于 CIPP 模型和柯式模型构建教师培训评估体系[J].背景教育学院学报,24(4):15-17.

[24]倪伟.77 名空军士兵从蓝翔技校毕业开挖掘机是重要学习内容[OL].新京报,2018-06-12.https://news.html5.qq.com/share/7398474785717320868?url=http%3A%2F%2Fkuaibao.qq.com%2Fs%2FNEW2018061200862800&ch=060000&qbredirect=&share=true&sc_id=sxea2EC.

[25]聂廷勇.重庆市环境保护产业发展报告(2016)[EB/OL].(2016-11-01).[2018-05-24].http://www.cenews.com.cn/sylm/hjyw/201611/t20161101_810716.html.

[26]冉云芳,石伟平.省际中职生均经费支出差异性的实证研究——基于2000-2011年的面板数据分析[J].教育科学,2014(30):13-21.

[27]邵培仁.传播学[M].北京:高等教育出版社,2015:95,78.

[28]孙绵涛.关于国家教育政策体系的探讨[J].教育研究,2001(3):8-11.

[29]谭宏,李守林.职业院校教师到企业实践现状及对策探析[J].中国职业技术教育,2017(22):63-66.

[30]谭绍华,韦永胜.省域职业教育现代化指标体系研究--以重庆市为例[J].中国职业技术教育,2016(03):23-29.

[31]唐智彬,欧阳河,任陈伟."以学习者为中心":论职业教育现代化人才培养模式变革[J].职教论坛,2017(34):14-19.

[32]托马斯·海贝勒,迪特·格鲁诺,李惠斌.中国与德国的环境治理:比较的视角[M].北京:中央编译出版社,2012:251.

[33]王红云.环境保护高等职业教育的现状调查与分析[J].环境保护,2008(10):43-45.

[34]王启龙,石伟平,李君敏.哥本哈根进程后德国促进职业教育的经验与启示[J].中国职业技术教育,2015(3):66-70.

[35]韦如意,薛玉平,曲同颖.借鉴德国经验优化生态校园建设研究[J].青岛职业技术学院学报,2013(5):72-76.

[36]邬晓燕.德国生态环境治理的经验与启示[J].当代世界与社会主义,2014(4):92-96.

[37]谢莉花.德国职业教育的"教育职业标准":职业教育条例的开发内容、路径与经验[J].外国教育研究,2016,43(8):28-40.

[38]徐春妹,方健华,理念·制度·方法:专业教师企业实践培训模式的系统建构——以江苏省为例[J],职业技术教育,2018(39):50-54.

[39]徐峰.绿色经济背景下职业教育的回应与变革--丹麦、德国的经验与启示[J].职教通讯,2011(17):33-37.

[40]徐国庆.美国双元制职业教师培养模式研究--以俄亥俄州为例[J].全球教育展望,2011(8):89-91.

[41]徐涵.德国中等职业教育教材建设与管理及启示[J].比较教育研究,2018(4):101-107.

[42]徐君,邱雪梅.成人转化学习理论述评[J],教育发展研究,2010(21):42-46.

[43]许艳丽.增强职业教育吸引力的传播策略研究—基于拉斯韦尔传播模式视角[J].中国职业技术教育,2018(7):62-67.

[44]杨进.谈中国职业教育现代化愿景[J].高等职业教育探索,2016,15(05):1-6.

[45]杨进.中国职业教育发展报告2015[M].北京:高等教育出版社,2016:216.

[46]张红燕.基于BLK'21'计划的德国可持续发展教育[J].陕西教育(高教版),2008(1):110-111.

[47]张荣瑞.全面学习德国职业教育模式不断扩大全民技能振兴工程成果[J].人才资源开发,2016(9):32-35.

[48]张烨,蔡翔华.发达国家可持续发展职业教育的概况与启示——以德国和美国为例[J].当代职业教育,2019(1):28-34.

[49]赵艳,马颖,等.国内培训效果评估模型的应用现状与思考[J].中国公共卫生管理,30(6):793-795.

[50]中国市场调研.2017-2023年中国重庆环保市场深度调查分析及发展趋势研究报告[EB/OL].(2017-07-21).[2018-05-27].https://wenku.baidu.com/view/8a1cc5dbab00b52acfc789eb172ded630b1c98a1.html.

[51]中国职业技术教育学会课题组."十二五"以来我国职业教育重大政策举措评估报告[J].职业技术教育,2017(38):10-32.

[52]中华人民共和国驻德国使馆教育处.麦卡托中德伙伴学校基金支持可持续发展项目J/OL].德国教育动态信息,2017(1).http://www.de-moe.edu.cn/article/read/12146-20170101-4248/years.

[53]中商产业研究院.2017重庆市旅游业数据分析:旅游收入同比增长25%(附图表)[DB/OL].(2018-2-12).
http://www.askci.com/news/chanye/20180212/092410118119.shtml.

[54]重庆市大足区教育委员会.西南大学资源环境学院携手重庆资源与环境保护职业学院举行"结对帮扶框
架协议"签字仪式[EB/OL].(2018-03-30)[2018-05-30].http://www.cqdzjw.cn/ejym.asp?news_id=98702.

[55]重庆市第一批智慧校园建设示范学校入选名单公示[EB/OL].(2018-12-18).http://degree.cqedu.cn/Item/
33013.aspx.

[56]重庆市环保产业协会.重庆24家环保类上市公司2017年业绩出炉[EB/OL].(2018-05-04).[2018-05-26].
https://www.17suzao.com/news/detail-3377.html.

[57]重庆市环境保护局.重庆市开展生态文明教育教材普及工作[EB/OL].(2015-05-29)[2018-05-29].http://
www.cepb.gov.cn/doc/2015/05/29/100922.shtml.

[58]重庆资源与环境保护职业学院.重庆资源与环境保护职业学院2018级招生专业介绍[EB/OL].(2018-03-
20).[2018-05-27].http://www.cqzhxy.cn/index.php?m=content&c=index&a=show&catid=2045&id=1232.

[59]重庆资源与环境保护职业学院博客.重庆市环保行业专家到我校考察指导工作[OL].(2017-02-16).http://
blog.sina.com.cn/s/blog_168a48fc60102x6ik.html.

[60]周齐佩,尚晓萍.中职教师企业实践培训模式设计、实现与成效--基于上海市的实践[J].职教论坛,2017
(27):84-88.

[61]AntoniusSchr?der.GreeningtechnicalvocationaleducationandtraininingtheEuropeansteelindustry[A].OECD/Cedefop.
GreenerSkillsandJobs[M].Paris:OECDPublishing,2014.

[62]EvaHanau.WhataretherolesandlimitsofTVETinmovingtowardssustainability?[OL](2017-12-13).https://unevoc.
unesco.org/go.php?q=e-Forum+-+Message+Board&thread=3858#14.

[63]FederalMinistryforEconomicCooperationandDevelopment.TVETforaGreenEconomy [R].Bonn,Berlin:2013.http://
www.eldis.org/go/home&id=74403&type=Document.

[64]FurtherEducationCollegeWorkforceDataforEngland:AnAnalysisoftheStaffIndividualisedRecordData2008-2009[R].
LifelongLearningUK,2009:8-33.

[65]Gerharddehaan.mBLK'21'programmeinGermany:a'Gestaltungskompetenz'-basedmodelforEducationforSustainable
Development[J].EnvironmentalEducationResearch,2006,12(1):19-32.

[66]GreenTVETandESD : CapacityDevelopmentNeedsforWaterEducationInternationalExperts'WorkshopEB / OL] .
(2010-12-17).http://www.unevoc.unesco.org/go.php?q=International+Experts+Workshop+on+Green+TVET+
and+Education+for+Sustainable+Development%3A+Capacity+Development+Needs+for+Water+Education%
2C+Munich+and+Magdeburg%2C+Germany%2C+12-17+September+2010.

[67]OiJeanC, RuralChinaTakesoff:InstitutionalFoundationsofEconomicReform [J].JournalofComparativeEconomics,
1999,27(2):491.

[68]PorathJ, RebmannK, SchloerT.EnergyEducationatVocationalSchools[J].Einblicke.2009(49):52-55.

[69]UNESCOCG.MEETINGREPORT:InternationalConsultationMeetingonTransformingTVETforMeetingtheChalleng-
esofthe GreenEconomy[R].UNESCO,CPSC,GIZ.2011:20,42.http://www.unevoc.unesco.org/fileadmin/user_upload/
docs/GreeningTVET_Meeting_ReportBonn2011FINAL.pdf.

[70]VocationalEducationandTrainingWorkforceData2008:ACompendium[EB/OL].(2010-02-11).[2018-04-11].http:
//www.ncver.edu.au/publications/2218.html.

[71]VollmersB,KuhlmeierW,VollmerT,etal.VocationalEducationAndTheTurnaroundInEnergyPolicyInGermany-Three ModelProjectsWithScientificMonitoring [C].Istanbul:TheEuropeanConferenceonEducationalResearch2013,2013: 8-21404.http://www.eera-ecer.de/ecer-programmes/conference/8/contribution/21404/.

[72]VollmersBurkhard,WinzierDagmar.SustainableDevelopment (SD)InTechnicalVocationalEducationAndTraining (TVET)-APilotProgrammeToFoster"Green"Business[C].ECER2013,CreativityandInnovationinEducationalRe- search,2013.http://www.eera-ecer.de/ecer-programmes/conference/8/contribution/22696/.

附　　录

附录 1　重庆市现代职业教育发展问题调研问卷

尊敬的老师：

　　您好！本问卷为匿名问卷，仅用于学术研究，面向重庆市职业院校专业课教师，了解现代教育技术的应用情况及本专业人才培养满足现代行业企业需求情况，请放心填写您的真实观点。

　　　　　　　　　　　　　　　　　　　----重庆市现代职业教育发展问题研究课题组

* 1.　**您所在专业：**

* 2.　**您的教龄：**

　贵校贵专业在应用现代教育技术方面的现状是：

* 3.　**贵专业课程约有　　　%实现了线上延伸？**
  ○ 不足5%
  ○ 5%-9%
  ○ 10%-19%
  ○ 20%-29%
  ○ 30%-39%
  ○ 40%以上

* 4.　**贵专业课程线上延伸的方式有哪些？** 【最少选择1项】
  □ 微课
  □ spoc
  □ 慕课(mooc)
  □ 其他：
  □ 未见有线上延伸

* 5.　贵校教务部门监控学生学习过程的常用技术手段是?　【多选题】

- 纸质材料
- 教务系统的记录
- 线上课程平台的记录
- 学生的上网记录
- 其他:

* 6.　贵专业教师用于了解学生在校学习整体进展的常用技术手段是__?　【多选题】

- 查阅相关部门存储的纸质文档
- 查阅教务系统的数据
- 查阅其他系统的数据, 如:

* 7.　贵专业教师能否很便利地了解学生的在校学习史,比如通过查阅相关数据库。　【最少选择1项】

- 便利, 要想了解学生的整体学习进展只需查阅系统:
- 不便利, 学生学习记录反映在不同的系统中不便利用
- 无法查阅, 学校对学生的学习过程缺乏记录

* 8.　贵专业主导建设了哪些教学资源库?

如没有可填 "无"

专业满足经济社会现代发展需求方面的现状:

* 9.　您认为重庆市本专业大类与本地区行业需求的匹配度如何?

- 高
- 较高
- 一般
- 较低
- 低

* 10.　您认为贵专业教师的社会技术服务工作量现状是:

- 很多
- 多
- 一般
- ◉ 少
- 非常少

* 11. 您对贵专业的社会人才需求现状的整体了解程度是：

　　○ 完全不了解

　　○ 不大了解

　　○ 了解一些

　　○ 非常了解

* 12. 在最近一年里，企业参与贵专业教育教学的主要方式有：【多选题】

　　☐ 理论课程更新

　　☐ 招生就业

　　☐ 分享生产经营数据

　　☐ 合作编写教材

　　☐ 实训教学

　　☐ 提供很多实践岗位

　　☐ 开设专题讲座

　　☐ 基本没有参与

　　☐ 其他：

* 13. 企业的现代化的设备、技术或工艺引入学校教学的情况如何？

　　○ 较多引入

　　○ 部分引入

　　○ 少量引入

　　○ 未见引入

* 14. 企业的现代化设备、技术或工艺是如何引入学校的？【多选题】

　　☐ 共建实训室

　　☐ 推动学校设施升级改造

　　☐ 为教师提供相关软件

　　☐ 安排员工做兼职教师直接任教

　　☐ 提出明确的教学要求

　　☐ 其他：

* 15. 在将企业的现代化设备、技术或工艺引入学校过程中，企业起到了何种作用？【多选题】

　　☐ 主动提供现代化设备、技术或工艺

　　☐ 根据政策要求提供现代化设备、技术或工艺

　　☐ 根据校企协议要求提供现代化设备、技术或工艺

　　☐ 学校购买

　　☐ 其他：

贵专业在现代职业教育体系建设方面的现状:

*16. 贵专业学生升学情况是:

○ 不足5%

○ 5%-10%

○ 11%-15%

○ 16%-20%

○ 21%-30%

○ 30%以上

*17. 您觉得贵专业学生理想的升学情况应是:

○ 不足5%

○ 5%-10%

○ 11%-15%

○ 16%-20%

○ 21%-30%

○ 30%以上

*18. 面对终身学习社会的到来,贵专业潜在教学对象有哪些? 【多选题】

☐ 行业企业员工,提供学历教育

☐ 行业企业员工,提供技能培训

☐ 其他各级各类院校学生,提供技能课程

☐ 社会就业困难群体,提供技能培训

☐ 网络教育学习者

☐ 其他:

*19. 贵专业还能为社会提供哪些类型的教育? 【多选题】

☐ 大规模提供市场化培训

☐ 义务社区培训

☐ 成人学历教育

☐ 提供更高层级学历职业教育的学分课程(例如,中职学校有能力开设部分高职课程、高职学校用能力开设部分应用型本科课程)

☐ 其他

* 20. 您认为当前重庆现代职业教育发展存在的突出问题是:

21. 您的职称是:

仅用于判断本次调查所回收样本是否具有代表性。

我们会严格保密，不会对单个试卷进行个体分析，请您放心。再次感谢您的填写，祝您工作生活愉快!
如有问题或建议，请联系谢老师18725848321.
谢谢!

提交　　试填问卷

附录 2　关于重庆市中职教育规模发展规划的资政建议

谢良才

2016 年 11 月 24 日,重庆市教育委员会等五部门联合发布了《关于贯彻落实国家加快中西部教育发展的实施意见》(渝教计发〔2016〕11 号)。据此,到 2020 年重庆中职学校将调减至 140 所左右。根据《重庆市统计年鉴 2017》,重庆市中等职业学校数量由 2015 年的 214 所降至了 2016 年的 182 所。2017 年进行学历教育招生中职学校有 138 所。2018 年,重庆中职教育发展面临着新情况、新问题,在制定重庆市中职教育规模发展规划时应引起充分重视。

一、当前重庆市中职教育规模发展面临的新问题

(一)重庆市中职教育生源规模未来的上升趋势目前尚未受到重视

伴随着 2001 年后本市户籍人口出生率的增长趋势,今后十余年中职学校生源增长的概率比较大:本市 1991 年后的户籍人口出生数如图 1 所示,中职教育招生数随新生人口数变化规律如图 2 所示。在图 2 中, 中职招生数是横坐标年份加 15 年后的数据。可以看出,1991—2001 年重庆市户籍人口出生数整体呈减少趋势,随之 15 年后的中职招生数呈减少趋势(这些新生人口约 15 岁后进入高中阶段教育)。而随着 2001 年后本市户籍人口出生数的增长,2016 年后中职学校生源的减少趋势扭转,增长的概率较大。

我国生育政策的变化是支撑上述趋势的一个重要因素。未来更加宽松的生育政策会进一步刺激重庆市户籍人口出生数,进而推动重庆市中职教育生源量进一步增长。但当前的普遍焦虑是中职生源减少,对未来情况缺乏客观分析和重视。

(二)重庆市中职教育的现代化问题亟须提上日程

基于国家发展整体规划,伴随着社会主义现代化的基本实现,到 2035 年我国职业教育的现代化也应基本完成。现代化的职业教育不仅是学历职业教育,还须成为终身教育的组成部分,要深度参与各种形式的终身教育。现代化发展需要中职教育具有一定的规模实力。重庆市中职教育要实现现代化,需要尽快探讨明确现代化中职教育的合适规模。

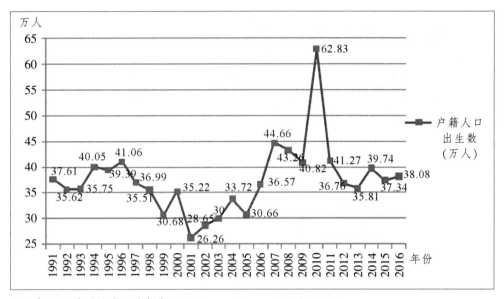

数据来源：历年重庆市统计年鉴，http://www.cqtj.gov.cn/tjsj/shuju/tjnj/。

图1　重庆市1991年后的户籍人口出生数统计图

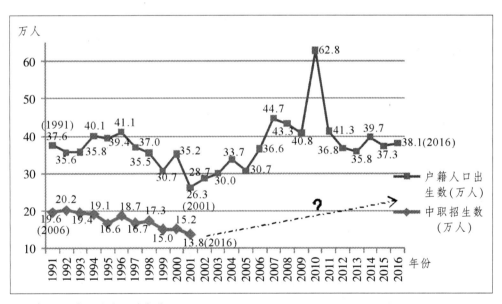

数据来源：历年重庆市统计年鉴，http://www.cqtj.gov.cn/tjsj/shuju/tjnj/。

注：按照一般高中阶段学生入学年龄为15岁，则1991年出生的新生户籍人口在2006年入读中等职业学校。本图中，重庆市中职学校招生数自2006年的19.6万降至2016年的13.8万，与15年前的新生人口数减少趋势一致。

图2　重庆市中职教育招生数随新生人口数变化规律示意图

(三)重庆市未来发展需要大量技术技能劳动者

重庆市城市化进程仍处于进行时,城市化率在不断提高。在这个趋势下,城区大量新生劳动力急需提升就业技术技能,对中等职业教育有很大的学历教育与非学历培训需求。作为终身教育和成人教育的重要资源,中职学校责无旁贷。具体而言:

一方面,无论产业如何调整,城市日常生活基础性支撑行业的稳定运行都是必需的。这些行业如水利、电力、供热、交通运输、居民服务、园林绿化等等,需要较多高素质中初级技术技能人才,是解决本地就业的重要领域,需要一定规模的高质量的中等职业教育对从业人员进行本地培养培训。

另一方面,随着重庆市的逐步发展,第三产业占比越来越大,对技术技能人才的需求逐步增加。从国际比较来看,20世纪中期以来,纽约、伦敦、东京、芝加哥等国际发达城市的现代服务业逐步发展为城市经济主体,如图3所示。目前公认的世界级城市纽约、伦敦和东京的产业结构的共同特点为:人均GDP(国内生产总值)均超过6万美元,第三产业比重接近或超过九成,生产性服务业增加值在GDP(国内生产总值)中比重超过40%,金融服务业和商务服务业在生产性服务业中所占比重接近或达到60%。这些国际性大都市的发展都经历了产业结构升级和产业空间重新配置,最终形成以服务业为主的产业结构和空间配置。因此,从重庆市"现代化国际大都市"的未来发展规划来看,现代服务业的发展必将带来更大量的对生产性服务尤其是商务服务类现代高素质技能人才的需求,需要通过发展中职教育满足对这类人才的市场需求。

因此,重庆市经济社会未来发展仍需要大量技术技能型劳动者,要求中职教育持续保持一定规模。由于年龄较小时人的身体可塑性强,相关技能的培养不能太晚,相较高职教育,中

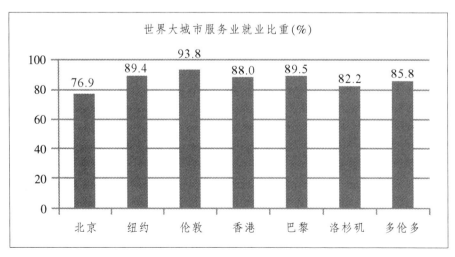

数据来源:和朝东,杨明,等.北京市产业布局发展现状与未来展望[J].北京规划建设,2014(1).

图3　国际发达城市服务业就业比重示意图

职教育在培养上述技能型人才方面有其必要性。

二、有关重庆中职教育规模发展的建议

一所职业学校的建设，不仅涉及场地、设施设备建设，还包括文化、特色的积累，所需时间较长，但撤并就相对容易得多，撤并方式不当还会造成较大的资源浪费。另外，一旦未来又急需扩大中职规模，重新建校不是容易的事。因此，中职教育规模的发展应根据本地区的客观需要顺势而为。考虑这种客观需要时要注意到现代化的中职教育应发挥的功能。做相关规划时还要体现灵活性，如在学历教育生源不足时鼓励中职教育资源投入各类非学历的技能培训。

(一)稳规模提质量迎接生源上升趋势

在新的生源趋势下，重庆市在调控中职学校数量时应努力保持普职比大体相当，在保持现有中职招生规模基础未来适时提升招生规模。应通过稳规模、提质量将中等职业教育办成未来高中阶段生源的优选学习途径。当前"职业教育就是就业教育"的观念仍盛行，忽视职业教育作为一种类型的教育对个体成长的教育作用，成了现代教育体系建设的阻碍因素。职业教育不仅仅是为就业做准备的教育，作为一种教育，他注重借助职业要素，促进人的成长发展。在横向衔接、纵向贯通的现代教育体系下，中职教育是职业教育的一个阶段，它的升学通道将越来越畅通。

当前亟须树立职业教育"升学有理"的理念，进一步破除群众中存在的"职业教育难以升学"观念问题。要使群众认识到，对那些不适应普通高中课堂教学模式而又想升学的学生而言，中等职业学校是一个不二选择。

提质量的重点不仅包括提升学生的就业技能，还要通过职业教育特有的教学模式提升学生的知识水平和专业理论素养，使他们具备升入高等职业院校及其他高等学校的能力，即要兼顾"职业"和"教育"。

(二)职业教育的现代化要求现代中等职业教育保持一定的规模

应加强研究重庆中职教育现代化后应发挥的功能，以及现代化的重庆中职教育的合理规模。全纳性、终身性和易获得性是现代职业教育的重要特征。第一，我国社会主义国家性质和职业教育的公益性决定了职业教育要给予每一个公民平等接受职业教育的机会，将全体社会成员纳入"生源"范畴，凸显"全纳性"，满足人民群众多元化的职业教育需求，促进全体劳动者可持续的职业发展。第二，李克强总理2018年4月18日主持的国务院常务会议确定了推行终身职业技能培训制度的政策措施，提出面向城乡全体劳动者提供贯穿学习和职业生涯全过程的终身职业技能培训，缓解技能人才短缺的结构性矛盾、提高全

要素生产率、推动经济高质量发展。职业教育是一种涵盖了劳动者职前、职中、职后以及失业转岗的多层次、多方面的教育类型,学习者不受年龄的限制,是与终身教育理念联系最为紧密的一种教育类型。在终身教育理念下,职业教育可以对正规学校教育进行补充和辅助,可以提供资源充足、机制健全的正式与非正式学习途径,满足不同年龄群体多样化的学习要求和个性化的终身学习需要,积极应对不断变化的劳动力市场与社会需求,为不同年龄段的社会成员提供可多次选择、方便、灵活、多样的学习机会和条件。第三,要落实现代职业教育的全纳性和终身性,就应该使需求和条件各异的社会成员都有更大的机会接受职业教育,就要求职业教育具有很强的易获得性。我国职业教育具有明显的公益属性,为使职业教育在扶贫、脱贫进程中发挥巨大作用,就要强化面向弱势群体的职业教育与培训,保障他们在不利条件下仍能公平接受职业教育的权利,这也要求提高职业教育的"易获得性"。

为提高中等职业教育的"易获得性",重庆市首先要保证中等职业教育规模稳中有升,并应加强现代信息技术在中职学校的应用,开拓职业教育的泛在学习、沉浸式媒体教学、个性化智能学习等新的教学模式,从而发挥中职规模的乘数效应,推动全纳性、终身性和易获得的现代化中职教育早日实现。

(三)重庆推进城市化进程需要中职学校更多地开展技能培训

1.用好中职教育资源开展终身教育和全民教育

在进入学习型社会的同时,我国教育发展的总体趋势也发展到了全民教育阶段。成人教育与培训将是终身教育与全民教育的重要组成,是未来教育发展的主要生长点。成人学习的特点是注重实际应用,所学和自己的职业紧密联系,而不是仅仅提高专业文化知识。成人教育与培训的内容显然是以职业为主的,实施的主体之一很大程度上是中等职业学校,例如军人转业技能培训[①]。今后,重庆市重点发展行业企业的员工教育与培训需求会越来越强劲,需要中等职业学校发挥更大的社会人力资源培养培训作用。

2.将中职教育用于提升市民生活质量

重庆市广大市民对生活质量的不断提升的追求要求中职学校提供相应个人生活及休闲技艺培训,如烹饪专业、茶艺专业、艺体类专业的培训等。

有优质师资和物质资源条件的中职学校,完全可以提供优质的社会培训,承担起社区居

---

①倪伟,77名空军士兵从蓝翔技校毕业 开挖掘机是重要学习内容[OL].新京报,2018-06-12.https://news.html5. qq.com/share/7398474785717320868?url=http%3A%2F%2Fkuaibao.qq.com%2Fs%2FNEW20180612200862800& ch=060000&qbredirect=&share=true&sc_id=sxea2EC.

民生活技艺培训重任。中职教育政策的制定应重视这方面,将社区培训作为中职学校的应有功能。在政策制定上,应鼓励中职学校更好地服务社区、服务社会。这些政策如授予中职学校培训资格,将中职学校开展的培训算作相关工作人员的工作量,学校资金拨付将培训量作为一个参考指标,以及鼓励中职学校以规范的、高品质的培训与社会培训机构的培训竞争,打造良好的社会教育氛围。

面对未来高中阶段生源增加趋势以及多样化的社会技能培训需求, 当前宜保持中职教育规模稳定,并提供政策条件[①],加强宣传引导,让富余中职教育资源参与社会培训竞争,满足全民广泛的、多样化的技术技能培训需求,推动重庆市中职教育现代化早日实现。

[②]如将公益性培训量换算成生源量予以认同。

附录3 关于重庆职业教育信息化发展措施的资政建议

谢良才

重庆职业教育信息化是其现代化发展的基础性工程，是重庆职业教育深入开展产教融合、建设好现代职业教育体系的必然要求。当前,应加强大数据、人工智能等现代技术的应用研究与实践探索。

一、当前重庆职业教育的现代技术应用现状

现代技术应用于职业教育,是新工业革命背景下促进职业教育信息化建设的新战略。其意义,一是能促进职业院校管理的现代化,包括完善从学生入学到在校管理再到就业的学生管理体系。二是有利于促进职业教育教学创新和教学质量提升,一方面,通过教育信息化促进资源共享,实现"自己+",使重庆职业教育更好利用国内外优质职业教育资源;另一方面,促进职业教育的混合教学、泛在学习创新发展,促进新工业革命背景下职业教育个性化、定制化人才培养模式创新,实现个性化针对性地服务产业,订单式服务产业,大幅提升重庆职业教育办学水平和人才培养质量。笔者于2018年底及2019年上半年对重庆市现代职业教育发展面临的相关问题做了调研,通过调研发现大数据、人工智能等现代技术在重庆市职业教育中应用水平较低。

第一,重庆市职业教育信息化水平仍然偏低。从问卷调研结果看,重庆高职院校主要通过教务系统、线上课程、学生上网记录获取纸质和电子化的学生学习过程信息。但这些教育教学信息的数据化、整合化程度不高,教师在教育教学中为了解学生学习历史和学习基础需要分别查阅不同来源的纸质和电子系统记录。在现场调研的访谈中也确认了这一问题的存在。这种情况迟迟得不到改善,将对高职院校的教育教学发展形成持续的障碍,比如教师为了方便而不愿意从多种渠道了解学生的学习基础,难以关注和反思自己的课程是否与本专业其他课程很好地衔接。

现场调研和访谈发现,重庆中职学校的信息化水平比高职院校的情况更加落后。大多中职学校的信息化止于多媒体教室,对教学资源库的利用效率低,更谈不上主动建设教学资源库。中职智慧校园示范建设尚未完成,效果更是有待检验,要达到理想目标还有很长的路要走。

第二,现代化技术对职业教育教学改革的现实作用微弱。在问卷调查中,对于"企业的现代化的设备、技术或工艺引入学校教学的情况",如图1所示,填"较多引入""部分引入"合计超过60%,说明行业企业现代化技术对高职教育有一定影响。而选择"少量引入""未见引入"

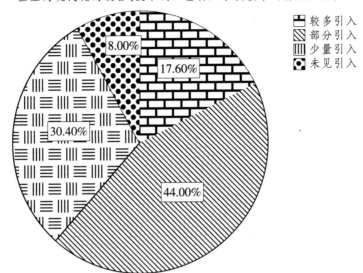

图 1　企业的现代化的设备、技术或工艺引入重庆高职教学的情况统计图

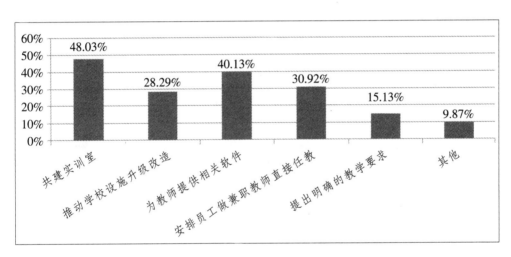

图 2　企业的现代化设备、技术或工艺引入学校方式统计图

合计 38.40% 超过了"较多引入"17.60%,说明专业教师们认为现代化技术对职业教育的影响还不够大。而高职院校对企业的现代化设备、技术或工艺引入的方式则较多元,如图 2 所示,主要有共建实训室、为教师提供相关软件、安排员工做兼职教师直接任教等。整体来看,现代化技术对职业教育的影响偏向教育目标和教学内容层面,而不是变革高职教育教学方式。这种现象导致现代技术对职业教育教学水平提升作用难以得到充分发挥。

第三,会议调研发现,大数据和人工智能技术在职业教育中的直接应用不受专业技术人士的关注,对职业教育的直接影响还很小。这使得打造共建共享的职业教育缺乏技术基础,不仅限制了职业教育"实践+网上实训"等教学改革创新空间,也影响重庆职业教育对国内外资源利用,以及与普通教育衔接推进现代教育体系建设。

二、建议采取的一些措施

应统筹实施多种措施提升现代技术在职业教育管理与教学中的应用水平,促进职业教育现代化。这些措施包括加大对职业教育的现代化资源投入、鼓励开展职业教育现代技术应用科研、加大对职业教育教师和管理者的现代技术应用培训等。

发挥职业教育智慧校园建设试点校的示范作用。近年来,重庆市重视对职业教育办学投入,包括加大对职业教育的现代化资源投入。2016年,重庆市教委启动智慧校园试点,其中高职高专院校试点单位8所,中职学校5所。应及时总结智慧校园建设中职和高职试点校的建设经验,检验建设效果,并遴选成熟经验大力向其他职业院校推介。

加大现代化技术应用于职业教育的科研力度。一方面,出台激励措施引导大数据等现代技术研发人员关注职业教育改革发展的技术需求,研发相关应用和设施提升职业院校的大数据、智能化、云计算、"互联网+"水平。另一方面,要支持合作举办职业教育与培训的企业加大投入现代化技术设施的力度。

对职业院校教职工及学生加强现代技术运用技能培训。现代技术在职业教育中的应用为以实践为导向的职业教育变革提供了新的机会,也为更广泛人群接受职业教育和培训提供了机会。应加强对职业院校教职员工和学生培训数字媒体运用技能,一方面,能提升相关职业院校数字设备、现代化技术的应用效能,另一方面,可借以增强学校、企业、政府、社会各类机构间的联系,提升职业教育的合作办学水平。

现代技术应用于职业教育产生的职业教育设备设施及教育教学模式升级换代,可作为可视化、标志性、示范性职业教育成果,体现出重庆职业教育现代化发展特色。应通过先行试点,培育典型,再广泛实施,促进现代化技术尽快引入我市职业教育信息化实践之中。

附录4　区域环保职业教育发展研究
——以重庆市为例①

谢良才　邱德丽

摘要：网红城市重庆的环保职业教育发展境况是绿色发展背景下全国环保职业教育发展的一个缩影。以重庆市为例，通过文献研究和统计数据分析，窥析我国区域环保职业教育发展现状，指出规模偏小、专业覆盖面窄、课程与地方环保实践联系欠紧密、缺乏实践课程等问题，探讨解决这些问题的对策，包括建立环保产业人才需求监测机制、加强环保职业教育专业规模和类别建设、开发本土教学资源、加强与企业及本科高校的合作、汲取其他地区环保课程建设的先进经验等。

关键词：环保职业教育；区域；现状；对策；重庆

职业教育在与经济社会的协调互动中存在和发展。区域职业教育结构与规模的优化、质量与效益的稳步提升都需要以经济社会发展对技术技能人才的需求为参照。在我国将绿色发展列入五大发展理念之后，区域职业教育的发展须注意与经济社会绿色发展的趋势相互作用相互促进，尤其要注重培养具备可持续发展理念的绿色技术技能人才。在绿色发展战略、绿色经济以及各类环境治理项目的推动下，当前我国环保产业表现出强劲的发展活力。

环保产业被我国定位为战略性新兴产业。《国务院关于印发"十三五"国家战略性新兴产业发展规划的通知》提出，到2020年先进环保产业产值规模力争超过2万亿元，大力推进实施水、大气、土壤污染防治行动计划，促进环保装备产业发展，积极推广应用先进环保产品，促进环境服务业发展，全面提升环保产业发展水平。重庆市作为国家中心城市和长江上游生态文明建设先行示范带的核心区，担负着构筑长江上游生态屏障的重任，对绿色经济及环保产业高度重视。我国近年来多地频发的"用工荒"现象，以及各地技能人才争夺现象，都说明对技能人才的需求已经成为各地经济发展的"瓶颈"[1]。由于职业教育的区域性特征，区域行业发展所需的技能型人才还是应以本地培养为主。环保产业发展所需的环保技术技能人才也更多地需要本地环保职业教育来培养。环保产业的快速发展需要新增一大批技术技能人才去突破绿色环保技术应用和工程项目实践难题。这要求各地职业院校加强环保类专业建设以及环保教育教学。本文则以重庆市环保职业教育发展为例，窥探区域环保职业教育发展

---

①原文刊载于《中国职业技术教育》2019年第22期。

的时代机遇与发展对策。

一、重庆市环保产业的区域人才需求

习近平新时代中国特色社会主义思想提出要坚持人与自然和谐共生。党的十九大报告明确指出,建设生态文明是中华民族永续发展的千年大计,我们需要绿色的发展方式和生活方式。在经济的绿色发展方面,环保产业的发展居于核心地位。根据重庆市环保局 2017 年的生态环保工作汇报,2017 年重庆市建成了 1584 座乡镇污水处理设施, 纳入国家考核的 42 个断面水质优良比例达到 90.5%,完成 93 家企业挥发性有机物治理、关闭或整治砖瓦窑 232 家,巩固和创建扬尘控制示范工地 410 个,空气质量优良天数达 303 天[2]。据《2018 年重庆市环境质量简报》,2018 年重庆市地表水总体水质良好, Ⅰ~Ⅲ类水质的断面比例为 82.5%,城市集中式生活饮用水源地水质达标率为 100%, 库区一级支流水质呈富营养的断面比例为 25.0%;累计建设和巩固扬尘控制示范工地 1740 个,完成城市建成区 100 万平方米裸土或者裸露地覆盖、绿化工作;2018 年重庆市环境空气质量达标天数为 316 天(占 86.6%),比 2017 年增加 13 天[3]。这些信息表明重庆市环保产业发展劲头足,但同时也表明重庆市的环保产业发展任重道远,不可懈怠。环保产业发展的关键在于技术和人才的支撑,《重庆市环境保护人才队伍建设中长期规划》及《重庆市生态文明建设"十三五"规划》等文件对重庆市未来一段时间环保产业的发展提出了明确的目标并做了战略部署。

(一)近年来重庆市环保产业快速发展

从公开披露的数据来看,2015 年,重庆市环保产业实现年产值 503.23 亿元,占全市 GDP (国内生产总值)(15719.72 亿元)的 3.20%。2015 年,重庆市环境保护投资达 399.24 亿元,在 GDP(国内生产总值)中占比为 2.54%。城市环境基础设施投资占重庆市环境投资比重最大,历年比重均超过 50%,2015 年达到 234.24 亿元, 占全市固定资产投资 (15480.33 亿元) 比重的 1.51%。2015 年,重庆环保产业实现税收 58.57 亿元,在全市税收(1450.9 亿元)中占 4.04%。2015 年重庆市环境保护产业出口创汇 5.04 亿美元,其中环境保护产品 0.11 亿美元,环境服务业 1.37 亿美元,节能产品 3.12 亿美元,节能服务业 12 万美元,资源综合利用 0.43 亿美元[4]。

2016 年,重庆市政府第 80 次常务会议审议通过《重庆市环保产业集群发展规划》,提出到 2020 年,全市环保产业年销售收入 1300 亿元,建成国家重要的环保产业基地,成为全市千亿级的先导产业[5]。

《2017 年重庆市环境保护产业发展报告》统计的重庆市挂牌新三板 15 家环保公司了 2017 年度报告,总营收 63 亿元,较 2016 年平均增幅 119.40%;同时重庆 9 家主板/创业板环保公司,2017 年总营收 403 亿,较 2016 年平均增幅 34%;总净利润 55.68 亿,平均增幅 62%[6]。另据相关统计 2017 年全市环保投资 462.6 亿元,较 2016 年(355.6 亿元)增长 30.09%。

2018 年,由重庆市环境保护局等多家协会联合主办的"中国(重庆)节能环保产业博览会"展出的"黑科技"层出不穷,吸引了16247名专业观众,以及来自意大利等国家的参观团体25个,展会成交高达17.25亿元[①]。2019年一季度,全市生态保护和环境治理行业投资快速增长,增速达29.7%[②]。

重庆市环保产业发展态势较好,但环保产业年产值仍然较低。从环保产业的出口数值可以看出,重庆市在环境保护产品的创新、研发、推广,以及在环境服务业、节能产品方面都有很大的发展空间。

(二)环保产业人才供不应求

环保技能是指节约和保护能源与自然资源、减少人类活动产生的环境负荷,从而保护环境的行动方式或智力活动方式。目前,重庆市环保产业基数小,但发展快,分布集中,环保产业总量在全国处于中等水平,具备一定的技术研发能力。但强劲的发展动力缺乏掌握新兴环保技能的技术技能人才支持。2016年末重庆市环保产业从业人员为88 795人,仅占全市就业人数比重的0.5%[7],与环保产业产值占比(2015年末为3.2%)相比明显偏低。根据区域职业教育专业与行业结构匹配研究的一般标准来看,整体上环保产业从业人员严重不足,环保事业规模化的发展与相有效人力资源支持存在差距,从业人员远不能满足本行业发展需求,需要环保职业教育更大规模的发展。在实践中,各环保企业对一些高级技术技能人才展开了争夺战,急需要环保高职教育提升人才培养质量。

环保职业教育毕业生的主要就业领域有:

(1)工业企业单位:主要从事企业生产经营涉及环境保护工作等;

(2)环保产业单位:主要从事环保设备制造、销售等;

(3)环境服务及技术咨询机构:主要从事环境咨询、环境设计、环保设备运营服务等。高职环保专业毕业生主要就业于基层环保单位从事环境管理、环境监测、环境影响评价、清洁生产与循环经济推广应用等工作,在相应的行业、企业担任分析工程师、工程设计员、绘图员、现场施工管理人员、企业环境管理工程师、污染治理设施运营管理人员及岗位操作人员、环保设备仪器营销和技术服务等职务[9]。

2012年,重庆市环保局编制了未来10年环保人才队伍建设的行动纲领,即《重庆市环境保护人才队伍建设中长期规划(2010—2020年)》。该规划要求到2020年,全市环保人才总量达到21.45万人,年均增长率为6.3%;高中初专业技术人才比例达到3:5:2。规划的主要任务之一就是加强基层环保人才队伍建设,解决区县基层环保人才数量不足、素质不高的问题。基层环保人才是实现环境管理与治理层层递进的关键,加强基层环保人才队伍建设是重庆市的工作重点。环保产业的快速发展预示行业着从业人员规模的大量增加,但即使对照该规划的目

①中国环保在线. 2018中国(重庆)节能环保产业博览会展后报告[EB/OL]. http://www.hbzhan.com/news/detail/124314.html.
②重庆统计局. 2019年一季度重庆市经济运行情况[EB/OL]. http://www.fdi.gov.cn/1800000121_33_12573_0_7.html.

标来看,全市环保人才总量缺口很大,为解决这一问题,重庆市环保职业教育仍任重道远。

二、重庆市环保职业教育发展现状

狭义上讲,环保职业教育是中职和高职院校的环保类专业,广义上则还包括其他各个中高职专业开设的环保类课程及生态环保方面的教学内容。本文主要从狭义环保职业教育概念入手进行研究。根据最新的《中等职业学校专业目录(2010 年修订)》,环保职业教育属于"资源环境类"专业大类,包括环境监测技术(021800)、环境管理(021900)、环境治理技术(022000)、生态环境保护(022100)、气象服务(022200)、雷电防护技术(022300)六个专业,在《技工院校专业目录(2013 年修订)》中则对应环境保护与检测(1502)一个专业(分为中级和高级两个等级),在《普通高等学校高等职业教育(专科)专业目录(2015 年)》中环保职业教育属于"资源环境与安全大类"专业大类,对应其中的"环境保护"专业中类,包括从环境监测与控制技术(520801)到资源综合利用与管理技术(520811)的 11 个专业小类。

(一)环保职业教育规模过小难以满足需求

重庆环保职业教育供不应求现状是全国环保产业快速发展背景下人才紧缺状况的一个缩影。各类环保企业、环保岗位及环保人才需求日益多样化对环保人才需求量大样多,需求最多的还是技术技能人才[10],大型环保企业也急需高级技术技能人才来提高环保产品与服务的附加值。整体看,大多数职业院校现有的培养方案、课程结构所造就的人才与环保产业行业的实际需求还存在一定差距,难以满足环保企业对环保技术技能人才的需求。

通过分析重庆市各高职院校的招生专业发现,重庆资源与环境保护职业学院创办于2015 年,2016 年才开始招生,环保类专业设置集中,主要有环境工程技术、环境评价与咨询服务、污染修复与生态工程技术、环境规划与管理、清洁生产与减排技术、新能源汽车运用与维修等专业[11],所培养的人才主要面向基层与一线岗位。而除重庆资源与环境保护职业学院生态环境系有若干环保类专业外,只有重庆工程职业技术学院有一个环境工程技术专业、重庆安全技术职业学院有一个新能源汽车技术专业,其他学校甚少设有与环保相关的专业。对近两年的《重庆市中等职业学校招生指南》进行考察,在 2017 年度招生的 138 所中职学校的专业中仅有一所学校开设了一个环境治理技术专业,招生 50 人。在 2018 年度招生的 135 所中职学校的专业中仅有两所学校设有环境治理技术专业,共招生 90 人。可以看出,本地职业院校对环保领域人才培养的贡献较少。本地职业院校亟须积极开发与环保产业相关的专业,主动进行课程改革。

重庆的环保职业教育发展状况并不是少数个案。我国环保职业教育发展整体现状尚不适应我国环境保护形势发展的需要,在规模和质量上都难以满足行业需求[12]。在基层环保部门和企业,大量存在环保专业技术岗位被非环保专业人员占有的现象[13]。这种现象既因为环境检测、环境治理、环保设备维护等环保职业岗位多分散于各个行业部门,用人单位为节约人事工作成本从而找非环保专业人员"顶岗",也因为环保职业教育过于羸弱,没有对环保职业岗位形成有力的人才供给,导致在市场上中职环保专业所培养的中初级环保技术技能人才容易被其他专业技术技能人才替代,以及高职环保专业所培养的高级技术技能人才容易被本科环保专业毕业生替代。随着新时代环保类职业的专业化趋势不断深入,以及环保职业教育规模化、高质量的大力发展,这种趋势将会得到扭转。

(二)重庆职业教育环保类专业覆盖面窄

除重庆资源与环境保护职业学院以外,重庆市关于环保类的专业设置点极少,不仅专业设置单一零散,而且都是附属于其他学科领域的相关专业,不属于真正意义上的环保科学。例如,部分学校开设了新能源汽车技术,虽然它属于环保产业的一种,但是其设置的初衷是促进汽车行业的发展。

通过对重庆市的国家示范高职院校和办学成绩突出的四所学校(重庆电子工程职业学院、重庆机电职业技术学院、重庆工程职业技术学院、重庆工业职业技术学院)所设系部的类别进行归纳发现:没有一所学校设有独立的与环保相关的系部,对这四所学校2018年的招生专业一览表进行分析发现,这四所高职院校专业设置集中在制造类、电子信息类、交通运输类、财经类、旅游类等领域,几乎没有与环保领域直接相关的专业。环保专业设置在重庆市的大部分高职院校中并没有受到重视,专业覆盖率低,环保课程建设不积极,相关部门及高职院校对环保专业与课程对学校和社会发展的效益缺乏认识。

(三)环保技能教学与本地环保行业情况契合度不高

职业教育的课程是职业教育取得成效的关键。职业教育环保类课程不仅要讲授基础理论性知识,更应针对地方环保问题进行特定的实践技能教学。例如,重庆市由于其地貌的特殊性,被山地、嘉陵江、长江分割而形成了多中心、组团式的城市空间结构。市区内排污系统建立得不够发达与便捷,对各个商圈、区块难以做到一一对应;区县既无健全的污物处理系统,又远离市区的庇护[14]。只是经过简单处理就被排放的污水,不仅导致城市活动区内小沟小壑污水横流,而且对两江江水危害巨大;固体垃圾的回收与处理也困难重重,重庆市环保局统一指挥有难度,统一处理成本高,如由各区、各县自主解决,出于对技术能力、经费、设施设备等参差不齐的条件的考虑,成效也受到限制。职业教育首先要服务于当地经济的发展,其环保专业课程就应结合重庆市面临的环保问题来实施。

以重庆资源与环境保护职业学院开设的环境规划与管理专业为例,其专业培养目标为:培养掌握环境管理、环境规划、环境监察等必备的基础理论知识,具备环境规划、环境管理、企业环境内审等专业能力和表达沟通能力、创新创造能力,个人全面发展的服务于建造、管理、生产一线的高素质技能人才;该主干课程包括化学成分分析、环境法律法规、环境规划与管理、环境影响因子分析与评价、环境工程基础、环境监测概论、环境统计、企业管理、环境管理综合实训等[15]。可以看出,这些课程主要立足于全社会对环保人才提出的总体要求,尚缺乏针对重庆市的环境规划与管理,毕业生在面对本地特定环保问题时,相关知识和能力的欠缺就会影响其工作成效。

(四)课程模式的实践性不够突出

职业教育的一个明显特征就是其实践课程占很高的比重。2015 年下发的"教育部关于深化职业教育教学改革全面提高人才培养质量的若干意见"要求:"加强实践性教学,实践性教学课时原则上要占总课时数一半以上"。从正处于建设初期的重庆资源与环境保护职业学院的环境规划与管理专业的授课计划与安排中可看出,实习、实践类课程尚没有被囊括在主干课程里,大部分课程的学习还是以理论知识为主。表 1 是该学院环境工程技术专业某学年二年级下学期课程表。二年级下学期居于整个高职教学的中后期,学生经过年级的理论学习,二年级课程应当理实结合,为三年级的实习做准备。但从表 1 可以看出该专业二年级下学期一共开设了 8 门课,通识课程占比 62.5%;专业课程三门,占比 37.5%,其中专业实操课仅开设了一门,占总课程数的 12.5%,显示出实践课的分量不足。正如重庆市环境科学研究院专家在指导学院工作时所言,虽然环保行业高层次人才已有不少,但是基础环保人才依然很缺乏,指出学院应在课程设置方面重点偏向现场实践[16]。

表 1 重庆资源与环境保护职业学院环境工程技术专业二年级下学期课程表

	星期一	星期二	星期三	星期四	星期五
第一大节	实用英语Ⅱ	环境工程微生物(双周)	环境化学	心理健康及安全教育(单周)	办公软件高级应用
第二大节	大学体育Ⅱ	毛泽东思想和中国特色社会主义理论体系概论	实用英语Ⅱ(双周)	环境工程微生物	毛泽东思想和中国特色社会主义理论体系概论
第三大节	环境化学			环境工程计算机辅助设计与应用(单周)	
第四大节		环境工程计算机辅助设计与应用			

三、重庆市环保职业教育发展对策

职业教育应为区域环保产业发展提供有力的支持,培养更多符合环保产业实践需要的技术技能型人才。

（一）建立环保产业人才需求监测机制

建议建立环保产业人才需求数据库，由环保行业企业人力资源部门负责维护，及时记录所需人才的类型、职业特征、待遇情况等职业信息以及需求量预期和招聘信息[17]。为支持该数据库的建设和维护，劳动、教育等相关政府部门及有关职业院校应予以技术、资金、资源等方面的支持。数据库的使用则应尽可能开放，便于政府、职业院校、行业组织以及其他社会组织更好地获取相关信息，支持环保行业从业人员队伍建设。从职业院校角度看，这样获取的一手人才需求及环保职业信息有利于更有针对性的专业与课程建设，从而更好地达成培养目标。

在这类数据库建立和完善之前，环保职业教育应通过加强与社会相关机构的合作，尽可能多地了解环保行业企业所需人才类别、数量、具体特征及需求趋势。例如，应加强与环境保护职业教育教学指导委员会的合作，利用好环保行指委的调查统计数据资源以及教育教学指导作用[18]。环保行指委中既有行业领袖，又有环境职业教育专家，环保职业院校和专业可从中争取行业指导，了解行业发展实际及人才需求，并借助其校企合作平台作用加强与地区更多环保企业合作，提升自身办学质量和水平，更好满足环保行业企业真实人才需求。

（二）加强环保专业规模和类别建设

目前，重庆市职业教育环保类专业建设还没有形成体系，在相关专业建设上各校基本处于"单打独斗"局面，合作交流及协同发展态势尚未形成。重庆市环保专业集中设置在重庆资源与环境保护职业学院，不仅专业设置数量尚少，专业的类别覆盖面也显狭窄。仅靠一所或几所院校为当地环保产业的发展培养多样化的人才是远远不够的。丰富本地区职业教育环保类专业，使之体系化发展是促进职业教育与环保产业协调发展的必要途径。应鼓励更多职业院校关注本地区环保产业的技能人才需求，利用好现有的师资、设施、课程等相关资源，适时开设环保专业或转型相关专业为环保专业。

环保专业规模建设的重点是增设毕业生就业前景好的热门环保专业。例如，环境工程技术专业，该专业的培养目标是掌握扎实的环境污染预防及治理的理论基础，掌握"三废"及噪声等各种污染控制与削弱技术，具备环境工程调度能力、污染治理设施管理能力、环保施工项目操作能力的高等技术和技能应用型人才。环境工程技术专业毕业生一般流向环保局、环保研究院、城市公用事业部门、环境工程公司等单位，从事环境管理、规划、监测，产品研发，技术更新等不同环保行业。但目前，重庆市开设这一专业的高职院校仅有一所。

环保专业类别建设要注重建设当前本地缺失的环保专业。重庆市高职院校的环保专业主要有以下几种：环境工程技术、清洁生产技术、污染修复技术、环境评价与咨询、环境规划与管理、新能源汽车运用与维修等。与广东环境保护工程职业学院的专业设置相比，重庆市高职院校的环保专业设置类别不多，专业领域的划分不够细致，与绿色经济衔接不够紧密。

例如,广东环境保护工程职业学院将环保类系部划分为环境工程系、环境监测系、环境科学系、循环经济与低碳经济系、生态环境系、环境艺术与服务系六大类系,在各个系部下,专业种类多,涉及环保行业的各个方面,如在生态环境系下面设置有风景园林设计、都市园艺技术等专业[19]。高职院校环保专业设置的先进性、多样性及全面性直接影响其服务地方环保产业发展的能力,因此,重庆市环保职业教育还需考虑环保专业设置的全面性及细分专业方向的问题。

(三)开发本土教学资源

不同地区的环保产业发展状况和未来规划各不相同。区域职业院校主要为地方服务,其生源主要来自当地,毕业生也基本就业于当地。因此,职业院校的环保教学必须与本地环保产业发展现状、发展需求紧密结合。开发本土教学资源,尤其是编制和使用地方教材是学生了解本地环保产业发展历史、存在问题、未来走向的重要途径。

近年来,重庆市环保产业的发展方兴未艾,虽然发展潜力大,但伴随的问题也多,将重庆市环保产业面临的机遇与挑战写入教材,由地形、气候、风俗文化等因素造成的环保难题才能在实践与理论的一体化教学中找到新的突破口。2014年,重庆市教委、环保局开始在全市中小学展开生态文明教材普及工作,要求中小学每学年开设的环境教育课程不低于12课时[20]。对于将要从事环保行业工作的高校学生更应该接受地方性的环保教育,所用的教材应有利于他们对实际亟须技能的学习,以及对现实环保行业问题的解决。例如,如何建造合理有效的排污系统以及如何更好地使废水回收利用等具有明显地方特殊性的问题,就可以写进教材。

地方教材具有明显的地域针对性。在设计与开发本土教材的过程中,要抓住本地面临的重点问题或主要矛盾,需要当地教育部门、环保部门、教材研究专家、课程专家、教师群体以及社区工作者的共同努力与通力合作。教材的内容、结构不应是简单的移植。根据职业院校的特点,环保类职教教材编写的重心应放在本地环保产业相关技术技能上,对某一技术的原理、历史发展、功能、操作的介绍要全面,且要求学生习得的技术必须是与解决当地环保问题密切相关的[21]。

(四)加强与企业及本科高校的合作

重庆市环保职业教育近年来一直处于理论探索与学校、专业建设阶段。当前的教学还局限于完善校内课堂教学,实践教学量明显不足。针对学校缺乏精力和时间投入于实践教学的情况,加强校企合作是最佳解决办法之一。企业能为学校提供多种资源,包括兼职指导教师、场地、设备仪器、技术等。相关政府行政部门应积极落实《国家职业教育改革实施方案》,采取发展校企融合型环保企业等多种措施鼓励环保企业参与校企合作办学。环保技术技能的传授是校企合作的重点。企业需要专业的技术技能人才,而校企合作培养的学生恰是企业新的人力资源。正视校企双方的共同需求,才能打开合作空间。

　　环保技能特点是，一般不是简单的动作技能，对从业者环保意识和主观能动性的发挥要求较高，且针对不同的环保问题要能创新性地做出多样化的解决方案，甚至要求对其他学科的知识脉络有基本了解。因此，开设环保课程的职业院校可与本科高等院校展开合作，如参与本科院校的实践调研活动，帮助学生形成更开阔的专业视野。目前重庆市有环保专业的高职院校与本科高校的合作还较少。2018 年 3 月，重庆资源与环境保护职业学院与西南大学资源环境学院举行了"结对帮扶框架协议"的签字仪式，建立了结对帮扶基地和教学实习基地，通过指导专业建设和实验实训室建设、科研项目指导、课题研究、学术讲座、科普讲座、提升社会服务能力、教学实习等系列结对帮扶活动，相互促进，共同发展[22]。高职院校应养成这种合作意识，重庆市教育局与环保局等相关部门也应发挥促进和协调作用。

（五）汲取其他地区环保职业教育的先进经验

　　重庆市环保职业教育规模较小，且学校与学校之间的专业与课程建设缺乏沟通交流，容易导致闭门造车。汲取其他省市职业院校环保专业与课程建设的先进经验对重庆市环保职业教育发展是必要的。例如，广东环境保护工程职业学院构建了"政校企行产业园"五方协同育人长效合作机制，采用"平台先导、中心贯通、四岗协育"特色人才培养模式，搭建"常规学习和自主学习"双线课程体系，利用"真实项目+技能竞赛"双主体平台，实施项目导向教学，以技能提升为主线增强毕业生的职业竞争力[23]。该校对环保专业的发展定位准确，培养体系健全，课程内容丰富，教学方式多样，他们的教学、管理、资源的引进和利用经验都有值得借鉴学习的地方。在学习其他院校的做法时，要注意结合本地本校的具体情况，生搬硬套不仅达不到理想效果，反而可能失去自身精髓。

　　此外，后续还应加强研究其他非环保类职业教育专业如何根据本地绿色发展需要，加强环保技能教学的问题。一是因为各个行业的绿色发展都增加了对环保技能的需求，二是因为环保行业因环保问题的复杂性对复合型技术技能人才有较大需求，非环保类专业毕业生也有很大机会到环保行业就业[24]。《关于加快推进生态文明建设的意见》（中发〔2015〕12 号）提出，要把生态文明教育纳入国民教育体系。职业教育各个专业都应传承生态文明思想，利用好职业教育资源培养环保人才，让学生扎实掌握绿色技能，为建设生态文明贡献力量。

本文参考文献

[1]李志,徐涵.重庆地区技能人才队伍建设研究[J].重庆大学学报(社会科学版),2013,19(1):14-19.

[2]重庆市环境保护局.重庆市环境保护局 2017 年生态环保工作情况[EB/OL].(2018-03-13).[2018-05-24]. http://www.cepb.gov.cn/doc/2018/03/13/174949.shtml.

[3]重庆市生态环境监测中心. 2018 年重庆市环境质量简报[EB/OL].(2019-02-12)[2019-02-23]. http://www.cqemc.cn/xheditor/upload/-100/2019/02/12/154996707570577081.pdf.

[4][7]聂廷勇.重庆市环境保护产业发展报告(2016)[EB/OL].(2016-11-01).[2018-05-24]. http://www.cenews.com.cn/sylm/hjyw/201611/t20161101_810716.html.

[5]中国市场调研.2017-2023年中国重庆环保市场深度调查分析及发展趋势研究报告[EB/OL].(2017-07-21).
[2018-05-27]. https://wenku.baidu.com/view/8a1cc5dbab00b52acfc789eb172ded630b1c98a1.html.

[6]重庆市环保产业协会.重庆24家环保类上市公司2017年业绩出炉[EB/OL].(2018-05-04).[2018-05-26].
http://huanbao.bjx.com.cn/news/20180504/895568.shtml.

[8]顾玲,崔迎,娄绍霞.高职环保类专业技术技能人才培养探析[J].安徽农业科学,2014,42(17):5727-5729+
5732.

[9]孙蕾,唐小艳,樊晶晶.环保类高等职业技术人才培养存在的问题分析及其解决方案[J].当代教育论坛,
2009(11):116-119.

[10]耿世刚.我国环保行业职业教育发展状况及展望[J].中国环境管理干部学院学报,2011(2):1-4.

[11][15]重庆资源与环境保护职业学院.重庆资源与环境保护职业学院2018级招生专业介绍[EB/OL].(2018-
03-20).[2018-05-27].http://www.cqzhxy.cn/index.php?m=content&c=index&a=show&catid=2045&id=1232.

[12]李军.环境保护职业教育路在何方? [N].中国环境报,2013-07-22(4).

[13]王红云.环境保护高等职业教育的现状调查与分析[J].环境保护,2008(10):43-45.

[14]陈玉成,杨志敏,何娟.高速公路服务区污水生态土壤处理的基质配比研究[J].环境科学,2011(4):1066.

[16]重庆资源与环境保护职业学院博客.重庆市环保行业专家到我校考察指导工作[OL]. (2017-02-16).http://
blog.sina.com.cn/s/blog_168a48fc60102x6ik.html.

[17]蔡泽寰,肖兆武,蔡程.高职制造类专业人才培养要素优化探析——基于"中国制造2025"视域[J].中国高
教研究,2017(2):106-110.

[18]耿世刚,齐海云.环保职业教育中环保行指委的角色期待[J].中国环境管理干部学院学报,
2013(10):72-74.

[19]广东环境保护工程职业学院.广东环境保护工程职业学院系部专业[EB/OL].[2018-05-26].http://zs.gdpepe.
cn/gb/profession.asp.

[20]重庆市环境保护局.重庆市开展生态文明教育教材普及工作[EB/OL].(2015-05-29)[2018-05-29].http://
www.cepb.gov.cn/doc/2015/05/29/100922.shtml.

[21]徐涵.德国中等职业教育教材建设与管理及启示[J].比较教育研究,2018(4):101-107.

[22]重庆市大足区教育委员会. 西南大学资源环境学院携手重庆资源与环境保护职业学院举行"结对帮扶框
架协议"签字仪式[EB/OL].(2018-03-30)[2018-05-30].http://www.cqdzjw.cn/ejym.asp?news_id=98702.

[23]广东环境保护工程职业学院.循环经济与低碳经济系教学特色及资源[EB/OL].[2018-06-02].http://zs.
gdpepe.cn/gb/profession3.asp.

[24]周光迅,吴晓飞.创建绿色大学的现状和展望[J].高等教育研究,2018,39(8):1-6.

附录 5　职业教育可持续发展的策略与展望①

谢良才

摘要："职业教育可持续发展"是职业教育整体的、协调的、持续的发展,是职业教育在与经济社会协调互动中有活力地持续存在和发展,是职业教育结构、规模逐步优化和质量、效益稳步提高的过程。使社会各界更加清晰地认识职业教育的价值、通过提升职业教育的质量和效果使人们认可职业教育价值、争取持续的政策法规和资源投入、维持经济社会的持续和谐稳定发展背景都是推动职业教育可持续发展所需要的。已有研究的理论成果有很多已经成了职业教育政策改革举措或实践现实。未来的研究应结合我国经济社会发展新的时代主题,整合职业教育可持续发展研究的多方参与力量,进一步就有关理论观点进行深度论证或争取更多实践突破。

关键词:职业教育;可持续发展;机制;体系;价值

职业教育可持续发展问题自清末民初现代职业教育在我国出现即已存在,表现在职业教育事业的兴衰以及人们对职业教育应否、能否及如何持续存在的探讨。但真正将职业教育可持续发展作为一个学术问题加以探讨还是从 20 世纪末我国提出可持续发展战略才逐渐开始的,并与人的可持续发展、经济社会的可持续发展结合起来考量。

一、职业教育可持续发展的提出与内涵

通过在中国知网"中国学术期刊全文数据库"进行全文检索(检索词与所用逻辑:"职业教育可持续发展"或"职业教育持续发展"或"职业技术教育可持续发展"或"职业技术教育持续发展")发现,最早的一篇在内容上关注职业教育可持续发展的学术期刊文献出现在 1986 年[1],进行主题检索则发现(检索词同上,结果如图 1 所示),将之作为研究主题的文章更晚地集中出现于 1998 年前后。其背景是我国开始实施可持续发展战略,职业教育为经济社会培养技术技能人才,在该战略中的地位举足轻重,其可持续发展问题随之引起学者关注。

中华人民共和国成立以来,我国职业教育既有快速发展期,也经历过萧条期。在职业教育兴衰的特定时期,职业教育的可持续发展问题的表现形式是不同的。在早期,人们对职业

---

①原文刊载于《高等职业教育探索》2019 年第 7 期。

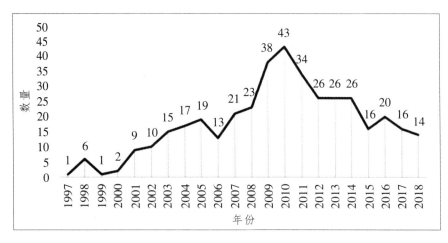

图 1　职业教育可持续发展主题研究热度变化示意图

教育可持续发展的研究,焦点在是否开办某种职业教育以及开办多大规模。近年来,职业教育的价值已被社会各界深入认识和认可,应否存在问题基本得到解决,内涵式发展问题成为讨论热点,学者们的着眼点更多地转向如何使职业教育朝着更高质量和效益、更有活力的方向持续发展,其可持续发展理论研究日益受到重视。可以将人们所认为的职业教育可持续发展概念内涵的要点归结为如下几个:

第一,职业教育可持续发展是职业教育与经济社会的协调发展。早在 1998 年就有学者提出,职业教育可持续发展是指为了满足和促进当前及未来经济、社会以及职业教育自身可持续发展而形成的职业教育发展模式。其实质是建立自身可持续发展的机制,提高办学水平,增强服务功能,成为经济社会可持续发展的积极的支撑服务体系[2]。高等职业教育可持续发展的内涵则是:依据可持续发展观,坚持以人为本的指导思想,以改革办学规模、结构、质量、效益为动力,构建高职教育可持续发展的体制机制,形成与经济、社会协调发展的运行格局,培养具有可持续发展能力的社会有用人才。具体包含三层意思:高职教育自身发展的可持续性,高职教育发展与外部发展的协调性,人才培养目标的统一性[3]。高职教育可持续发展是持续性、整体性、协调性、平等性的发展[4],需要正确处理自身发展与经济社会发展的关系,构建可持续发展的运行机制,始终保持生机活力,培养具有可持续发展能力的职业技术人才,从而推动整个社会的和谐发展。相对而言,刺激式发展模式则难以实现职业教育的可持续发展[5]。

第二,职业教育可持续发展是技能人才可持续发展的需要。育人是教育的核心工作,个体可持续发展能力的提升需要教育的可持续发展为之提供持久的教育服务,经济社会的职业岗位一线大量技术技能人才的可持续发展则需要职业教育的可持续发展予之支撑。职业教育应树立可持续发展的教育价值观,把第一线人才的可持续发展作为最高目标追求;全面实施具有职业特质和职业路径的素质教育;建立健全支撑技术技能人才终身学习的教育体制机制[6];与经济社会的时代需求相协调,培养有可持续发展能力的人才[7]。

第三,职业教育可持续发展就是职业教育各要素的持续发展。这种观点从职业教育的基本要素来考虑,如认为高职教育可持续发展是其各要素有机整合不断完善,核心包括高职院校可持续发展、专业可持续发展、课程设置及内容可持续发展、"双师型"师资队伍可持续发展、校企合作可持续发展、院校文化可持续发展、社会服务可持续发展等[8]。

有学者总结认为,职业教育可持续发展的本质特征包括:其一,发展价值的目的性,职业教育发展政策和策略反映着管理者和大众的职业教育价值取向。其二,发展水平的历史性,需要在尊重职业教育历史基础的前提下谋求发展。其三,发展条件的制约性,新的发展观念、道路总会受到诸多主客观条件制约。其四,发展内容的时代性,应根据新时代经济社会的发展需要更新职业教育发展思路和战略。其五,发展过程的合规律性。职业教育确立可持续发展观念,反映了发展的规律性要求[9]。

二、职业教育可持续发展的研究路径

根据研究基础的不同、研究思路的差异,以及研究话语体系的区别,职业教育可持续发展研究存在几种差异明显的研究路径。

一是基于理论的辩证分析。这一研究路径在某一(套)学术理论观点或主张基础上分析职业教育可持续发展议题,提出有利于职业教育可持续发展的对策建议。例如,吕静锋(2009)基于马克思主义哲学的矛盾观,提出区域中等职业教育发展的外部矛盾是教育环境的发展需要(即经济社会发展对具有一定技术技能水平人才的需求)与区域中等职业教育发展水平之间的矛盾。内部矛盾是教育目的与区域职业教育发展水平之间的矛盾。内部矛盾居于支配地位,起主导作用。内在动力机制主要体现为区域中等职业教育教育目的的实现,是区域中等职业教育发展的最基本、最主要的推动力。外在动力机制是区域中等职业教育发展的主要外部推动力量,主要体现为区域中等职业教育要适应经济社会对人才类型结构多样化的需求。基于此,他提出了推动区域中等职教系统可持续发展的机制,包括动力机制、供需机制、培养机制、信息反馈机制、评价机制、调解机制、支撑机制等[10]。又如,基于价值链理论,王仁彧(2010)提出,为实现职业教育可持续发展,我国职业技术院校须明晰未来发展定位,建立职业教育发展价值链的人力资源结构,创设职业教育发展价值链的技术环境。要从价值链理论分析着手,利用好市场机制对职业教育发展的推动作用,优化职业教育资源配置,全方位打造高素质技术技能人才成长环境与氛围,实现职业教育价值提升,不断推动职业教育可持续发展[11]。

二是基于实践的现实需求分析。这一研究路径针对在职业教育实践中发现的影响可持续发展的问题,探讨问题本质和解决对策,寻求创造条件满足职业教育可持续发展的现实需求。例如,赵国英,安树一(1998)在 20 世纪末高职教育成效不大、发展缓慢、高职特色不明显、与国家经济发展需要不相适应的背景下提出,解决高等职业教育可持续发展问题的关键在于依靠自身的发展,要通过改革创造良好的内部条件:一要调整培养目标,体现高职特色。二要深化办学体制改革,建立联合办学或协作办学的有效机制。三要加强师资队伍建设。提出加强"应用型"师资队伍建设,最终要做到提升办学规模和效益[12]。张林国、韩德锋(2008)提出,职业教育仍难以满足社会经济发展对高技能人才的需求,面临的突出问题是职业教育区域发展不平衡、投入严重不足与资源浪费并存、师资矛盾突出、中职生源不容乐观。为促进职业教育持续发展,首要的是通过整合职业教育资源、加强教师队伍建设提升办学质量[13]。又如,陈功江(2012)指出我国近年来职业教育发展面临办学思路不够明确、"双师型"教师短缺等问题[14]。

三是基于调研的数理分析。这一研究路径注重通过调研获取职业教育发展一手数据,通过数理统计分析方法发现问题、规律和对策。例如,陈云山(2014)以近30年云南职业教育的发展为样本,建立结构方程模型来评价云南职业教育的可持续发展,基本探明经济社会发展对职业教育的可持续发展具有显著支撑作用[15]。

三、职业教育可持续发展的推动策略

为使职业教育活动得以开展,社会和个人都须呈现出各自对于职业教育发展潜在的或者前提性的意义和价值。在这个价值活动层面上,客观社会环境、物质基础以及人的主观认识等都通过各自对职业教育发展产生的作用与职业教育形成"手段性价值关系"[16]。这些构成"手段性价值关系"的要素大致可划分为:(1)观念:职业教育价值是否被充分认识,职业教育是否受重视。(2)质量:职业教育如何不断提升办学质量,以使自身价值得以更好实现,使职业教育持续被重视。(3)政策:职业教育是否得到了政策法规的支持,从而在相应资源支撑下,规模与质量发展成为现实。(4)背景:大的社会背景是否维持稳定,有无影响职业教育可持续发展的不利因素。相关学者对职业教育可持续发展策略的探讨也大体在这几个大维度上展开。

(一)改善社会对职业教育的认识

社会对职业教育价值的认识不够清晰,就会影响对职业教育发展的持续资源投入。在有关职业教育可持续发展的研究中,改变对职业教育的传统社会观念和认识偏差被较多提及,如认为社会观念陈旧(读职业教育没有前途)、社会思想认识偏差(重学历轻技能)是导致职业教育发展缓慢的重要原因[17];指出职业教育社会地位仍很不乐观、招考公务员时职业教育毕业生被排斥在外、用人单位都以本科为起点等等亟待解决的问题[18]。这方面的研究模式多是分析问题、剖析原因和提出对策。

1.社会不良职业教育观念导致的问题

第一,生源少、生源质量不高[19]。不少学者认为"劳心者治人,劳力者治于人"的传统观念仍然困扰着职业教育的发展。社会对高职院校的认可度还不高,每年积极主动报考高业院校的生源占比都不高。多数考生读高职是分数不够读普通本科高校的无奈选择,导致职业教育缺乏群体性的优秀生源[20]。

第二,就业问题:职业院校毕业生高质量就业难,高职毕业生面临就业瓶颈[21],就业没优势,继续接受教育、评定职称、增加工资、晋升职务和报考公务员都受到种种限制[22,23]。

第三,其他问题。比如,影响职业教育学科地位,职业技术教育学学科的有些学术期刊尽管影响因子已经很高仍迟迟不被很多机构认可为高质量学术期刊,影响了职业教育学术研究的活力。

2.改善社会对职业教育认识的对策

第一,应引导各界树立正确的职业教育观,明确职业教育的定位。必须改变唯知识的教育质量观,坚持能力本位。但能力标准也不是由学校单独决定的,专业是为职业岗位群服务的,用人部门要和学校一同研究职业岗位群对专业提出的能力要求。

第二,建设一体化、开放式职业教育体系,使公众明确认识到职业教育是一个通畅的成长成才教育路径,读职业教育不会进入死胡同。

第三,应该营造有利于职业教育可持续发展的社会文化环境。应建立职业教育运行的社会支持体系[24]。应形成全社会崇尚、重视职业教育可持续发展的社会文化氛围[25]。

(二)提升职业教育的有效性

提升职业教育有效性,就是要通过职业教育规模与结构优化和质量提高,提升职业教育的效果、效率和效益,尽可能实现社会对职业教育多样化的价值期待。教育质量是决定职业教育可持续发展核心因素。我国职业教育培养生产、建设、管理、服务一线技术技能人才的目标尚没有得到令人满意的实现。如果无论如何投入,职业教育总不能有效实现人们的期待,已有的投入就很难被维持下去。只有职业教育不断优化规模、提升质量,尽可能多地实现各方的价值期待,才能打消外界疑虑,使前期对职业教育的资源投入变成连续性投入,支撑职业教育可持续发展。

1.在院校层面加强职业教育内涵建设

职业教育可持续发展的决定性因素是其自身能否持续体现出应有的价值,这就要求职业院校的办学水平稳步提升,教育教学质量逐步改善。院校层面的职业教育内涵建设就是职业院校的内涵式发展,即通过职业院校内部资源要素配置方式的改革和优化,提升职业院校的教育教学质量、效益和办学活力,实现自身应有价值,把握可持续发展的主动权。需要调整的要素包括办学理念、学校制度与文化、教学质量、师资队伍、科研实力等等。在现实中,由于种种原因,职业教育在很多方面丧失了发展的自主性,陷入发展误区,成为限制职业教育可持续发展的症结[26]。为此,很多学者提出了综合性的职业院校层面的发展对策,侧重点主要有以下几个:

构建可持续发展的职业教育运行机制。应始终以可持续发展思想为指导[27],构建可持续发展的职业教育运行机制；根据职业教育与外界之间、内部各要素之间相互联系、相互作用、相互制约关系，构建推动职业教育良性运转方式；在制定发展规模时，充分考虑教育发展生态的承载能力[28]。要注重提升院校内涵核心竞争力，包括要有先进精准的办学理念、动态优化的专业结构、能力本位的课程设置、结构合理的双师队伍、鲜明独特的办学特色、合作多赢的战略联盟[29]。

准确定位。职业院校应首先明确人才培养目标定位及自身发展目标定位，以使自身内涵式发展有明确指引。办学理念应体现综合素质教育，培养目标定位应体现对社会适应性强，专业建设定位应坚持市场化，课程设置定位应突出职业性，师资队伍素质定位应做到"双师型"，人才培养途径定位应坚持产学研结合。要具有市场运行意识，摆脱僵化的内部行政管理思维，明确自身在市场运行机制下的主体地位与作用，注重对"投入产出"的正确认识，把学校职业教育理解为向社会提供准公共产品，用好一切力量，提高资源利用效率，为社会创造更广阔的职业教育机会，让更多学习者、劳动者参与职业教育。要为社会职业教育发展价值链的有效建立与完善提供各种支持，杜绝学校之间各自为政的狭隘学校发展观[30]。

教育与培训并举。要办好学历职业教育，既提升学生技术技能，又促进学生全面素质发展。也要办好职业培训，成为终身教育的重要资源，为全民接受职业教育提供可靠平台[31]。为学习者搭建接受更高层次学历教育的舞台，为他们的社会实践发展与理论深造创设机会。要关注升学深造与社会实践等相关技术因素与环境。目前的升学渠道还是比较狭窄，各级职业院校之间可探索架设考试与选录相结合的招生政策[32]。要重视学校办学内涵建设，把工作重点放在专业、课程、教书育人、"双师"结构教学团队建设，以及校内外实训基地建设上，重育人为根本、教学为中心地位的落实[33]。

突出高职教育的类型特色，建设生产性实训基地。有学者认为高职教育要想可持续发展首先就要突出高职教育的类型特色，即实践性。校内生产性实训基地建设是高职教育内涵建设的重要内容。为此，应在校内建立"教学工厂"。改建教室和实验室为实训室，达到能够开展正常生产或企业研发，引入校企共建生产和研发性实训基地，并实现企业文化的引入。在实训基地设置一定比例的实习岗位，便于学生接近和体验生产过程，实现理论实践结合，学做合一。对实践教学体系进行多层次、系统化设计。"教室与实训室合一"基地主要承担专业基本技能实训；"实训与生产合一"基地进行综合技能实训；"毕业设计与开发服务合一"基地在引导学生参与企业应用研发与技术服务中提高学生的创新与服务意识，拓展学生的应用能力。"教学工厂"的建立能形成倒逼课程体系和教学内容改革的机制[34]。

发展科学的管理思维和管理能力。应努力提升管理思维的科学化、现代化水平，提高学校适应各项发展需要的能力；用科学发展的思维审视学校自身发展定位与未来发展方向，引导职业教育专业、课程与教学的改革，从各个方面营造高素质技术技能人才的成长环境与氛围，促进职业教育价值创生，推动职业教育可持续发展[35]。

服务社会。职业院校要为国家扶贫攻坚做贡献，发挥出自身促进就业和脱贫的功能。要开设更多民众喜爱的课程，增强自身与社会的和谐关系，为自身发展营造和谐社会环境[36]。要通过技术技能培训、技术研发和咨询、科研合作和服务等多种途径，增强职业教育的综合效能,取得更大的经济和社会效益,也带来财政来源的多元化和可持续[37]。

成为职业技术推广和应用人才培养基地。要和相关科研院所、重点高校有关院系建立密切联系,了解职业技术最新进展,承接可开发、可推广的科技项目。要把最新职业技术引入教学,让学生掌握最新职业技术技能,提升在就业市场上的竞争力[38]。

加强师资队伍建设。我国高职教育长期面临"双师型"教师短缺问题,实践环节教学能力提升缓慢[39]。要从确保实现高职教育人才培养目标出发,建立结构合理、水平高、能保持学校可持续发展的专兼结合的"双师"型师资队伍[40]。应根据自身定位与特点,努力优化师资结构,为学习者接受更广泛的职业教育奠定基础,为学习者日后更好适应社会需求、强化自我发展能力服务[41]。要加强"应用型"师资队伍建设,最终要做到提升办学规模和效益[42]。

建立和健全专业建设机制。专业的质量在很大程度上决定职业院校内涵式发展的质量。职业院校应建立健全自身专业建设机制,要提高认识,完善专业管理体制,并建立保障机制,政府也应建立相应的制度和考评办法。尽管以专业为核心、以重点专业为龙头的高职教育改革与建设机制正在逐步走向成熟,但还存在难以向上延伸和对接、国家和高职院校均缺乏专业建设制度、受重视程度不够、学术化倾向遗存、考评机制尚未建立等问题。应从高职院校可持续发展高度建设高职专业管理和运行机制:确立专业在高职教育中的核心地位,建立以专业和专业群为基点的学校管理架构,建立起高水准专业带头人培养机制,按专业建设要求进行人财物综合投入,国家建立专业教学公共资源库和重点教材,教育行政部门建立专业考核评价制度[43]。对于高等职业教育可持续发展而言,科学的课程设置和教学内容选择是重要保障,教学方法的改进和创新是重要动力。对于专业的可持续发展,在专业设置上,要以市场需求为导向,以职业岗位(群)为依据,以学科专业的交叉复合来综合研究专业设置。在专业建设上要注重协调发展,专业结构要和院校拥有的资源相协调,专业布局要和专业教学设施建设相协调。要从整体的高度思考专业设置、调整、改造以及师资队伍、专业设施等方面的建设,在专业培养目标上,要注重人才的全面发展、全体发展与个性发展的结合。做实专业的内涵结构建设,即做好专业设置与产业职业岗位对接,课程设置与职业标准对接,教学过程与生产过程对接等。构建专业建设管理和运行保障机制[44]。

促进职业教育国际化。我国高等教育国际化正处于由教师和学生的输出向输入转变。要学习借鉴职业教育发达国家的成熟经验,深化教育教学改革,核心问题是办学理念、教育内容和教学方法的国际化。高职教育国际化还要把就业目光瞄准国际劳动力市场。技术技能人才在各个国家基本都是供不应求的。既要把输出初中级技术技能人才列入日程,也要把吸纳留学生作为未来办学目标,要知道在发达国家职业院校的留学生规模并不比其研究型大学的小[45]。

2.探索建立职业教育可持续发展的良好生态

有学者提出职业教育应树立生态人文主义教育价值观。用可持续发展理念思考自身改革问题,正确处理当前和长远、局部和整体、规模和效益以及职业院校与家庭、社会、国家的关系,按职业教育规律,以与社会经济可持续发展相协调为准则,长期、持续、稳定地与社会经济协调发展,实现自身的可持续发展[46]。高等职业教育可持续发展生态的有效实践应是行业、校友、集团共生态,应依托行业、团结校友、集团化发展。应建立有利于高等职业教育可持续发展的内涵建设体系、校企合作体系、质量文化体系、内部组织体系、政策支持体系。要重视学校优良文化的建设,探索形成开放合作的学校发展和管理平台[47]。

3.紧扣时代脉搏,体现时代价值

职业教育价值取向变迁是影响职业教育发展的重要因素。在不同的社会发展阶段,职业教育价值取向有差异。职业教育的阶段性发展是特定时代社会主流职业教育价值取向的反映,是一定时期社会生产力、政治经济制度、文化意识形态等因素综合作用的结果,也随着人们认识水平及主体需求的变化而变化[48]。有学者提出,现代教育发展基本原理——差别原理、公平原理和效能原理也是推动职业教育可持续发展的基本原理。一是须遵循差别原理,要与普通教育差异化发展,并多样化发展,满足多样化人才需求对职业教育内部差异化发展的需求。二是须遵循公平原理,要建立和完善现代职业教育体系,完善教育分流标准,促进教育机会公平和发展机会公平。三是须遵循效能原理,将处于对立冲突状态的差别原理与公平原理统一起来,不仅考虑经济效能,还考虑社会效能[49]。三者都要求职业教育明确自身在社会特定时代发展阶段中的定位、展现自身最大的时代价值。这样,职业教育才能得到当时社会的认可,从而其发展才能获得及时的社会资源支持。

有学者提出,市场是职业教育发展的根本动力,办学应紧密联系生源市场和人才市场。要站在时代前沿,准确把握市场脉搏,根据市场变化灵活地调整专业结构,按照专业特点和区域经济发展需要开发课程,尽可能保证所培养人才能用、适用、好用[50]。

4.完善对职业教育的宏观管理

政府尤其是教育行政部门要完善对职业教育的宏观管理,通过管理体制机制改革创新,推动职业教育体系发展、结构调整、布局优化、质量效益提升,助推职业教育可持续发展。对于完善职业教育的宏观管理,各家观点主张较多的措施有:

科学规划、主导职业教育整体发展方向。要强化政府通过政策法规、目标、规划主导职业教育发展的行为;转变职业教育发展方式,通过科学规划、统筹管理、区域联合,促进职业教育由外延粗放型向内涵集约型发展[51]。各级政府应对职业教育的发展起主导作用,承担责任、完善职能,切实缓解职业教育发展面临的政策、环境、资金、市场等多重压力,确保职业教育健康、稳定、持续发展。

第一,做好示范性职业院校建设和职业教育东西协作等工作。发挥示范校对发展落后职业院校的示范、辐射和带动效应,以改革示范推动职业院校整体发展。在技术性层面上应更加注重共享型专业教学资源库建设、教学信息化建设、东西部合作建设[52]。

第二,合理规划职业院校规模和结构,做好职业教育资源的整合、布局优化工作;要通过科学规划、统筹管理,推动职业教育组织结构创新及布局结构调整,促进规模效益和结构效益提高。要挖掘学校内部潜力,通过管理创新提升职业院校办学活力[53]。不应借大力发展高职政策,不顾现实条件盲目办高职教育;不应用普通本科教育的标准来衡量高职教育,不能不顾需求和条件盲目与普通本科教育看齐。应科学制定职业教育发展规模和规划增长速度,合理调整职业教育的层次、结构、布局,优化职业教育资源配置[54]。

转变职业教育发展观念。要树立可持续发展观,追求职业教育发展速度和效益的统一,并与经济社会协调发展。可持续发展的职业教育表现为规模效益及办学水平稳步提高,在保持较高发展速度的同时,教育的比较成本较低。必须把职业教育的发展放到经济、社会发展的大背景中去布局,形成职业教育与经济发展和谐、协调一体的格局。树立大职业教育观,为区域职业教育体系的建立奠定观念基础。把区域内各级各类职业教育视作一个大系统,在做规划和决策时统筹各级各类职业教育的发展,取得职业教育发展的整体效益和长远效益[55]。

建立职业教育可持续发展保障体系。建立保障体系是职业教育实现可持续发展的重要手段,要求人们运用现代管理理念和手段,通过调研、预测、规划、测评、激励等,为职业教育可持续发展提供组织管理保障。其要素包括思想理论体系、政策和法律法规体系、组织管理体系、资源配置体系、技术与信息体系,以及社会支持体系[56]。有学者还提出需要建立财政投入体系[57]。

建立职业教育体系,明确各级各类职业教育在该体系中的定位。职业教育"立交桥"建设对职业教育可持续发展有重要意义。有学者提出构建可持续发展的职业教育体系的基本思路,即优化生源结构、拓展生源空间;借鉴发达国家经验,改革资格证书制度;政府全面统筹;注重校企合作与实训基地建设[58]。

行政上重视职业教育工作。通过行政管理创新,充分挖掘职业院校的发展潜力。寻找整体适应并对职业教育可持续发展有积极作用的机制,包括多部门综合决策机制、协调管理机制、完善的评价机制和监督管理机制[59]。要改变多部门分头办职业教育的状态,"建立一个国家职业教育和劳动就业委员会来统筹教育部门、劳动部门及其他有关部门对全国职业教育的协调[60]。"

改善社会文化环境。文化和社会风尚的形成是高职教育可持续发展的重要条件。对此,政府的倡导和支持不可缺少。应支持和鼓励新闻媒体加强职业教育宣传,形成全社会崇尚、理解职业教育,关心、支持职业教育,帮助、扶持职业教育的社会氛围[61,62]。

优化生源结构,拓展生源空间。如今的招生体制对职业教育发展是不利的。应改革目前高中以上阶段教育的招生体制,鼓励生源报考职业院校,如可以把高职院校的部分专业作为提前录取批次等,从政策措施上提升职业教育的生源质量[63]。加大招生宣传力度,扩大职业院校影响力。支持和鼓励新闻媒体加强职业教育宣传,让社会各界更多了解职业院校的性质、毕业生就业状况、专业、师资、办学特色、培养目标、办学条件,吸引更多考生报考。扩大东部对西部、城市对农村职业院校联合招生合作办学规模。要尽量降低收费标准,吸引农村孩子读职业教育[64]。

加快职业教育学科建设。增强职业技术教育学的学科实力,加强职业教育理论研究,使职业教育在更大、更高、更强的平台上发挥作用[65]。

加强职业院校领导队伍能力建设。切实增强职业院校领导者的认识水平和管理能力,提高领导和驾驭职业院校发展的能力；通过培育形成千名优秀校长和千名优秀党委书记的先行战略，推进中国高职教育千花盛开、持续发展局面形成[66]。

完善考核评价体系与制度。应建立国家职业教育标准制度。标准制度的建立和完善能为职业教育搭建与行业企业更加平等对话的平台，奠定职业教育自主发展的基础。标准体系的建立需要整合相关职能部门或建立相关协调机构，系统地规划开发工作；标准体系须建立在对职业的科学研究基础上；标准制度的实施须建立强有力的职业教育标准实施监控体系[67]。应建立高等职业教育质量评价与保障体系[68]。要明确高职院校建设考评标准[69]。建立高职院校人才培养质量公开发布和第三方评价制度：教育行政主管部门应制订高职院校办学水平和办学质量的考核监督性指标，并由学校发布人才培养质量和办学水平报告，与此同时，应建立第三方评价人才培养质量和办学水平的制度和机制，使学校各项工作更加经得起社会和人民的监督[70]。

(三)争取政策法规和资源投入

只有切实的资源支持，职业教育的存在和发展才能成为可能。而源源不断的资源进入往往是由稳定的政策法规支持的。因此，对政策法规和资源的争取，是职业教育得以持续发展的现实需要。相关政策法规的出台和资源投入的变化，虽然也是职业教育宏观管理的范畴，但由于对职业教育发展有直接的推动作用，因此有必要重点研究。例如，有学者提出，应通过建设配套法规、制定有利于高职教育改革发展的政策，并采取有力措施保证实施到位，与社会诸方面的改革协调推进，为高职教育可持续发展的改革创造良好的外部条件[71]。归纳起来，各家观点中较常出现的主张包括：

政策和法律法规体系。职业教育的可持续发展需要法律法规的保驾护航。完善的法律法规体系能加强职业教育活动规范性。我国职业教育法律法规体系是以《中华人民共和国职业教育法》为核心，由教育法、职业教育法、行政法规、部门规章四个层次的规范性文件组成的法律法规体系。我国当前的职业教育法于1996年颁布，在二十余年的实施过程中遇到了很多问题，修订至今未完成[72]。很多学者提出了修订建议，如应把职业教育校企合作问题上升到国家法律层面，制定颁布专门的校企合作法律法规[73]。企业参与职业教育的投入得不到相应的回报，应制定政策法规，通过减免税等措施减少企业参与职业教育的"负外部性"，鼓励企业有效参与职业教育。

学生资助制度。应完善职教贫困生资助制度，使更多有职业教育需求的生源有条件入学[74]。

办学经费投入。有研究认为，政府不断增加投入是美国社区学院等短期大学持续发展的直接原因。因此，政府的政策支持直接影响职业教育的办学连续性[75]。我国职业教育应开辟多渠道经费来源[76]。我国近年来职业教育发展面临经费与设备不足问题，实习实训基地建设投入较少，很多学校背负着沉重的债务[77]。应建立职业教育资源配置体系。资源配置体系的诸多环节最终都体现在经费投入上。我国已基本建成以政府投入为主、其他投入渠道为辅的职业教育经费投入机制。但职业教育经费投入尚缺乏制度保障,与职业教育事业快速发展的需求相比经费缺口还很大,教育财政投入落实《中华人民共和国教育法》规定的"三个增长"并不明显,职业教育经费财政预算内投入占整个教育经费的比例非增且降,东西部之间、省市之间、城乡之间在生均经费投入上差距明显[78]。应把高等职业教育经费投入机制纳入财政工作常规:不少省市对高职院校拨款仍按照其为中专时的拨款基数,有些还没建立生均拨款制度,大部分省份的高职院校没有基本科研经费,自筹经费项目占比较大等等。必须从制度上保障高等教育生均拨款制度和数量标准在高职院校中得到落实[79]。

建立对职业教育兼职教师的人事部门统筹制度。根据职业教育发展需要以及学校提出的具体需求,由地方人事部门制定统一管理办法,确定条件,流动聘用,即由人事部门制订兼职教师基本门槛,设定兼职教师等级规范,并向社会公开招募确定兼职教师资格,纳入人事部门人才规划,会同同级财政部门发放兼职教师津贴,并将其授课或指导学生工作纳入岗位职责,再根据聘任情况发放课时津贴。与此同时,建立年度考核制度[80]。

营造职业教育持续发展的社会环境。包括争取多方面的支持来增强职业教育基础能力,也包括提高技能型人才的社会地位、经济收入和社会保障水平[81]。

建立职业教育运行监测体系。有学者基于系统科学的整体原理、反馈原理和有序原理,强调未来职业教育可持续发展保障体系中的指标体系建设和相应信息的监测,拟形成职业教育运行监测体系。其步骤:(1)建立国家职业教育发展指标信息库制度,形成自下而上的信息申报和采集规范。(2)对各项指标要素进行定量和定性分析,然后针对保障对象的内容和结构,确立保障体系的指标项。(3)对保障体系的运行监测和调控。要特别重视建设支持职业教育运行监控体系的技术与信息体系。科学的规划是建立在对信息的全面掌握和准确分析基础上的,这一过程对技术手段和技术环境有严格要求。发达国家在教育发展指标的动态监测上的投入值得我们借鉴。要建立技术专家小组,为职业教育数据信息的收集、分析和决策、建议服务。要建设技术网络,建立从中央到地方的层级网络系统,实现职业教育信息的实时沟通和反馈[82]。

(四)维护社会和谐稳定与发展

和谐稳定的社会大环境有利于职业教育的存续和发展。经济社会发展对职业教育长期持续发展有重要支撑作用[83]。职业教育要想可持续发展,应始终注重自身社会功能的发挥,通过促进就业和提升国民素质等维护社会和谐稳定与发展。

首先应突出自身为区域经济社会发展服务的特点。例如,就高等职业教育而言,其地域与专业布局和结构必须与区域生产力布局相适应,必须与区域产业政策相适应,并与国家的可持续发展战略相适应。在质量和效益上,高等职业教育须紧紧围绕区域经济发展和技术进步的趋势,深化教学改革,突出专业能力和关键能力培养,真正培养出具有高职特色、社会普遍欢迎的高等职业人才。有学者预见到,地方化是我国高职教育的发展趋势。高职院校应成为本地区的高等职业教育中心,承担综合性的高等职业教育办学任务,既办职前高职教育,也办职后职业继续教育,逐步形成一个覆盖区域、纵横贯通、结构合理、效益突出、可持续发展的大高职教育系统。目前来看,随着近年来一系列职业教育改革举措的出台和落实,这一预期已基本实现。

民族职业教育则要注重采用促进少数民族地区经济和社会发展的教育形式和内容。民族职业教育与经济双向互动、和谐发展,市场调节能为民族职业教育系统不断注入新的动力[84]。

要强化为区域经济服务的宗旨意识。首先在服务面向上,要满足区域经济发展和产业转型升级对高技能人才的需求。其次,在人才培养的层次和质量标准上,高职教育主要培养专科层次的技术技能人才,但在西部等不发达地区,高职教育还要承担部分中专层次技能人才的培养任务,而在经济发达地区,高职教育人才培养已向四年制乃至七年制规格延伸。第三,体现在人才培养模式上,人才培养必须适应生产一线新技术应用的需要,必须深入行业企业了解需求,开放办学,走校企合作、工学结合人才培养之路[85]。

四、评论与展望

在概念上要区别于可持续发展职业教育。二者各自作为学术概念,内涵不同,在相应的职业教育实践上差异也很大。从学术史角度看,自现代职业教育诞生以来诸多学者对职业教育存在及继续存在价值的争论已使职业教育可持续发展的必要性得以彰显。对职业教育可持续发展内涵的解读,集中在职业教育持续存在并保持发展活力。而可持续发展职业教育,也称面向可持续发展的职业教育,是以可持续发展观为指导,从促进经济社会以及个人可持续发展的角度,在职业院校层面服务于可持续发展培养目标的教育资源配置和人才培养工作创新。可持续发展职业教育在有些方向上,如绿色职业教育,进一步聚焦于职业教育如何服务于人类社会资源和生态的可持续发展。有学者则论证了职业教育可持续发展要求其自身成为面向可持续发展的职业教育[86,87]。

过去研究着眼点更多关注当时职业教育发展存在的问题。事物的发展在每个时期都有其主要矛盾,职业教育也不例外。回顾过去对职业教育可持续发展的研究,大都聚焦于当时职业教育发展面临的主要问题,提出相应对策。未来随着经济社会的发展变化,在新的时代背景下,职业教育可持续发展研究将针对职业教育发展面临的新问题来开展,比如新工业革命的挑战、职业教育国际化、经济社会发展对技术技能人才需求结构变化、中国特色职业教育发展模式的形成等等。

学者提出的很多对策正逐步成为现实。随着我国现代职业教育体系的制度构建和《国家职业教育改革实施方案》等政策法规的提出和落实,研究者提出的推动职业教育可持续发展的一系列建议正逐步被政府明确提出和加快落实。如现代职业教育体系建设已形成政府文件,正按规划落实;实施了职业教育质量年度报告制度,政府已能够获取一手指标数据对职业教育质量进行监控;在"双师型"教师培养培训方面,明确提出"双师型"教师占专业课教师总数的一半以上,多措并举打造"双师型"教师队伍;在促进产教融合方面,提出建立产教融合型企业认证制度,对进入目录的产教融合型企业给予"金融+财政+土地+信用"的组合式激励,并按规定落实相关税收政策。相关对策从理论构想到实际提出经过了职业教育一线实践者与政府政策制定者等多方人员的不懈努力。这也说明职业教育可持续发展研究者的很多工作成果得到了认可,产生了切实的实践价值。

研究方法多样。既有国内外比较研究,也有与其他学科可持续发展问题的比较研究;既有实证调查研究,也有深度理论解析与构建;既有地区实践经验研究,也有宏观政策研究。多样化的研究方法和视角带来了研究成果的丰富性。未来的相关研究仍应对研究方法和视角持开放态度,研究者应根据自己的研究特长和对实践材料的把握,提出自己对职业教育可持续发展问题的创新性观点或建议。

现代职业教育增强可持续发展能力,应从领域和过程两个维度上努力。通过回顾学者改革开放以来对职业教育可持续发展策略的探讨,焦点可归结为领域和过程两个维度上。领域包括保障职业教育资源的提升职业教育有效性的努力院校管理、宏观统筹、生态建设、时代价值体现四个领域,过程则包括观念转变过程、质量提升过程、政策制定过程、背景维持过程这四个过程。做好上述四个领域的工作,并做好过程管理,推动现代职业教育可持续发展才能形成合力,取得更大效果。

一些观点还有待深度论证。有一些观点仅被个别学者提出,缺乏有深度的论述和论证。例如,是否应建立职业教育内涵建设体系、该体系应包括哪些内容;是否应建立职业教育可持续发展保障体系,其理论模型有待进一步论证和完善,其在实践中所需建立的政策和法律法规体系、组织管理体系、资源配置体系及社会支持体系等基于成本考虑的现实可行性亦需论证。这些观点对我们思考职业教育可持续发展问题提供了非常好的启示,但不应停留在纸面提出阶段,其理论和实践价值如何、如何予以发展,都应结合新的理论和实践予以辨明。

一些理论还有待实践突破。有一些观点被广泛认可,但由于多种原因尚未取得应有实践进展,需要进一步论证实践突破策略。例如,将现代职业教育体系框架及其主要内容写入法律,明确各级政府部门、行业企业和公民在职业教育中的责任和义务并以可执行条款的形式写入法律,以及职业教育管理体制和工作机制的改革创新等等。应该说,尽管当今的职业教育发展已经取得了很大进步,职业教育可持续发展的实践道路还很长,还有大量实践举措需要创新性地开展。

本文参考文献

[1][31][36][75]岑光.欧美和日本等国的短期大学[J].高等教育学报,1986(1):87-92.

[2][51][53][55][59][86]马建富.职业教育面向未来的选择——走可持续发展之路[J].职教通讯,1998(3):8-10.

[3][7][14][20][38][39][45][77]陈功江.我国高等职业教育可持续发展战略述评[J].湖北社会科学,2012(2):170-172.

[4][28][40][54][68]鲍洁.可持续发展与高等职业教育[J].江苏高教,2001(3):95-98.

[5][10]吕静锋.区域中等职业教育可持续发展研究[M].北京:人民出版社,2009:75-76,144-145,189-190.

[6]李进.高职教育可持续发展与第一线人才可持续发展[J].中国高教研究,2010(12):8.

[8][27][29][44]冯琦琳.高等职业教育可持续发展研究[M].上海:复旦大学出版社,2014:11,67-80.

[9]陈明昆.中国经济转型期职业教育可持续发展研究[D].天津:天津大学,2010.

[11][30][32][35][41]王仁彧.价值链理论对我国职业教育可持续发展的启示[J].现代教育管理,2010(11):86-88.

[12][42][71][76][87]赵国英,安树一.可持续发展与高等职业教育改革[J].黑龙江高教研究,1998(2):82-84.

[13][17][74][81]张林国,韩德锋.关于加快职业教育持续发展的思考[J].湖北社会科学,2008(7):176-177.

[15][83]陈云山.云南职业教育可持续发展结构方程模型研究[J].中国科教创新导刊,2014,(8):16,18.

[16]唐林伟.试论职业教育的价值体系[J].教育与职业,2008(11):12-13.

[18][52][66][69]周建松.基于国家示范引领的高职教育可持续发展研究——关于推动高职教育从"百花绽放"到"千花盛开"的思考[J].中国高教研究,2009(12):57-59.

[19][21][23][70][73][79][80]周建松.以制度创新推动高等职业教育可持续发展[J].中国高教研究,2012(4):89-92.

[22]杨黎明.关于职业教育的吸引力——职业教育可持续发展的机制设计[J].职教论坛,2011(15):1.

[24][56][65][72][78][82]黄尧,陈明昆.职业教育可持续发展保障体系的理论建构[J].教育发展研究,2011,31(7):1-5.

[25][33][37][47][57][61]周建松.高等职业教育可持续发展问题的分析与思考[J].黑龙江高教研究,2009(6):72-74.

[26][67]付雪凌.促进职业教育可持续发展的制度设计思考——发展自主性的视角[J].职教论坛,2010(1):45-47.

[34][85]丁金昌.基于"三性"的高等职业教育可持续发展研究与实践[J].高等教育研究,2010,31(6):72-77.

[43]周建松.基于可持续发展的高职教育专业建设机制研究[J].中国高教研究,2010(4):84-87.

[46]陈明秀.树立职业教育可持续发展理念[J].职业技术教育,2003,24(16):72.

[48]侯晨.中国近代职业教育价值取向的演进[D].河北师范大学,2008.

[49]查吉德.职业教育可持续发展的基本原理[J].河北师范大学学报(教育科学版),2013,15(1):65-69.

[50]熊琦.高等职业教育可持续发展刍议[J].大学教育科学,2007,(1):43-45.

[58][62][64]芮小兰.职业教育可持续发展战略对策建议[J].职业技术,2009(12):55-56.

[60]吴兵,余民权.提升职业教育吸引力 坚持职业教育可持续发展[J].交通职业教育,2010(5):55-57.

[63]赵建新.职业教育可持续发展中的若干问题研究[J].价值工程,2011,30(2):272-273.

[84]马文静.品牌化是民族职业教育发展的路径选择[J].民族教育研究,2012,23(3):64-67.

附录 6　职业院校教师企业实践"三难"现象与归因^①

谢良才

摘要:一直以来,职业院校教师企业实践的落实普遍面临时间安排困难、实践规划性差、实践效果不彰难题。这些问题需要在具体实践中结合具体情况有针对性地、创造性地解决,更需要剖析和解决实践问题背后的制度层面问题。当务之急是通过完善职教教师资格制度、职教教师专业标准、职教教师企业实践制度以及各个职业院校自身制定的教师发展要求,对职教教师企业实践提供制度保障。

关键词:职业院校;教师企业实践;问题;归因

职业教育发达国家在理念上均将教师的实践能力放在职业学校教师素质的首位,形成了完善的教师在职进修制度,以经费和优惠政策鼓励和支持教师去企业实践[1]。职教教师企业实践有三种组织方式,即教育行政部门统一安排、职业学校自主组织,以及教师本人自主到企业实践。整体看,我国迄今对职教教师企业实践的落实不理想。有对某省职业院校的调查研究发现,三分之二的教师入职前没有企业工作经历,56.67%的教师近 3 年未参加过企业实践[2]。

职教教师企业实践是"双师型"教师培养的重要途径,是我国职教师资培养培训制度设计的一个重要关注点。《国务院关于印发国家职业教育改革实施方案的通知》明确要求,"职业院校、应用型本科高校教师每年至少 1 个月在企业或实训基地实训,落实教师 5 年一周期的全员轮训制度。"近年来,我国职业教育产教融合在政策推动下逐步深化,企业参与职业教育更加深入。但一直以来,职业院校教师企业实践普遍存在"三难"现象,即时间安排困难、实践规划性差、实践效果不彰。这些实际困难持续存在,是因在职业院校管理和教师专业发展方面还存在一些制度性问题未被很好地重视和着力破解。

一、时间安排困难

时间安排问题,主要指职业院校教师校内工作量大,如忙于教学,课时太多没时间去企业实践。

---

①原文刊载于《江苏教育》2019 年第 9 期。

其直接原因,是职业院校在教学安排上没有给教师预留出企业实践时间。为鼓励教师企业实践,校内应完善制度规章,帮助各专业的课程等工作安排允许教师按制度处理好赴企业实践期间的工作交接。笔者调研发现,很多学校没有这方面的专门制度或机制。

深层原因则是职业院校管理者对教师企业实践重要性认识不足。在教师招聘、日常工作安排等方面,按照教师满负荷工作时的情况来处理,缺乏考虑教师常规性在职培训或企业实践的情况。

深层原因还包括作为制定教师企业实践目标依据的职教教师专业标准及相关配套制度的不完善。企业实践是职业院校教师在职培训的重要形式。我国 2013 年已出台有《中等职业学校教师专业标准(试行)》,但它的条款更多是质性表述,提供方向指引而不是定量要求,对职业教育实践的约束力不强。2016 年出台的《职业学校教师企业实践规定》,鼓励地方各级人民政府及有关部门、行业组织、职业学校和企业采取措施推进教师企业实践。其中有一些具体要求,但贯彻执行仍有待有关单位制定具体细则。这就要求各个学校在具体工作中尽可能细化指标要求。有对某省职业院校的调查研究发现,36.67%的职业院校教师企业实践“意愿强烈”,50%的教师表示“若有机会希望尝试”,12.22%的教师“一般,学校安排就参加”,另有 1.11%的教师“没有热情”[3]。意愿强烈教师占少数的原因是在职教教师资格证书取得及注册的要求中,以及教师专业发展的要求中、职称评审中缺乏对教师企业实践的硬性要求。有关文件只是鼓励性地提出“有企业实践经历的教师优先”等。这种要求导致教师主动去找机会实践的意愿不强烈,“若有机会希望尝试”这种持观望态度的教师占了多数。

从发达国家的经验来看,一方面通过经费、政策等鼓励教师去企业实践;另一方面也通过规定、考核等,将企业实践成效作为续聘、晋升和薪资的重要依据[4]。明确的标准或指标要求会使每位教师都明确自身与标准的差距,明确在未来一段时间的发展需要,同时也明确不参与企业实践将在多方面蒙受损失,甚至发展前途受到影响。这样,在同一个专业的教师根据各自的培训需要,在危机意识刺激下就容易提前统筹教学安排,相互协调好培训时间。例如,新出台的《国家职业教育改革实施方案》要求职教教师每年都要有一个月的企业实践,为此,同一专业的职教教师就明确了应相互配合,通过对课时量、工作任务的统筹安排,每月都保持一定比例的教师处于培训状态,即通过提出明确的制度性要求系统性地处理了企业实践时间安排难题。

二、实践规划性差

职教教师企业实践规划性差体现在教师的企业实践缺乏提前规划,难以很好满足实践教师和学校的真实需求。有对某省职业院校的调查研究发现,近 3 年参加过企业实践的主体是中级和副高职称人员(占 79.49%)[5]。显然,初级职称人员未必对企业实践了解更多,未必不需要企业实践。有企业实践需要的却得不到机会,显然体现着规划问题。实践规划方面存在的问题主要表现在三个方面,一是培训需求不明确,企业实践针对性不足。二是实践安排不合理,实践内容和时间安排满足不了实践教师的真实需要。往往是企业有什么就培训什么,培训项目安排什么就培训什么,远远达不到根据教师专业发展需求和工作需要进行定制化企业实践安排。三是实践企业选择困难,缺乏计划性。各地通过建设职业院校教师企业实践基地一定程度上缓解了这一困难,但鉴于职业教育专业的多样性和行业企业实践的多元性,理想的实践企业选择还存在一定的现实困难,很难做好科学的选择计划。

教师企业实践规划性差的首要原因是实践需求和目的不明确。需求不明就可能导致实践企业的选择以及实践内容、实践过程的安排充满随意性,甚至导致实践成为只做纸面文章的见习,达不到职教教师企业实践制度设计的真实目的。

应将教师企业实践作为职教教师培养培训制度的组成部分。这一制度是培训需求测评——培训项目选择——培训考评全过程的法规依据。对职教教师企业实践的规范应是这套制度的重要组成部分,相关条款要根据职教教师发展的时代需要不断完善发展。当前的制度设计较多地注重提出企业实践要求、创造企业实践条件、提供企业实践保障。但明显的问题是,现行制度文本普遍缺乏对职教教师企业实践需求的测评要求或者对这一环节的要求不够具体明确,操作性不强。为保障教师企业实践的质量,应由教师本人、同行、企业师傅及有关职能部门共同提前评估实践安排是否符合教师专业发展的需要,这一工作是增强职教教师企业实践规划性的重要前提性工作。

因此,实践规划性差的深层原因是职教师资培训制度的不完善。职业教育教师培训制度,在此指所有与职业教育教师培训有关,对职业教育教师培训具有制约、规范、引导作用的标准、制度以及相关法律法规或政策性文件。归纳起来,对职教师资企业培训起作用的制度性规定主要有职教教师资格制度、职教教师专业标准、职教教师企业实践制度以及各个职业院校自主制定的教师发展要求,如图1所示。比如,职教教师资格制度在申请和更新证书的条件和相关要求中应突出职业教育特色包括企业实践要求,并落实证书动态管理制度。从现状来看,这些制度大多处于由缺失或不成熟到成熟完善的建设过程中,尤其缺乏职教教师企业实践制度以及职教教师发展院校要求中的企业实践要求。例如,有调查研究发现促进中职教师企业实践的政策法规体系不完善是中职教师企业实践政策执效能低的首要原因[6]。上述制度发展完善了,职教教师专业发展的需求才能明确。而只有明确教师专业发展的需求,包括与其教学和教研科研工作需要之间的差距,在制订企业实践方案时才可能更有针对性。在这些前提下,职教教师企业实践的需求和安排问题才会得到高度重视和解决。职教教师企业实践才可能制定出科学规划,才可能有较高实效性。

三、实践效果不彰

职业院校教师企业实践在效果上理应有利于把工作领域资源转化为教学资源,推动职业教育教学改革与产业转型升级衔接。但现实往往是教师企业实践之后仅仅做实践总结或报告而已,及或有企业评价反馈,亦流于形式,缺乏系统的实践效果考核评估。这种现象导致教师企业实践的效果不明显,实践教师只是感觉到教师企业实践有利于改善其教学,但未必真的会将之转化为教学改革实践和教学质量提升。

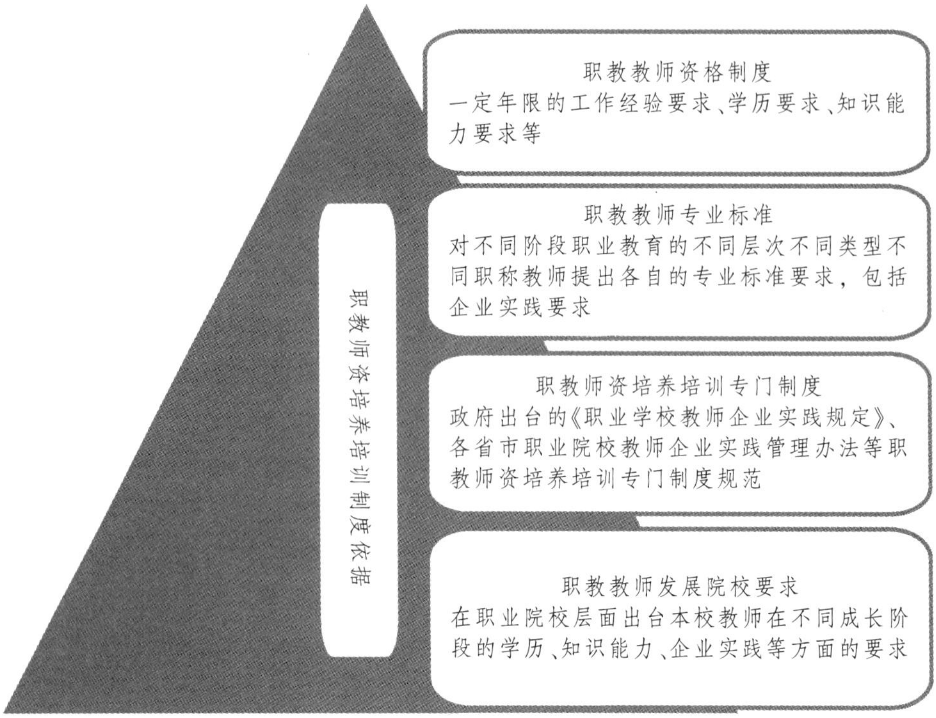

图 1 职教教师企业实践制度依据示意图

为应对这一问题,有必要健全职业教育教师培养培训的考核评价制度。有些省市出台了职业院校教师培训相关规定和考核办法。例如,江苏省财政厅《关于"十二五"期间进一步加强职业院校教师培训工作的意见》曾提出"要制定职业院校教师继续教育规定,对新任教师、骨干教师、专业学科带头人等不同层次类别教师参加不同级别培训的继续教育做出规定,建立教师参加继续教育培训的考核与奖惩方法"。但专门针对职教教师企业实践的评价机制及实践还很匮乏。有关调研也发现,职业院校领导部门对教师企业实践的内容、流程、任务、监督、评价等缺乏行统一规划统筹,削弱了教师企业实践培训的成效[7]。对职教教师企业实践效果的评价既应有短期效果评价也不应忽视长期效果评价,借以督促提升教师企业实践效益。在短期效果评价方面,应明确要求教师在实践之后撰写实践报告或总结、校内宣讲培训内容及启发,使实践对整个教研室乃至全校产生良好影响。在长期效果评价方面,应在半年乃至更长的时间跨度上考察企业实践是否提升了实践教师的教育教学质量,比如在教学反思、教案设计、教学材料准备、学生评教等方面的改善情况。相对于实践过程中及实践后随即进行的短期效果评价,当前尤其缺乏长期效果评价。

实践效果不彰深层原因则是学校缺乏长远发展定位,以及对教师企业实践在其中的作用缺乏定位。实质是学校领导对学校发展的方向和路径不明确,尤其是不清楚或忽视了学校的长期可持续发展要求教育质量实质性提高,要求教师教学能力有大幅度、实质性提高。这是职业学校办学中普遍存在的问题。一些学校领导重视学校的短期办学利益和现实问题,却忽视了学校可持续发展的需要及相关问题的主动提出和解决。这一问题使得职业院校缺乏积极性和主动性来将政府有关政策具体化、细化和可操作化，从而导致职业院校教师企业实践面临的时间、安排困难等种种问题迟迟得不到解决，也导致学校发展缺乏后劲，工学结合、产教融合不理想，教学质量提升缓慢，生源吸引力难以得到实质性改善。其严重后果是，当政府的各项资助政策资源消耗一段时间以后，因办学有效性欠佳，学校可能面临缺乏持续资源支持、招生危机和生存困境。

　　有关调研结果也反映出这一问题。例如，有对某省职业院校的调查研究发现，只有60%的职业院校根据国家的相关政策制订了具体的规章制度或办法，但主要是一些原则性要求。对教师企业实践期间的相关费用、待遇以及实践结束后的利益预期或惩罚措施等在相应的制度或办法中没有得到很好的明确，或出台的相关政策对教师到企业实践的正向激励不够，难以让教师产生主动要求去实践的积极性[8]。因此，在职业院校管理层面，一定要意识到做好教师的企业实践等教师培养培训工作，不仅是教师个人的专业发展问题，更涉及学校的长远发展，为了提升学校的可持续发展能力，必须在改善教师队伍建设机制上下功夫，要制定具体可行的实施办法和激励政策，与教师一道努力把这项工作做好。

本文参考文献

[1][4]佛朝晖.职业学校教师企业实践的国际经验与启示[J].教育与职业,2017(10):42-46.

[2][3][5][8]谭宏,李守林.职业院校教师到企业实践现状及对策探析[J].中国职业技术教育,2017(22):63-66.

[6]董仁忠,季敏,刘新学.江苏省中职教师企业实践政策执行情况调查[J].职业技术教育,2015(33):38-45.

[7]周齐佩,尚晓萍.中职教师企业实践培训模式设计、实现与成效——基于上海市的实践[J].职教论坛,
　　2017(27):84-88.

附录 7 智能化时代职业教育价值取向研究①

王亚利 李洪

(重庆师范大学职教师资学院,重庆,401331)

摘要:智能化时代的到来对职业教育的发展提出了挑战也带来了机遇。发展职业教育,首先要理解智能化时代职业教育的价值内涵。职业教育内涵的变化导致职业教育在宏观、中观、微观层面上面临着价值选择的困境。因此,针对当下智能化时代带来的变化和要求,宏观上,政府应构建一贯式信息学分系统和地方特色的智慧职业教育体系;中观上,职业院校和企业应着眼于微创新,深化产教融合;微观上,职业教育引导者可转变角色,提高自身定位,推进职业教育的发展。

关键词:智能化时代;职业教育;价值取向

2013 年德国政府在汉诺威工业博览会上提出的"工业 4.0"战略拉开了智能化时代的序幕。随后,美国、日本、英国等国家相继出台文件紧张应对这场悄无声息的第四次工业革命。2015 年以来,我国相继出台《中国制造 2025》《装备制造业标准化和质量提升计划》等文件提升科技水平。智能化时代的到来,必将带来新一代产业技术的革新,只有深层探求职业教育在智能化时代的价值取向,才能进一步揭示职业教育发展规律,推进职业教育实践活动的开展。

一、智能化时代职业教育价值取向主体界定与内涵分析

(一)职业教育价值取向主体界定

利益相关者理论(Stakeholder Theory)认为,可将价值取向主体进行不同等级的划分,该理论的核心是认定利益相关主体至少应满足合法性、影响力、紧急性三个维度中的一个。也就是说,三个维度都符合的为确定型利益相关者(Definitive Stakeholders);符合任意两个的为预期型利益相关者 (Expectant Stakeholders);只符合一个的为潜在型利益相关者(Potential Stakeholders)[1],三者之间可随着外界条件变化而进行动态转化。我国学者刘晓根据此理论对

---

①原文刊载于《职业教育研究》2018 年第 11 期。

高职院校利益相关者的属性进行实证研究后发现,学生、教师、学校行政管理人员、用人单位、产学研合作单位、政府或上级主管部门为确定型利益相关者;家长、校友、捐赠者、社会公众、其他学校为预期型利益相关者;其研究中没有明确的潜在型利益相关者[2]。因而,本文中职业教育价值取向主体指的是确定型和预期型利益相关者,具体指政府、职业院校、行业企业、职业院校教师和学生以及企业员工。

(二)智能化时代职业教育价值内涵分析

职业教育研究者南海教授认为,职业教育价值的本质是指职业教育价值客体与职业教育价值主体之间的一种需要的满足与被满足的关系[3]。职业教育价值在不同条件下具有不同的内涵,智能化时代职业教育的内在价值和外在价值也将与以往有所不同。

1.智能化时代职业教育内在价值

职业教育内在价值是指作为客体的职业教育作用于职业教育价值主体创造出的个体价值。在古代封建社会、近代工业化社会、现代信息化社会三个阶段中,职业教育内在价值主要体现在工作准备、转岗换位、提高学业成就、提升社会地位四个方面。结合智能化时代的工作过程去分工化、工作方式研究化、人才结构去分层化、技能操作高端化的特点[4],笔者认为职业教育内在价值取向还应丰富为终身学习价值和创业决策价值。

第一,学习价值。智能化时代的职业教育终身学习价值应促进个体的个性化和社会化。职业教育作为终身教育体系的重要组成部分,其终身学习价值体现在职业教育培养模式、管理体制等各个方面。目前,我国职业教育不仅能满足不同受教育者接受初级、中级、高级不同级别的职业教育,并且还致力于为社会上无业者、转岗等人员提供相应的就业指导培训。

第二,创业决策价值。智能化时代的教育形式具有多元化,职业教育培养出的人才应具备创业创新等通用能力。在各类生产体系中,人才之间的界限逐步融合,职业教育也在进行着由知识导向转变为知识与能力导向。职业以人为载体,个体只有具备创新的思维能力,才能在社会中立足,这样,社会上的各行各业才能稳步前进,智能化社会才能正常维持运转并得到长久发展。

2.智能化时代职业教育外在价值

职业教育的外在价值是指作为客体的职业教育作用于职业教育价值主体创造出的社会价值。智能化时代职业教育是一个动态的有机整体,其外在价值包括政治价值、文化价值、经济价值和科技价值等,其中在智能化时代的大背景下变化最为明显的是科技价值。职业教育与科学技术之间具有互动性,职业教育可以对科学知识进行再生产,并且职业教育能够完善科学技术体系,具有推进科学技术研究的功能。

二、智能化时代职业教育价值选择困境

近年来,我国职业院校毕业生成为支撑中小企业发展、区域产业迈向中高端的生力军[5]。站在智能化时代即将到来的历史起点处,职业教育面临着新的机遇和挑战。

德国物理学家哈肯(Hermann Haken)提出的协同理论指出,千差万别的自然系统或社会系统,均存在着协同作用[6]。基于协同理论和利益相关者理论,笔者将职业教育利益相关者划分为宏观、中观和微观三个层面,如图1所示。在"高度集成式"的智能化生产体系下,职业教育价值取向主体在价值选择方面面临着不同方面的困境。

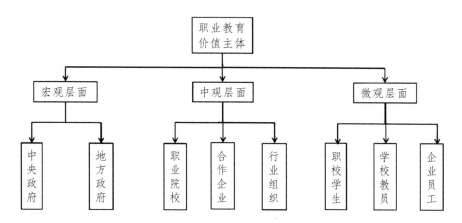

图 1　职业教育价值主体分类图

(一)宏观层面上职业教育价值选择困境

2017 年,党的十九大报告中指出要"完善职业教育和培训体系,深化产教融合、校企合作"[7];2018 年的政府工作报告中也提到, 要支持社会力量举办职业教育。对于职业教育而言,意义非凡,同时也意味着职业教育应以更高占位、大胆创新。中央政府已经意识到智能化时代的变革对整个世界的改变,这一点值得肯定。但宏观层面上,中央政府和地方政府在职业教育价值选择方面依然存在较多问题。

首先,我国的教育管理体制分属不同部门,"中央统筹,以省为主"的工作布局使职业教育的发展在一定程度上受限,不同部门会由于意见未得到有效沟通而出现各自为营的局面。其次,由于我国职业教育涉及范围广泛,各地区必然会出现发展不均衡的态势,而造成这些区域差异的原因又十分复杂。最后,以西奥多·舒尔茨(Theodore W Schultz)为代表的教育经济学家认为,在应对各方面问题时,政府机构要比公民个人在社会事态做出适当反应方面,显得更为迟缓[8]。也就是说,应对职业教育中的各方面问题时,微观层面上职业教育价值主体的反应要比宏观层面上职业教育价值主体的反应迅速得多。

(二)中观层面上职业教育价值选择困境

1.智能化时代职业院校职业教育价值选择困境

从人才培养的体制上看,现有职业教育人才培养专业与本专业社会发展趋势不相适应。高中阶段教育普及攻坚政策的实施致使中高职衔接模式必然的改革趋势,以及由于不同地区经济发展水平的差异性,多数职业院校并没有依据当地发展态势合理地进行专业设置。

从学校结构上看,我国职业教育的实力优势并不突出。现代产业的迅猛发展使传统产业的发展空间越来越小,造成职业教育资源分布不均的问题依旧存在,职业院校如果不提前采取应对措施,那么"马太效应"就会愈演愈烈。

2.智能化时代行业企业职业教育价值选择困境

行业组织是指同性质产业组合成的结构体系,它为生产体系提供信息并服务于该结构体系。行业组织是职业教育进行信息接收、汇总、散发的码头。目前,各行业组织、企业、职业院校、政府之间的信息资源得不到最大化利用,在很大程度上造成了教育资源的浪费。

企业参与职业教育的积极性有待提高。企业以盈利为目的,具有功利性。合作企业属于用人单位的一部分,它们注重短期内产品盈利,而忽视教育所带来的长久效益。随着智能设备的广泛应用,企业中日益智能化的操作对技术技能人才的综合素质要求不断提升,有部分企业在尝试与职业院校达成合作关系。但从总体来看,企业在职业教育中的参与仅停留在表面,对职业教育的参与度与国外相比还远远不够。

(三)微观层面上职业教育价值选择困境

1.智能化时代职业院校学生职业教育价值选择困境

智能化工厂中,需求更多的是能够操作智能机器的技术技能型人才。但麦克思研究的一项调查数据显示,一半以上的家长会让孩子读完高中后进入大学,而不是去职业院校。虽然许多家长和学生已经意识到智能化时代给周围带来的一系列差异,但总体而言,学生报考职业院校的积极性并不高。

2.智能化时代学校教员职业教育价值选择困境

随着时代的进步,企业中的设备得到了更新,职业院校中的各类教师和管理人员以及企业员工也面临着各方面的挑战。职业院校中的教师和管理人员的角色理应由知识型转变为"双师型",职业院校中教员的工作范围得到一定延伸,这使得职业院校教师难以适应工作环境的变化。同时,由于职业院校中教师学科类型不一,增大了职业院校对各类教师的管理和绩效评价的难度。

3.智能化时代企业员工职业教育价值选择困境

企业员工尤其是精通设备操作的员工们是企业运行的推动者。传统企业员工只需做好分内之事,如今,职业教育已经演变为一种"跨界"的教育类型。职业院校中各类教师、学生都需要掌握实操知识和技能,这将内在地要求企业员工走进职业院校,发挥所长。但是,企业员工具备实操能力而欠缺教育学知识和技能,容易导致"有货倒不出"的局面。

三、智能化时代职业教育价值取向建议

智能化时代下,中国社会已经出现一些表征职业教育价值增强的信号,但总体来说,其强度依旧不够。针对上述智能化时代下职业教育价值主体选择的各种困境,笔者从政府层面、校企层面、职业教育引导者三个层面提出了职业教育价值取向的建议。

(一)政府层面

1.构建一贯式信息学分系统

一贯式是指着力构建中职到高职,高职到应用型本科、本科到硕士,硕士到博士的一套有序的学历资格培养认证体系。

信息学分系统是指同一职业的相关部门经过商议决策后,制定出一套符合本专业的学分认证系统。通过利用大数据、互联网+等信息化平台,使社会中处于任何阶段的人员都能够随时随地自修本专业的学分。学分设有 A、B、C、D 等依次递进的阶段,每一级的过渡设有相应的阶段性测评。这些都可以通过信息化的平台得以实现。

图 2 描绘了信息学分等级模式。一是以中间资格证书等级为主线,最低级为 A 级资格,依次往上,等级便会越高,根据各个职业的不同,其相应的资格证书等级也是不同的。二是与学历证书对应,资格证书的考核与评定同国民教育体系相对应,在一定情况下,资格证书的

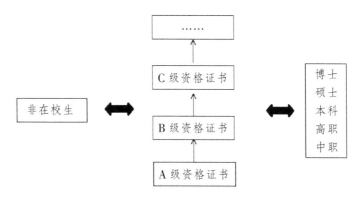

图 2　信息学分等级模式图

评定权与审核权可下放到地方政府。三是资格证书系统给非在校生提供了便利。由于信息化平台的存在,之前在校所修的学分数据依旧保留,非在校生可以在从事职业后的任何阶段进行对该职业的学分进行续修。

2.构建具有地方特色的智慧职业教育体系

首先,提升政府工作人员对职业教育的重视程度。当地政府中从事职业教育方面的工作人员应当具备职业教育方面的理论和实践知识,同时也应具备与时俱进的发展眼光。同时,依据当地经济发展的主力企业,政府可通过减免税收等政策鼓励地方企业与职业院校进行深度合作,积极倡导职业教育普通化、普通教育职业化。

其次,做好政府与职业院校间的合作,构建智慧型职业教育发展体系。当地政府可以通过收集本地区不同职业院校的数据了解不同职业院校间的发展差距。对于发展态势好的院校,政府可通过大数据等信息化平台引进更好的资源。对于发展水平较弱的院校,政府更应加大力度,广纳各方人士建议,实施惠民政策提升职业院校的综合办学实力。

最后,不同区域间应遵循资源共享的原则。智能化时代下,人们活动的范围不再局限于自己的家乡,出于各种原因,人口流动趋势明显。针对这种现象,笔者建议,针对职业教育发展现状,各区域应做到资源信息共享,共同携手进步。在同区域发展势头较好的情况下,可以建立更大范围内的职业教育发展平台,同时针对发展优势不明显的地区,主要负责部门还可设立相应的一对一帮扶策略。

(二)校企层面

1.建设职业院校数字校园

数字化校园是指职业院校的信息资源库,根据每个学院的分布又可分为若干个子系统。各子系统由各职业院校的二级学院主办,二级学院定期更新本专业优质的教学资源,汇集为整个职业院校的线上教学平台。首先,数字化职业院校可以深化教学模式创新,教师可利用数字教学资源开展教学,教学手段也得到一定的提升。其次,它打破了各学校和专业间的隔阂,教师和学生可通过电子设备登录信息平台随时随地获取各方信息,最大限度地激发学习者的积极性,有助于进一步提高职业教育教学质量和人才培养质量。

2.探索多主体参与职业教育信息化建设

职业教育智能化是以经济建设为中心,加之大数据、物联网等智能技术的推广,这内在地要求职业院校"走出去",主动与企业建立合作关系。

第一,企业要真正成为职业教育的主体之一。一方面,政策上应明确对参与校企合作的企业进行的税收优惠,同时理应对参加与校企合作并取得一定效果的企业予以相应的表彰。另一方面,通过增加补贴等方式鼓励企业中不同层次的优秀员工走向职业院校,为职业学校中的理论老师带来不一样的实践视角。

第二，多主体要以创新为动力，在细节上做到微创新。李克强总理在2018年的政府工作报告中指出，培养各类高素质人才是全社会的责任，这说明职业教育的办学主体不能仅局限在职业院校和企业两个层面，要积极探索集聚社会力量举办职业教育，建立信息化平台，扩大优质资源的覆盖面，在细微处强化优质资源的利用率。

(三)教育引导者层面

智能化浪潮下，我们正在告别中国制造走向中国创造，这时对高技能劳动力的需求也不断攀升。更重要的是，"加大高技能人才激励"已被写入2018年政府工作报告。职业教育是惠民的，智能化社会发展下增强职业教育价值，就必须从微观入手，这就内在的要求职业院校教职工和企业员工必须培养自身的综合素质能力。

1.转变传统职业院校教师观念

智能化时代的职业教育已成为一种"跨界"的教育类型，微观层面上的职业院校教员和企业员工都可成为促进学生全面发展的教师。

首先，职业院校教师要先"走出去"，适应企业、工厂等场所的变化，将信息整合之后有选择性地引导学生能力的提升，同时建议教师到企业中兼职，提升自身操作能力。其次，企业可制定加薪激励等制度，鼓励有精湛技术能力的员工走进职业院校，让他们引导学生进入智能化空间。最后，无论中高职教师还是技术精湛的企业员工都必须致力于提升自身综合能力。笔者认为职业教育者的能力要素可分为专业理论能力、实践操作能力、教学方法能力、社会能力。既掌握通用能力，又掌握专业能力，中高职教师和企业员工才真正称得上是职业教育价值取向的主力军。

2.提升自身综合能力素养

中等职业教育在校生的年龄阶段为14—16岁，高等职业教育在校生的年龄阶段为17—21岁。这两个年龄阶段的学生心理和生理特征处于走向成熟的后期，学生们乐于从外界接触新的事物。教师从学生角度提升职业教育价值认可度，关键在于提升学生对所学专业的职业认同感。

首先，职业院校可利用互联网建设各专业的专业特色，形成"网络"专业文化。学生们可利用本专业信息网实时了解前沿资讯，这样，学生不仅在课堂上可以学到知识，课外更是成为学生获取专业信息的重要来源。其次，教师可根据各个年级学生的身心发展特点，对课程设置的时间进行理论与实践的合理安排。同时，各专业还可定期举行专业视频沙龙，广泛增长学生们的见闻，激发学生们参与职业的兴趣。再次，各学校之间相同专业可举行观摩交流活动，让学生体会不同学校之间的专业文化。最后，职业院校可联系相关企业，组织学生在技术师傅的带领下进入操作间，实地体验智能化设备对自身所学专业的影响。

四、结束语

可以预见,因"工业4.0"而引起智能化时代变革的意义十分深远。虽然智能化设备的投入对低操作、高重复的岗位需求有所减少,但智能化时代对能操作、有创新的高端复合型人才的需求大大增加。把握智能化时代职业教育价值取向需要宏观、中观、微观三个层面的职业教育价值主体任重道远、立足实际,既要做好顶层设计,又要做好微观规划。只有全面分析智能化时代的价值取向,才能更有针对性、更高效的开展职业教育各项工作。

本文参考文献

[1]吴雨,陈正振.利益相关者视角下职业教育实训基地运行机制的路径选择[J].高教论坛,2017(12):33-35.

[2]刘晓.利益相关者参与下的高等职业教育办学模式改革研究[D].上海:华东师范大学,2012.

[3]南海.职业教育的逻辑[M].太原:山西人民出版社,2012.

[4]徐国庆.智能化时代职业教育人才培养模式的根本转型[J].教育研究,2016(3):72-78.

[5]王继平.职校学生成为支撑中小企业集聚发展、区域产业迈向中高端的生力军[EB/OL]. http://www.sohu.com/a/155160026_784799,2017-07-07.

[6]杨晓英.云制造模式下大型装备成套服务运作协同与优化[D].南京:江苏大学,2013.

[7]习近平.决胜全面建成小康社会 夺取新时代中国特色社会主义伟大胜利——在中国共产党第十九次全国代表大会上的报告[EB/OL]. http://www.gov.cn/zhuanti/2017-10/27/content_5234876.htm,2017-10-27.

[8](美)西奥多·舒尔茨,对人进行投资[M].吴珠华译.北京:商务印书馆,2017.

后　记

　　回顾项目研究全程,尚有一些遗憾和不完美之处,颇感惭愧。在日后的工作中,我将吸取教训,与同仁更加紧密地协作,努力提升研究水平和效果。也希望各位读者与我建立沟通,帮助我发现不足,和我共同为职业教育现代化事业奋斗。

　　在本书撰写过程中得到了许多同事、职教同仁和学生们的关心与支持。感谢我的团队成员努力工作,尤其是重庆师范大学职教师资学院袁潇副教授以及硕士研究生黄毅、邱德丽、王亚利、赵珂倩、单润琪等青年才俊,在研究过程中开展的大量工作,包括资料搜集、数据分析、文字校对等;由衷感谢接待我们开展调查研究的重庆中高职院校领导和老师,在这个过程中,我深切地感受到了你们对职业教育的热爱,你们的支持和鼓舞鼓励我继续努力开展职业教育工作;感谢重庆市职业教育协同创新中心出版专项资金的资助;感谢重庆师范大学及我所在的职教师资学院对我在时间和资源上的大力支持。

　　此外,还要感谢我的家人对我事业的支持,理解并体谅我经常去单位加班。

谢良才

2020 年 3 月于重庆师范大学田家炳教育书院